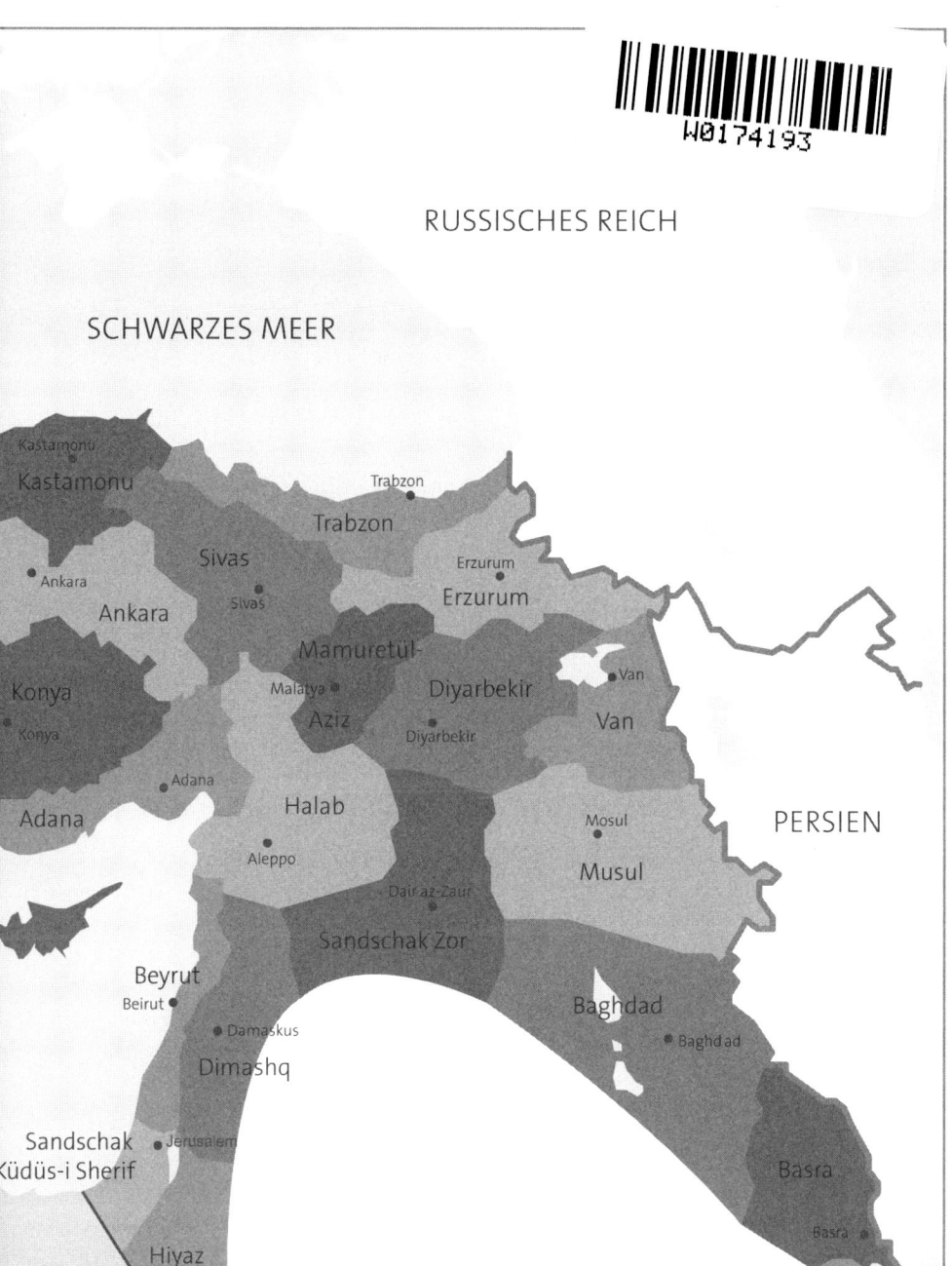

RUSSISCHES REICH

SCHWARZES MEER

Kastamonu
Kastamonu

Trabzon
Trabzon

Sivas
Sivas

Ankara
Ankara

Erzurum
Erzurum

Konya
Konya

Mamuretül-
Aziz

Malatya

Diyarbekir
Diyarbekir

Van
Van

Adana
Adana

Halab
Aleppo

Mosul
Musul

PERSIEN

Dair az-Zaur
Sandschak Zor

Beyrut
Beirut

Baghdad
Baghdad

Damaskus
Dimashq

Sandschak
Küdüs-i Sherif

Jerusalem

Basra
Basra

Hiyaz

Emirat Kuwait

Karin Kneissl

MEIN NAHER OSTEN

Karin Kneissl

MEIN
NAHER
OSTEN

braumüller

Bibliografische Information der Deutschen Nationalbibliothek
Die Deutsche Nationalbibliothek verzeichnet diese Publikation in der
Deutschen Nationalbibliografie; detaillierte bibliografische Daten
sind im Internet über http: // dnb.d-nb.de abrufbar.

Printed in Austria

2. Auflage 2015
© 2014 by Braumüller GmbH
Servitengasse 5, A-1090 Wien

www.braumueller.at

Bildnachweis: Archiv Karin Kneissl (Cover-Hintergrundbild, Umschlagfoto vorne
1, Umschlagfotos hinten 1 und 3, S. 17, 127, 155, 158); © Bundesheer / Unger
(Umschlagfoto vorne 2, Umschlagfoto hinten 2); ORF ZiB (Umschlagfoto vorne
3); Johann Heinrich Callenberg: Colloquia arabica viginti sex. Halle, 1717. Halle,
Franckesche Stiftungen: AFSt/H Q 64 (S. 59); Presseabteilung OPEC (S. 201)
Landkarten: Wikimedia Commons (Vorsatz); Braumüller Verlag (S. 231);
Martin Zechner nach NordNordWest / Wikipedia, CC-BY-SA-3.0-DE:
http://creativecommons.org/licenses/by-sa/3.0/de/legalcode (Nachsatz)

Druck: Druckerei Theiss GmbH, A-9431 St. Stefan im Lavanttal
ISBN 978-3-99100-112-6

Für Vera, die zu früh starb.
Für Franz, der sich stets der Tiere annimmt,
wenn ich unterwegs bin.
Für Nathalie, die mir in Beirut
mehr als eine Freundin aus Kindertagen ist.
Für Abdallah, der im Sinne von Voltaire
seinen Garten in Amchit pflegt.
Und für meine Feinde, die mich vieles lehrten …

Inhalt

AM ANFANG WAR DER
ORIENT

Ex oriente lux

Der Nahe Osten ist das Thema meines Lebens, dank ihm wurde ich zu der, die ich bin. Wie es dazu kam, ist eine Geschichte mit Höhen und Tiefen, von der ich manches, aber nicht alles erzählen will. Einen Anfang nahm dieses Leben für den Nahen Osten im Sommer 1982, als der Libanon heftig brannte, einen anderen 1969 in Jordanien, wo ich einen kurzen Teil meiner Kindheit verbrachte. Die Lebenspfade der letzten bald fünfzig Jahre führten immer wieder in den Orient. Meine Lektionen aus diesen teils abenteuerlich schönen, teils bedrückenden Erfahrungen nahm ich mit in den Westen. So erwarb ich eine homöopathische Dosis Fatalismus und lernte bei jeder Reise aufs Neue, wie sich das Leben auch in widrigen Zeiten meistern lässt.

Dauerhaft könnte ich mir ein Leben im Nahen Osten nicht vorstellen, obwohl mich anfänglich die arabischen Großfamilien in ihren Bann gezogen hatten. Der Orient ist aber mit all seiner Intensität und Tragik ein Stück von mir. Wann immer ich mich abwenden wollte, holte er mich ein und ich blieb ihm verbunden. So versuche ich zu erklären, warum die Situation ist, wie sie ist, verworren und oft voller Überraschungen, und wir uns den Umbrüchen in dieser Weltecke nicht entziehen können. Denn der Nahe Osten ist Europa sehr nahe, dafür sorgen die Menschen und die Geografie.

Zu einem Zeitpunkt, an dem man sich „normalerweise" für Jungs und Ausgehen interessieren sollte, verliebte ich mich gleichsam in einen unlösbaren Konflikt. Es war im Sommer 1982, als ich in Frankreich als Kindermädchen einige Wochen an der französischen Atlantikküste verbrachte und abends mit dem Wörterbuch in der Hand die Nachrichten aus dem Kriegsgeschehen im Libanon gebannt verfolgte. Ich wollte unbedingt verstehen, wer hier gegen wen und warum kämpfte, und begann alles, was mir in die Hände fiel, zu lesen und niederzuschreiben. Es war damals nicht absehbar, dass daraus ein Engagement für das weitere Leben werden würde. Aufmerksame Lehrer nützten meine jugendliche Expertise und schickten mich für Gastreferate quer durch das Schulgebäude. In Vorbereitung auf die Matura hatte ich als Autodidakt die ersten Grundlagen rund um den Konflikt erworben. Binnen Kurzem verbanden Mitschüler mit meinem Namen den Libanon und wunderten sich nicht mehr über Post des libanesischen Präsidenten Amin Gemayel, die ich freudig in die Schule mitbrachte. Sieben Jahre später lernte ich ihn schließlich in seinem Pariser Exil kennen, es entstand eine ganz besondere Freundschaft, die bis heute währt. Später würde ich Briefe an Hafez al-Assad, Ayatollah Khomeini und Menachem Begin schreiben, um die Freilassung politischer Häftlinge aus den Gefängnissen Syriens, des Irans und Israels einzufordern. So verfasste ich mit wachsender Routine offizielle Korrespondenzen, versehen mit bunten österreichischen Briefmarken, die ich aus eigener Tasche bezahlte. Organisatorisch erwarb ich mir Sporen mit Unterschriftensammeln und Demonstrationen gegen den Krieg im Libanon und diversen politischen Engagements. Dazwischen pflegte ich in einem Hospiz in Jerusalem jüdische Patienten kurz vor ihrem Abschied aus dem Leben, auch wenn ich lieber in einem Kindergarten mit arabischen Kleinkindern gespielt hätte. Die Arbeitssuche in Jerusalem ließ mich 1984 am Ende der menschlichen Existenz landen. Über Tod und Sterben, vor allem über das lange Warten bis zum Endlich-sterben-Können, lernte ich einiges zwischen der täglichen Betreuung der Patienten, zaghaften oder ergiebigen Gesprächen am Totenbett, Nachtdiensten in einem alten Gemäuer gegenüber der noch viel älteren Stadtmauer von Jerusalem, wo die Panzer im Dunkel der Nacht nach Norden in den Libanon zum Töten rollten, und letztlich dem Waschen der vom Krebs schon lange zuvor ausgemergelten Leichen, die wir in den Kühlraum des Krankenhauses brachten. Dieser Tod der Alten und Kranken war immer Erlösung.

Ganz anders sollte es sich mit den kleinen Krebspatienten aus Libyen verhalten, die ich im Wiener Allgemeinen Krankenhaus rund zwei Jahre betreuen half. Ihr Leiden ließ mich rebellieren. Indem wir Arabisch sprachen, half ich beim Übersetzen und wollte mich nützlich machen. Die Gelassenheit und der Humor, die diese kleinen tapferen Wesen mit den von Infusionen geschundenen Venen ausstrahlten, haben sich tief in die Erinnerung eingegraben. Später erlebte ich ein anderes abruptes und junges Sterben im Beirut der Bürgerkriegstage, als Checkpoints rivalisierender Gruppen die Viertel zerrissen, kleine Distanzen Nervenproben waren, Autobomben das Leben zum Spießrutenlauf machten und junge Milizionäre vollgepumpt mit Drogen aus Langeweile auf alles schossen, was sich bewegte. All dieses Morden unter Berufung auf einen barmherzigen Gott zieht sich wie eine dicke Blutspur durch die Geschichte der Menschheit. Was mir die Generation der Großeltern, die als Kinder den Großen Krieg und dann als Erwachsene das Massensterben des Zweiten Weltkriegs überlebten, vom Tod erzählt hatten, erlebte ich da und dort in der unendlichen Geschichte des Nahostkonflikts.

Ich war 22 Jahre alt, als ich 1987 mit den Recherchen für meine völkerrechtliche Dissertation zu den Grenzen im Nahen Osten an der Hebräischen Universität von Jerusalem begann, und hatte bereits mein ganzes Leben, all mein Sehnen und Streben auf die Nahostfrage ausgerichtet. Es sollte mir einige Jahre später zu viel werden, denn ich meinte in jugendlichem Überschwang mit all dem karitativen und politischen Engagement den Nahen Osten retten zu müssen und scheiterte entsprechend. Doch ich konnte aus meiner Entschlossenheit nicht mehr heraus. So erinnere ich mich gut an einen Moment in der Bibliothek der Orient-Gesellschaft in Wien, wo ich zwischen juristischer Fakultät und Orientalistik einen Abendkurs in Arabisch absolvierte. Zufällig stieß ich auf das Buch „Die sieben Säulen der Weisheit" von Thomas E. Lawrence und las im Vorwort: „Mache niemals die Sache einer anderen Nation zu Deiner eigenen." Zwar begriff ich sofort, was jene schillernde Figur des „Lawrence von Arabien" damit gemeint hatte, er war royalistischer als der König für die Anliegen eines anderen Volkes aufgetreten. Irgendwie steuerten all mein Denken und Streben nur mehr in Richtung Libanon, wo ich glaubte, unbedingt einen Beitrag zum Frieden leisten zu müssen. Doch sah ich mich mit dem Zynismus, der Brutalität und vor allem der Dummheit der eitlen Warlords in politischen Ämtern konfrontiert, die auch dreißig Jahre später noch das Sagen haben. Es dauerte, bis ich wieder einen inneren Kompass fand und nicht mehr das tiefe Unbehagen hatte, mich zu verirren. Dabei wollte ich unbedingt die Wahrheit über das Gemetzel im Namen von nationaler Sicherheit und religiösem Eifer ergründen. Dass ich hierbei nicht fündig wurde, erklärt sich von selbst.

Etwas für die Menschen und den Frieden im Nahen Osten zu tun, war letztlich auch der Hauptgrund, warum ich beschloss, in den diplomatischen Dienst der Republik Österreich einzutreten, wo ich als junge Referentin in der Nahostabteilung den surrealen Sommer 1990 rund um die damaligen Vorbereitungen des Krieges gegen den Irak erlebte. Auf einen Außeneinsatz in den Nahen Osten wurde ich aber nicht entsandt. Viele Jahre später begann ich als Journalistin über die neuen Kriege der alten Konflikte zu schreiben. Danach erstellte ich Lehrveranstaltungen zur Geschichte des arabisch-israelischen Dilemmas, um verschüttetes Wissen freizulegen. Ich wollte mich über den Unterricht vom Tagesjournalismus freischaufeln, den ich einige Jahre für mehrere deutsche Zeitungen intensiv betrieben hatte, der aber nicht meine Berufung war. Doch bei allem Gefallen an der Lehre sah ich meine Zukunft nicht vorrangig in einer universitären Funktion. Vielmehr lockte mich stets die Möglichkeit, zwischen den Welten zu wandern, im Räumlichen, aber noch viel mehr im Kopf.

Von der Fragenden wurde ich schließlich zur Interviewten, die im Österreichischen Rundfunk (ORF) die jeweils aktuellen Entwicklungen kommentierte, in vielen Debatten rund um den Irakkrieg von 2003 Position bezog, gegen den unseligen „War on Terror" aufbegehrte und sich mit kritischer Stimme so manche Hetze gegen die eigene Person einhandelte. Letztlich begann ich mich in die energiepolitischen Fragen einzuarbeiten. In der Bibliothek der Organisation

Erdöl exportierender Länder (OPEC) in Wien und in der Beobachtung vieler Konferenzen der Erdölproduzenten sowie zahlreicher Recherchen zwischen Algerien, dem Iran und Zentralasien erarbeitete ich mir eine neue Expertise, in die ich ein historisches Schlaglicht und vor allen Dingen menschliche Erfahrung einzubringen suchte.

In all diesen Phasen meines Lebens im und für den Nahen Osten spielten viele bemerkenswerte Menschen eine Rolle. Frauen und Männer unterschiedlicher Herkunft und Lebensanschauung, die mich einiges lehrten. Zum einen waren es arabische Familien in Jerusalem, die mir mit menschlicher Wärme und Großzügigkeit begegneten, die ich von zu Hause nicht kannte. Zum anderen lernte ich beim Beobachten unbekannter Helden im kriegserschütterten Beirut der späten 1980er-Jahren eines: Es kommt nicht darauf an, irgendwie zu überleben, sondern in Anmut und Würde. So wurde vor allem der Libanon zu meiner Lebensschule, der ich vieles verdanke. Ich erlebte, wozu der Mensch im Guten wie im Schlechten fähig ist. Und mein politisches Beobachterauge schärfte sich an den Tauschgeschäften korrupter Milizchefs zwischen Beirut und Damaskus ebenso wie beim akribischen Studium kurzsichtiger Großmachtpolitik für meine Doktorarbeit in den Archiven der israelischen Regierung und der Library of Congress in Washington. Seit dem Krieg des römischen Konsuls Julius Cäsar in Gallien scheint vieles unverrückt: teilen und herrschen, Geiseln nehmen, Militärposten errichten, zerstören und wieder aufbauen. So manche im Libanon gewonnene Beobachtung half mir Jahre später, den Wahnsinn der Balkankriege zu begreifen. Bloß waren die Dramen in Bosnien oft noch um ein Vielfaches brutaler als jene des Libanons, wo alles stets ein wenig sanfter erscheint und ein ungeschriebener Ehrenkodex den Respekt vor dem Leben ermöglicht, anders als ich es in den Balkankriegen erlebte. Bei allem Hadern mit so manchem Schicksalsschlag, aus der Leidenschaft für den Libanon zog ich immer wieder eine tiefe Zuversicht.

Eine Kindheit in Amman
und eine kurze Geschichte Jordaniens

Im Frühjahr 1969 beschloss mein Vater ein Angebot des jordanischen Königs Hussein anzunehmen, als Pilot Seiner Majestät zu dienen und am Ausbau der nationalen jordanischen Airline mitzuarbeiten. Er war mit 24 der jüngste Kapitän bei der ebenso noch jungen AUA, stolzes Staatseigentum des gerade seit 14 Jahren erst wieder souveränen Staates Österreich. Parteipolitik dominierte aber bereits damals alle Personalentscheidungen. Ihm war diese Günstlingswirtschaft zuwider und lieber zog er in ein kleines arabisches Land, um in einer neuen Fluglinie alsbald zum Kapitän und Ausbildner aufzusteigen. Diese Fluggesellschaft hieß Alia, der Name leitete sich von der dritten Ehefrau von König Hussein ab, die bei einem Hubschrauberabsturz tödlich verunglücken sollte.

Im Herbst 1969 übersiedelte unsere Familie neben einigen anderen Piloten aus Europa mitsamt Anhang in ein Dorf namens Amman, wo die schwarzen Beduinenzelte die Skyline bildeten. Die jordanische Hauptstadt war vor knapp fünfzig Jahren kaum mehr als eine verstaubte Siedlung entlang der alten Nomadenrouten, auch wenn sie unter dem Namen Philadelphia im Römischen Reich einst bessere Zeiten erlebt hatte. Unser Haus war eines der wenigen aus Stein und befand sich auf einer der Erhebungen, die heute von Hochhäusern übersät sind. Als weitere Steinhäuser ließen sich die Gebäude am Flughafen, die Paläste der Königsfamilie, die Häuser des kleinen einheimischen Mittelstands sowie der Ausländer und einige wenige Hotels nennen – wie das Intercontinental, das Hotel der Fluglinien. Hier stiegen Piloten und Stewardessen ab, genossen die damals noch tagelangen Stopover zwischen den Flügen und präsentierten ihre meist schönen Körper am Pool. Die Luftfahrt jener Zeit hatte einen ganz besonderen Nimbus, denn Fliegen war seltener Luxus. Von Charterflügen war noch keine Rede. Wer an Bord ging, war zuvor beim Friseur gewesen und elegant gekleidet. Für ein Flugticket musste man oft ein ganzes Monatsgehalt zahlen. Demzufolge war

*Gerhard Kneissl als
Kapitän in einer DC-8
der Fluglinie Atlantis 1972*

der Flugbetrieb noch recht beschaulich, da die Zahl der abgefertigten Flüge, vor allem in Amman, gering war.

Die Mehrheit der Behausungen von Amman machten jene großen flachen Zelte aus, die in den kargen Tälern um die Hügel standen, umgeben von Ziegen- und Schafherden, dazwischen die Hirten und ihre Frauen- und Kinderscharen. Zu ihnen gingen wir, um Laban, das köstlichste Joghurt, knuspriges Fladenbrot und auch Eier zu holen, Geflügel hielten die Sesshafteren unter unseren unmittelbaren Nachbarn. Ihr ungebundenes Leben als Hüter der Tiere, die Zufriedenheit und Freiheit ausstrahlten, faszinierte mich damals sehr. Die Nächte waren sternenklar. Und gegen Morgen war das Gekreische der Esel und Ziegen sowie der jagenden Hunde und gejagten Katzen rund um das Haus laut und pünktlich. Diese durch und durch freien Menschen hatten mit der Umgestaltung der Landkarte nach dem Ersten Weltkrieg, im Zuge derer anstelle des weitläufigen, aber bankrotten Osmanischen Reiches nun arabische Nationalstaaten mit linearen Grenzen entstanden waren, ihre Wanderungen einschränken müssen. In Jordanien fanden viele von ihnen eine neue Lebensgrundlage, da sie unter anderem in der Armee Arbeit erhielten. Die berittene Beduinenpolizei patrouilliert bis heute auf jenen Wanderstrecken, auf denen die arabischen Stämme gegen Norden gezogen waren, um die verhassten türkischen Besatzer zu vertreiben. Insbesondere in Ägypten standen sie meist von der Warte der jeweiligen Machthaber aus unter Generalverdacht von Schmuggel bis Terrorismus, doch in Jordanien genossen sie dank der schützenden Hand der Haschemiten einen besseren Status.

Die Beduinen waren und sind im Militär das Rückgrat dieses Kunststaates Jordanien, den die Briten im Jahre 1923 aus dem eben erst von ihnen geschaffenen Mandatsgebiet Palästina herausgelöst hatten. Mit dem Ende des Ersten Weltkriegs war das Osmanische Reich zerfallen. Die Siegermächte Großbritannien und Frankreich teilten die Region neu unter sich auf. Dafür schufen sie Mandatsgebiete, die bis heute die Grundlage der hier bestehenden National-staaten bilden. Vor dem Wort „Kolonie" schreckten die Herren in London und Paris dann doch zurück, man entschied sich für „Man-dat". Gemeint war ein Land, das noch nicht fähig war, in die Un-abhängigkeit entlassen zu werden, das man aber darauf vorbereiten wollte. Jordanien trug zunächst den Namen Transjordanien, also jenseits des Flusses Jordan, und sollte ein Trostpflaster für einen Beduinenfürsten namens Abdallah aus einem der ältesten Stämme Arabiens sein. Die Haschemiten waren zuvor seit dem 10. Jahrhun-dert die Herrscher des Hedschas, der südlichen arabischen Halbinsel gewesen, die Wächter der heiligen Stätten des Islams, Mekka und Medina, und sie rühmen sich eines Stammbaums, der auf den Pro-pheten Mohammed zurückgeht. Für die Briten waren sie in die Rei-terschlacht gegen die Osmanen gezogen, versprochen wurde ihnen ein Vereinigtes Arabisches Königreich mit Damaskus als Hauptstadt. Besagter Lawrence, ein britischer Offizier, Archäologe und Teilzeit-spion, schmiedete die Allianz, die 1919 in den umstrittenen Pariser Vorortverträgen endete. Prinz Hussein und sein Freund Lawrence erschienen bei diesen Verhandlungen wie Exoten in der traditionel-len Tracht der Beduinen und mussten sich in Geduld üben, während relativ junge Sachbearbeiter der britischen und französischen Diplo-matie die Dossiers debattierten. Die mit der Orientfrage ante 1914 erfahrenen Beamten waren für die innereuropäische Nachkriegsordnung abgezogen worden. Doch die Grenzen für diese neuen arabischen Nationalstaaten wurden nicht in Sèvres bei Paris vereinbart. Die detaillierte Aufteilung der Region sollte ein Jahr später in San Remo, dem Kurort der Belle Epoque an der italienischen Riviera, erfolgen. Zu diesem Zwecke waren in erster Linie die Vertreter großer Erdölfirmen angereist, die neben der Übernahme der deutschen Konzessionen die Trasse jener Pipeline besprachen, die Erdöl aus dem nördlichen Mesopotamien ans Mittelmeer transportieren sollte. Mosul-Haifa hieß die Pipeline, die zur Referenz der nachfolgenden Grenzziehungen wurde. So entstanden also die neuen Staaten Irak und Syrien als Ergebnis eines Pipeline-Abkommens. Und wenn die Anekdote stimmt, so wurden die Linien hierfür auf dem Tischtuch im Hotel Londra gezeichnet. Das Mandatsgebiet Palästina wurde dann 1923 geteilt, als ein gewisser Winston Churchill, Staatssekretär im Kolonialministerium, die Gebiete östlich des Jordans Abdallah, einem der Söhne des Verbündeten Husseins, gab. Ein anderer Sohn Husseins wurde im neu geschaffenen Irak als König eingesetzt. Die Dynastie der Haschemiten hatte in diesem Land jedoch nur eine kurze Geschichte. 1958 wurde König Faisal II gestürzt und öffentlich hingerichtet. In der Folge wurde die gesamte Königsfamilie ermordet. Die Bilder der geschändeten Leichen erschütterten nicht nur die arabische Öffentlichkeit. Tabus waren gebrochen, und Regierungen wechselten mit viel Gewalt, um dann noch gewalttätiger vermeintliche innere Feinde niederzuschlagen. Der Irak sollte ebenso wie Syrien durch eine Serie von Militärputschen gehen, bis Mitte der 1970er-Jahre unter der repressiven Regierung von Saddam Hussein eine relative Ruhephase begann, die mit dessen Sturz 2003 wieder von einem blutigen Konflikt abgelöst wurde.

In Syrien war es nicht unähnlich, auch hier leitete erst die Machtergreifung des Luftwaffenoffiziers Hafez al-Assad 1970 eine Phase der Stabilität um den Preis brutaler Unterdrückung der Bevölkerung ein. Syrien wurde vom Spielball der Mächte zum eigenständigen Spieler, der im Konflikt mit Israel und vor allem im Nachbarland

Libanon voller Machtfülle auftrat. Jordanien hingegen sollte sich im Windschatten seiner mächtigen Nachbarn trotz aller inneren Umwälzungen durch den Zustrom palästinensischer Flüchtlinge relativ ruhig entwickeln. Die Palästinenser kamen zunächst 1948 bei der Gründung Israels, wobei die Mehrheit noch kein nationales palästinensisches Nationalgefühl hatte, und dann in noch viel größerem Umfang 1967 infolge des Sechstagekriegs und der israelischen Besetzung des Westjordanlands und von dem ebenso von Jordanien zuvor okkupierten Ostjerusalem. Diesmal waren die Palästinenser nicht mehr die königstreuen Untertanen, sondern entwickelten ihren eigenen revolutionären politischen Kurs, der in Jordanien und später im Libanon für Unruhe sorgte. Die Folge des starken Zustroms von Flüchtlingen war, dass die Palästinenser bald mehr als sechzig Prozent der jordanischen Bevölkerung ausmachten. Sie wurden von der politischen und militärischen Führung stets argwöhnisch als eine Fünfte Kolonne beäugt, die der Staatssicherheit noch gefährlich werden würde. Neben den Bewohnern der palästinensischen Flüchtlingslager, die, wie das größte seiner Art Baqa'a, seit bald fünfzig Jahren bestehen, baute ein erfolgreicher palästinensischer Mittelstand Jordanien mit auf, doch als Bürger zweiter Klasse fühlen sich noch heutzutage viele unter ihnen. Irgendwie arrangierte man sich letztlich mit der Monarchie, denn auf den alten Haudegen Jasser Arafat, den Untergrundkämpfer und Vorsitzenden der Palästinensischen Befreiungsorganisation (PLO), setzten vor allem die Linken und Jungen in den 1980er-Jahren, bevor die PLO dank Friedensvertrag mit Israel 1993 international salonfähig wurde.

Das Königshaus gründet aber seine Hausmacht zum einen auf die Beduinenstämme, deren Loyalität sich aus alter Feudaltreue und Zuwendungen des Königs ergab. Zum anderen sind wesentliche Posten im Militär mit den aus dem Kaukasus zugewanderten Tscherkessen besetzt. Nicht wenig hochrangige Offiziere sind blond und blauäugig, da ihre Vorfahren auf der Flucht vor russischen Pogromen Mitte des 19. Jahrhunderts in diese Provinzen des Osmanischen Reiches gekommen waren. Die Haschemiten, selbstbewusste alte Aristokraten und weltoffen, waren ihrerseits 1924 von den Emporkömmlingen der Wüste, dem Stamm der Sauds, von der Arabischen Halbinsel vertrieben worden. Die Sauds hatten ihre Hausmacht im Verein mit der Ende des 18. Jahrhunderts entstandenen konservativen Strömung der Wahhabiten aufgebaut, sie brauchten die religiösen Fanatiker, um den rivalisierenden Stämmen ein einigendes Band umzuhängen. Die Wahhabiten wurden mit ihrer verengten Weltsicht bis heute so einflussreich, da die Sauds ihnen Macht und vor allem viel Geld gaben, während der Rest der Welt bei so mancher Machenschaft wegsah. Denn zuerst sollten die Briten, später die US-Regierungen auf eine ölige Verbindung mit den Sauds setzen. Man ließ die Extremisten gewähren, als sie karitative Einrichtungen mit all der damit verbundenen ideologischen Gehirnwäsche für einen radikalen Islam von Westafrika bis Südasien errichteten. Der Westen hatte bis zum überraschenden Fall der Berliner Mauer 1989 bloß das Ziel, den Kommunismus einzudämmen, der politische Islam saudischer Machart war hierbei ein willkommenes Mittel. Die Auswirkungen des Exports wahhabitischer Vorstellungen erleben folgende Weltregionen seit bald zwanzig Jahren. Denn religiöser Fanatismus bewegt die Menschen von Nigeria bis Pakistan und entflammt täglich neu in den vielen Stellvertreter- und Bürgerkriegen zwischen Libanon, Syrien und dem Irak. Saudi-Arabien ist übrigens neben Liechtenstein der einzige Staat, der nach einer Familie benannt ist. Jene, die in den Saudis Usurpatoren und nicht die legitimen Herrscher auf der Halbinsel sehen, sprechen lieber vom Hedschas als von Saudi-Arabien.

Wären die Haschemiten an der Macht geblieben, hätte sich wahrscheinlich ein solch gewaltbereiter politischer Islam, wie er heute die muslimische Welt in ihrer Gesamtheit erschüttert, nicht herausgebildet. Die Haschemiten erhoben lange offiziell den Anspruch auf die Rolle der Scherifen, der Wächter der heiligen Stätten von Mekka und Medina, dem höchsten offiziellen Amt, den heute die Sauds innehalten. Die vertriebenen Haschemiten waren aber stets auch pragmatisch genug, um ihre Ambitionen nicht allzu hoch zu schrauben. Vielmehr positionierten sie sich in der zweiten Hälfte des 20. Jahrhunderts als verlässliche Partner zwischen Ost und West. König Hussein, der 1952 seinem kränklichen Vater Talal mit nur 16 Jahren auf den Thron folgte, verwandelte sich über die Jahrzehnte immer mehr zum Wüstenfuchs, der eine Mischung aus Bauernschläue und ausgeprägtem Gespür für internationale Beziehungen vereinte. Von seinem Großvater Abdallah hatte Hussein den politischen Instinkt geerbt, der ihn ungewöhnliche politische Spagate machen ließ. Denn Amman galt, ebenso wie Kairo unter den Langzeitherrschern Anwar as-Sadat und Hosni Mubarak, als engster arabischer Verbündeter der USA. Zugleich verstand der kleine König, seine Körperhöhe maß nur 160 cm, mit den Intim-feinden Washingtons gemeinsame Sache zu machen, wenn es seine ganz persönliche Staatsräson erforderte. Dies war zum Beispiel im Sommer 1990 der Fall, als der Irak in Kuwait einmarschierte und das kleine Golfemirat, das einst von Basra aus verwaltet worden war, zur 19. Provinz des Iraks erklärte. Die gesamte arabische Welt zog in jenem Sommer geschlossen in eine Allianz unter der Führung der USA, um im UN-Sicherheitsrat gegen den Irak vorzugehen. Bloß König Hus-sein reiste nach Bagdad, um demonstrativ seine Solidarität mit jenem Mann zu bekunden, der den Golfmonarchien den Kampf ansagte. Gemeinsam ballerten die beiden Männer am Balkon des Präsiden-tenpalastes mit Jagdgewehren in die Luft und zeigten auf geradezu archaische Weise ihre Waffenbrüderschaft. Husseins Beweggründe lagen zum einen in seiner alten Verachtung für all die Emporkömm-linge der reichen Ölstaaten, zum anderen in seinem Feingefühl für die Stimmung im Volk. Die „arabische Straße", wie es etwas abschätzig heißt, wenn von den Millionen im Volk die Rede ist, stand nämlich auf Seite von Saddam Hussein, der den USA die Stirn bot. Besonders populär war der Schnauzbart von Bagdad unter den Palästinensern. Ihre Landsleute, die zu dem Zeitpunkt in großer Zahl in den Golf-staaten arbeiteten, bezahlten für diese Sympathie einen hohen Preis. Gleichsam über Nacht wurden sie aus Saudi-Arabien und anderen Staaten der arabischen Halbinsel hinausgeworfen. Rechtlos wie alle Ausländer, die dort arbeiten, mussten sie Hab und Gut zurücklassen und wurden von den nervösen Herrschern kollektiv bestraft.

König Hussein präsentierte sich einmal mehr als schlauer Akrobat, der ebenso großzügige finanzielle Zuwendungen der USA an Land zog, um sein rohstoffarmes und bevölkerungsreiches Land wirtschaftlich am Leben zu halten, wie er auch in der US-kritischen Öffentlichkeit hohes Ansehen genoss. Hussein soll rund vierzig Attentate auf seine Person überlebt haben, widersetzte sich mit harter militärischer Entschlossenheit einem Aufstand der PLO im September 1970, ließ so manches Komplott zerschlagen, führte Dutzende Nahostfriedensgespräche und schloss mit Israel 1994 einen offiziellen Friedensvertrag, der aber letztlich wenig veränderte, denn mit den Israelis pflegte er meist gut umzugehen, jedoch musste er sich im Februar 1999 dem Krebs geschlagen geben. Noch auf dem Totenbett ließ er eine mittlere Palastrevolte schlichten und das Testament umschreiben, denn anstelle seines Bruders Hassan, dem ewigen Kronprinzen, sollte sein Sohn Abdallah aus zweiter Ehe mit einer Britin die Nachfolge antreten. Hintergrund für diese relativ überraschende Verfügung war die Furcht von Ehefrau Nummer vier, Königin Noor, dass sie und ihre Kinder aus dem Palast und der Nachfolge gedrängt würden, wenn Hassan und dessen ehrgeizige Ehefrau einzögen. Was wie eine kuriose orientalische Seifenoper klingt, krempelte ein wenig die Nahostpolitik um. In Washington war man letztlich auch mit dieser Wendung zufrieden, da man Hassan eine zu starke Nähe zu den Muslimbrüdern nachsagte. So kam Abdallah plötzlich auf den Thron und hatte von Anbeginn mit dem übermächtigen Schatten seines Vaters zu kämpfen. Anfänglich versuchte er noch berühmte Aktionen des Verstorbenen nachzuahmen, wie als Taxifahrer inkognito am Steuer unterwegs zu sein und ähnlich der Märchenfigur des volksnahen Herrschers von Bagdad, Kalif Storch, Sorgen und Klagen aus dem Volk zu erfahren. Doch was bei Hussein authentisch wirkte, schien bei Abdallah von Souffleuren eingeflüstert. Seine Unsicherheit gründet aber auch auf der Tatsache, dass er mütterlicherseits halber Engländer ist. Sein Arabisch mit starkem englischem Akzent sorgt seit jeher für viel Spott. Wesentlicher Trumpf war einige Jahre lang seine palästinensische Ehefrau Rania, die perfekt anmutende, moderne arabische Frau, die den Umgang mit westlichen Medien elegant beherrscht und, falls nötig, ihr Gegenüber professionell bezirzt. Doch ihre Einkaufstouren im Ausland und unklare Immobiliengeschäfte für die eigene Familie im Land sorgen für wachsenden Unmut. Das Königspaar ist nicht so populär, wie man es von außen gerne vermeint. Abdallah ertränkt und verspielt zudem so manchen Kummer bei nicht islamischen Vergnügungen, was wiederum sein Ansehen in der frommen Bevölkerung sinken lässt. War Vater Hussein ein Lebemann in Zeiten, als die arabische Welt noch mehr von nationalistischen Themen als von einer erstarkten Religiosität bestimmt war, so muss der Sohn mehr achtgeben. Den Instinkt seines Vaters hat er jedenfalls nicht geerbt, denn dieser wusste sich in widrigen Umständen mit viel Souveränität durchzusetzen und irgendwie schienen Freund und Feind immer wieder seinem Charme zu erliegen. Dabei war der kleine König nichts anderes als ein orientalischer Despot, der sich hübsche Stewardessen bei Bedarf ebenso zuführen ließ, wie er Klartext mit dem israelischen Geheimdienst Mossad redete und ein Gegengift für einen von den Israelis vergifteten Hamas-Politiker binnen Stunden erhielt. Hussein war der arabische Gentleman, den man in den Wiener Salons freudig begrüßte, wenn er auf Zwischenstopp zwischen Skiurlaub am Arlberg und Besuch seiner Residenz in Wien-Döbling auch einige Nahostgespräche führte. Mit dem Tod seines Freundes Bruno Kreisky im Sommer 1990 wurden seine Visiten in Wien immer seltener, denn mit welchem österreichischen Politiker hätte er sich danach noch über den Nahen Osten austauschen sollen?

Schwarzer September – Bürgerkrieg in Jordanien

Es war also diese schillernde Persönlichkeit Hussein, für die mein Vater einige Jahre arbeitete. Was die beiden Männer verband, war eine tiefe Leidenschaft für die Fliegerei. Hussein setzte sich gerne selbst ins Cockpit und übernahm den Steuerknüppel. Auf ausländische Piloten in seiner unmittelbaren Nähe vertraute der Hobbyflieger wenig, dafür hatte er zu viele Anschläge knapp überlebt. Am meisten geprägt hatte ihn wohl 1951 das tödliche Attentat auf seinen Großvater Abdallah bei einem Besuch der al-Aqsa-Moschee. Hussein war damals 16 Jahre alt, der Attentäter ein palästinensischer Nationalist, der den König des Verrats an den Arabern bezichtigte. Die Legende berichtet, dass der junge Hussein den Anschlag nur deshalb überlebte, weil die Kugel an jenem Orden abprallte, mit dem ihn kurz zuvor sein Großvater dekoriert hatte. Die Gesprächskanäle und vielen Geheimtreffen zwischen den Haschemiten und Zionisten noch vor der Gründung des jüdischen Staates waren auch in der Bevölkerung hinlänglich bekannt. Doch dieses Thema war stets brisant. Ich erinnere mich meiner Dissertationsrecherchen in der Bibliothek der Universität von Amman, wo ich bloß unter Aufsicht und nach Einholung mehrerer Genehmigungen bestimmte Bücher zum Thema lesen durfte. Diese Zensur bewirkte im November 1988 in mir einen mittleren Zornesausbruch im Dekanat der Universität, wo ich wütend in klassischem Arabisch den Verwaltungsbeamten zurief, dass man auf der Hebräischen Universität von Jerusalem viel leichter Bücher lesen konnte als hier im Haschemitischen Königreich Jordanien! Starre Blicke schlugen mir entgegen. Wohl hatte ich Glück, dass niemand so recht wusste, wie auf meine Vorwürfe zu reagieren wäre. Von da an bemühte ich mich nicht mehr um Sondergenehmigungen für Bücher, sondern las eben das Wenige, das vorhanden und erlaubt war.

Diese Erfahrungen sollte ich knapp 18 Jahre nach meinem ersten Aufenthalt als Kind in Amman machen. Der König war immer noch an der Macht, saß fester als je zuvor im Sattel, vor den Abendnachrichten lächelte der Monarch als Knospe aufblühender Blumen in vielen Varianten vom Bildschirm. Sein Konterfei beherrschte das gesamte öffentliche Leben, wie es bei anderen Langzeitherrschern von Marokko bis zum Golf der Fall war und auch nach allen revolutionären Umbrüchen noch ist. Die Jordanier waren immer recht erstaunt, wenn ich ihnen mitteilte, dass ich bereits vor dem Bürgerkrieg des Schwarzen September 1970 im Land gewesen war. Irgendwie konnten sie sich das mit meinem damaligen Lebensalter nicht ganz ausrechnen. Jedenfalls erfuhr ich als Studentin etwas, das ich als Kind noch nicht begreifen konnte, und dank einer entspannten politischen Situation in Österreich als Heranwachsende nicht durchleben musste: die dauernde Angst vor Geheimdiensten, Willkür, Putschversuchen, Intrigen mit tödlichem Ausgang. Diese Stimmung beherrschte das Land ebenso wie die Nachbarstaaten.

König Hussein hatte dieses Dilemma zu einem sehr frühen Zeitpunkt in seinem Leben erfasst. Oberste Priorität hatten Machterhaltung und Machtentfaltung. Und die Schaffung einer eigenen Airline war ihm hierfür ein Herzensanliegen. Flagge und Fluglinie sind offensichtliche Symbole von Souveränität, auf die jeder junge Staat pocht. Alia sollte später unter dem Namen „Royal Jordanian" auch zu einer renommierten Airline mit einem weiten Streckennetz aufsteigen, wie überhaupt die einstigen großen europäischen und US-amerikanischen Namen in Service und Verbindungen immer mehr abstiegen und im internationalen Vergleich hinter die Fluglinien der arabischen Welt und der Asiaten abrutschten. Dass dahinter mehr Prestigedenken der Machthaber und großzügige Subventionen als unternehmerisches Wirtschaften stehen, ist klar.

Als wir Ende der 1960er-Jahre in Jordanien ankamen, waren die Fliegerei und Piloten sehr begehrt, jedenfalls am Hofe des jovialen kleinen Königs, der sich bei seinen eigenen Flugeskapaden auch von den politischen Wirren erholte, denn über den Wolken sieht die Welt einfach anders aus. Zudem war er ein leidenschaftlicher Funker, der binnen weniger Jahre den gesamten Königshof für den Amateurfunk begeisterte. Er sah darin ein Symbol technischen Fortschritts und die Versorgungssicherung. Hussein war fest entschlossen, aus dem kleinen Rumpfstaat mit Zugang zum Meer, wo nutzbares Land ebenso fehlt wie Trinkwasserreservoirs, einen soliden Nationalstaat zu machen. Für die Herausbildung einer nationalen Identität eignete sich die alte Felsenstadt Petra, die der Schweizer Orientreisende Jean Louis Burckhardt 1812 dank eines hilfreichen Hirten wiederentdeckt hatte. Indem man sich auf die einstige Hochkultur der Nabatäer, des orientalischen Händlervolks der Antike, berief, die ihre bemerkenswerten Tempel und Häuser vor über zweitausend Jahren in die Felsenwände geschlagen hatten, baute man sich eine zivilisatorische Brücke zwischen Vergangenheit und Gegenwart. Die touristische Erschließung sollte aber erst Jahrzehnte später erfolgen, denn um 1970 herum verschlug es nur wenige Reisende in das provinzielle Jordanien. Damals war Kabul viel populärer und leichter zu bereisen. Afghanistan und der Iran waren beliebte Reiseziele meiner Elterngeneration. Der Favorit hieß aber Beirut, wo zwischen schicken Hotels und ausgelassenen Clubs stets levantinisches Dolce Vita herrschte. Vielmehr als ein subventionierter Tourismus in die Wüste eignete sich also der Aufbau einer nationalen Fluglinie zur Stärkung der nationalen Zusammengehörigkeit.

Im Sommer 1970 schien ebendieser Zusammenhalt auf die Probe gestellt. Ein Verband palästinensischer Gruppen, der in Jordanien Zuflucht gefunden hatte, unternahm einen Umsturzversuch. Weil er im September 1970 begann, trägt er bis heute den arabischen Namen „Ayul al-Aswad", Schwarzer September. Es war Bürgerkrieg oder vielmehr ein Aufstand der Palästinenser gegen die jordanische Staatsmacht, der ein Jahr dauerte und eine bis heute unbekannte Zahl an Opfern forderte. Jordanien diente als Rampe und Rückzugsgebiet palästinensischer Fedayin, Guerilleros beziehungsweise, in der israelischen Diktion, Terroristen, wobei vertriebene Palästinenser anfänglich versuchten, zurückgelassenes Hab und Gut noch nachzuholen, später ging es vor allem um Zerstörung israelischer Infrastruktur. Mit zunehmender Eskalation infolge weitreichender Vergeltungsakte der Israelis und der gewaltigen jordanischen Verluste im Sechstagekrieg vom Juni 1967 wurde Jordanien immer mehr zum Schauplatz des arabisch-israelischen Konflikts. Während der arabische Nationalist in Kairo, Staatspräsident Gamal Abdel Nasser, seinerseits die arabische Agenda dominierte und im Juni 1967 in der Niederlage des Sechstagekriegs scheiterte, hatte der Monarch Hussein in den nationalistischen Bewegungen wie dem Nasserismus stets eine kommunistische Machtübernahme gewittert. Die von linken Ideen aller

Art bewegten Palästinenser wurden zusehends zu einer regierungskritischen Bevölkerung, die nicht mehr auf die verkrusteten arabischen Machtapparate, sondern auf ihre eigene Kraft zwecks Rückeroberung der verlorenen Heimat setzte. Mit der Entstehung der PLO 1965 und dem Vorsitz von Jassir Arafat entwickelte sich der Konflikt von einer israelisch-arabischen zu einer israelisch-palästinensischen Konfrontation. Internationale Bekanntheit erreichte die PLO ab 1972 mit Flugzeugentführungen, die sie als Mittel zum Zweck für die „Sache der Palästinenser" verstanden.

Partner wurden diverse Terrorgruppen in Deutschland (z. B. RAF), die Finanzierung kam einmal aus Libyen, dann wieder aus Moskau oder Ost-Berlin. Neue Abhängigkeiten waren rasch da. Dominierten bis in die Mitte der 1980er-Jahre noch nationalistische Dogmen sowie ein buntes Gemisch aus linken Ideen und einem Internationalismus die Anliegen der Palästinenser, begann angesichts all der Niederlagen gegen Israel und vor dem Hintergrund tiefer Veränderungen in der muslimischen Welt, wie die Revolution im Iran 1979, der politische Islam die Palästinenser zu begeistern. Die Muslimbrüder in Ägypten hatten mit der Hamas bereits eine politische Filiale im Gazastreifen geschaffen, die anfänglich auch mit israelischem Wohlwollen wirkte. Es war den Besatzungsbehörden angenehmer, wenn die jungen Palästinenser in die Koranschulen als in politische Salons des Untergrunds gingen. Symbole wie die schwarzen Flaggen des Islams waren ihnen damals sympathischer als die säkularen Kampfslogans der PLO. Doch die Aufstände vom September 1970 gegen den unmittelbaren Nachkommen des Propheten Mohammed wurden ausschließlich im Namen einer neuen revolutionären palästinensischen Sache ausgefochten.

Wie lange das, aus meiner kindlichen Sicht, relativ gemütliche Familienleben in dem Steinhaus zwischen den Beduinenzelten tatsächlich andauerte, verschwimmt in der Erinnerung. Aber irgendwie habe ich gute Erinnerungen an jene Zeit, die in mir vielleicht so etwas wie eine erste Saat für die spätere Liebe zu den Menschen und zum Orient legten. Denn die nahöstlichen Gefilde waren in gewissen Gerüchen und Erzählungen immer zugegen. Jedenfalls nahm das Kapitel Jordanien ein abruptes Ende, als mein Vater eines Tages sehr früh vom Flughafen nach Hause kam und sagte: „Wir haben Krieg." Als Fünfjährige konnte ich damals mit dem Wort Krieg gar nichts anfangen, erinnere mich aber an sehr blasse Gesichter der Erwachsenen rundum. Der ansonsten redselige Koch, der mit mir in der Küche zum Klang der zerkratzten Platten tanzte, wurde immer stummer und kam bald gar nicht mehr. Das Leben wurde schwieriger, als die Wassertanks auf dem Dach beschossen waren, der Strom ausfiel und auch wir Ausländer zum Ziel der Kämpfe wurden. An einem Abend wurde unser Auto, ein Kombi, bei der Heimfahrt von einer Gruppe vermummter Kämpfer an einem Checkpoint gestoppt. Der Anführer wedelte mit seinem Maschinengewehr in der Luft umher und bat uns höflich aber sehr bestimmt auszusteigen. Wir absolvierten den restlichen Weg zu Fuß, das Auto war kurzerhand konfisziert worden. Relativ bald stand fest, dass meine Mutter, die kleine Schwester und ich das Land verlassen würden. Die Reise aus Amman heraus in Richtung Libanon dauerte eine halbe Ewigkeit, Wagen und Passagiere wurden an vielen Kontrollposten von oben bis unten durchsucht, aber irgendwann landeten wir dann wieder auf einem europäischen Flughafen. Im Gegensatz zu den Menschen, die mit ihrer Flucht ihr Land und alles Hab und Gut verloren, waren wir unendlich privilegiert. Denn wir kehrten in eine Wohnung nach Wien heim, ließen nur Spielsachen, Kleider und Schallplatten, die wir ohnehin schon Hunderte Male gehört hatten, zurück. Mein Vater würde noch einige Monate weiter im Dienste Seiner Majestät stehen und Mitglieder der königlichen Familie ein- und ausfliegen, um dann auch Jordanien zu verlassen, wo er binnen Kurzem Status und Wohlstand erworben hatte, was in Europa in dem Umfang nicht so rasch möglich gewesen wäre.

Wie der politische Islam
das Land veränderte

Im Herbst 1988 setzte ich meinen Fuß wieder in dieses Land. Ich hatte mir ein Praktikum in der Niederlassung einer österreichischen Bank organisiert, womit ich den Aufenthalt finanzierte. Nachmittags war ich an der Jordan University, um für meine Dissertation zu recherchieren. Ich schmunzelte über Kindheitserinnerungen, die wach wurden und so wenig mit der neuen Wirklichkeit im Lande zu tun hatten. Die Beduinenzelte waren an den Rand der großen Siedlungen gedrängt, die Steinhäuser waren nun sehr hoch geworden. Amman löste damals das im Bürgerkrieg versunkene Beirut als Finanzdrehscheibe ab. Einige Menschen hatten Wohlstand erworben, andere fanden sich in der wachsenden Masse der Armen und vor allem Erniedrigten wieder. Denn alle Wege aus dem Land und die Karriereleiter nach oben sind ihnen versperrt, wenn sie nicht über „wasta", die arabische Version von Vitamin B, also Beziehungen, verfügen. Ohne selbige darf man nicht mitspielen. Politisch schien das Haschemitische Königreich stabil, denn der König war ähnlich dem Habsburgermonarchen Kaiser Franz Joseph schon für mehrere Generationen an der Macht. Und wenn es rumorte, weil der Brotpreis stieg, dann war dies die Schuld des Premierministers, den man kurzerhand auswechselte. Der Königspalast war gegen Kritik immun. König Hussein stand für Stabilität und Wohlstand, seinen Abgang wollte sich kaum jemand vorstellen. Zu lange saß er schon auf dem Kutschbock seines kleinen Königreiches und trotzte all den politischen Stürmen, die über den Nahen Osten regelmäßig hinwegfegten. Doch im Straßenbild war vieles im Umbruch. Die bunt bestickten Gewänder der palästinensischen Frauen wichen allmählich schwarzen Zelten zur Verhüllung des weiblichen Körpers, die ein neuer rigider Islam einforderte. Die leichten weißen Kopfbedeckungen der traditionellen Tracht waren offensichtlich nicht mehr keusch genug. Die Verschleierung hielt vielerorts Einzug und verdunkelte das Straßenbild. So waren die Dreitagesbärte der Revolutionäre der im Rückblick so liberalen 1970er-Jahre zu Rauschebärten geworden. Mit Verkleidung, Barttracht und stolz präsentierter Gebetsbeule auf der Stirn grenzten sich die besonders Frommen von den in ihren Augen weniger frommen Muslimen zusehends ab. Amman war größer und staubiger geworden, und in den Schulhöfen paradierten bereits Volksschulkinder mit Parolen wie „Tod den Ungläubigen, Tod Israel, Tod Amerika". Mit Gänsehaut habe ich die Rufe dieser von Lehrern und Eltern fanatisierten Kinder im Ohr. In ihrem Unterricht überschattete die Religion alle anderen Fächer. Ein den gesamten Alltag erfassender politischer Islam würde von nun an immer massiver um sich greifen. Als Reaktion auf Terroranschläge griffen die Sicherheitskräfte entsprechend brutal durch. Folterungen stehen in den Polizeikasernen an der Tagesordnung, nicht selten in Anwesenheit von Experten westlicher Nachrichtendienste und unter ärztlicher Aufsicht. Die sogenannten Folterflüge wurden erst im Herbst 2004 von einem mutigen Schweizer Parlamentarier namens Dick Marty aufgedeckt, dann lange abgestritten. Es war und ist aber wahrscheinlich noch vielerorts grausame Praxis, Verdächtige in befreundete Länder auszufliegen, um das Folterverbot auf europäischem Boden einzuhalten, aber andernorts Geständnisse unter mehr als fragwürdigen Umständen mittels Elektroschocks, sexueller Gewalt oder Scheinexekution herauszupressen. Jordanien war damit kein Einzelfall, aber hier hatte ich wie auch in Ägypten und Syrien manche bedauerliche Rückentwicklung von Gesellschaft und Rechtsstaatlichkeit etappenweise miterlebt. Mit der Gewalt stieg auch die Radikalisierung jener, die in der religiösen Heilsidee Antwort und Erlösung suchten. Einer der brutalsten Vertreter der Al-Qaida, jener Terrororganisation, die seit den Anschlägen vom 11. September 2001 in unser aller Vokabular Eingang fand, wurde der Jordanier Abu Musab al-Zarqawi. Er zog die Fäden im Irak und zeichnete für den Tod Tausender Menschen verantwortlich, bis er im Juni 2006 letztlich von US-Soldaten getötet wurde. Das Morden im Irak geht aber unvermindert weiter, denn rasch findet sich eine neue Führungsebene, wenn ein Kopf wegfällt.

„Al Islam huwa al hall" (Der Islam ist die Lösung) wurde zur Losung der neuen Generation von Muslimbrüdern und -schwestern, die gerade in Jordanien nicht zuletzt als Reaktion auf einen allgegenwärtigen US-amerikanischen Lebensstil an Zulauf gewann. Vereinbart man in Amman einen Termin, ist der Ort der Begegnung meist die Lobby eines der vielen Hotels, denn anders als in Damaskus, Beirut oder Jerusalem gibt es in dieser Stadt keine Cafés, keine Altstadt oder Strandpromenade, die zum Flanieren einlädt. Das Ambiente ist international-steril, von lokalem Flair ist nichts zu spüren. Den Dezember 1988 verbrachte ich im Rahmen meines Praktikums in Amman. Weihnachtsbäume dominierten die Hotels. Ich fragte mich, wie dieses globalisierte westliche Fest auf die Einheimischen wirkte. Dass die Muslime diesem Import an westlichen Dingen einen neuen rigiden Lebensstil entgegenhalten wollten, war nachvollziehbar. Der politische Islam unserer Zeit erscheint mir daher als eine Anti-Globalisierungsbewegung, wobei in dem Fall eine religiös bestimmte Gesellschaftsordnung einem westlichen Lebensmodell entgegengestellt wird. Indem die eigenen Wurzeln und damit die Identität wieder über die Religion und nicht mehr über eine nationale oder soziale Zugehörigkeit entstehen, wird das Religiöse zum alles bestimmenden Allheilmittel. Jedoch bietet die Religion weder Antwort noch Lösung, meines Erachtens verstärkt sie das Dilemma. Denn ohne Trennung von Staat und Religion kann kaum ein echtes Bürgerbewusstsein entstehen, vielmehr werden die Menschen in Gläubige und Nichtgläubige eingeteilt. Und wenn sich säkular denkende Muslime gegen den Kurs der Islamisten erheben, werden sie nicht als politische Gegner wahrgenommen, sondern sogleich als Ungläubige abgetan. Ob es nun um Arbeitslosigkeit, hohe Lebensmittelpreise, korrupte Staatsbeamte oder den Zerfall der arabischen Familie geht, auf alle Probleme menschlicher Existenz soll der Islam die geeignete Antwort bieten. Die neuen frommen Muslime sprangen vermehrt überall dort ein, wo der Staat fehlte oder versagte. Die von der Religion vorgesehene Armensteuer, die „zakat", wurde immer ernster genommen. Demnach stiftet jeder aufrechte Muslim rund zehn Prozent seines

Jahreseinkommens für Karitatives. Viele Wohlfahrtseinrichtungen von der Ambulanz im Armenviertel bis zum Sportverein entstanden über diese privaten Initiativen.

Der Aufstieg einer neuen zur Schau getragenen und politisch aktiven Gläubigkeit entwickelte sich zudem aus einem Generationenkonflikt heraus. Die Enkel wurden konservativer als ihre Großeltern, deren Islam den Jüngeren oftmals lau und oberflächlich erschien. In muslimischen Familien, wo die Mütter liberaler als ihre verschleierten Töchter denken und handeln, beobachte ich diesen Generationenbruch immer wieder. Abgrenzung und Rebellion erfolgen, indem die nachfolgende Generation ihre Glaubensauffassung strenger und gar rigide auslebt. In Marseille traf ich eine algerische Familie, deren Großmutter im Unabhängigkeitskrieg gegen die Franzosen gekämpft hatte, die sich aber von ihrem 18-jährigen Enkel vorhalten lassen musste, dass sie den Fastenmonat Ramadan nicht einhielt. Indes hat sich innerhalb vieler arabischer Staaten die Kluft zwischen Religiösen und Säkularen verschärft. Ein politischer Islam setzt seinen Siegeszug vorerst fort und schafft Schranken gegenüber Andersdenkenden. Mit dem Begriff eines gemäßigten Islamismus konnte ich noch nie etwas anfangen. Entweder man ist Islamist und verfolgt eine umfassende Umgestaltung von Gesellschaft, Justiz, Wirtschaft und sämtlichen Lebensbereichen im Namen des Islams oder man ist es nicht und bekennt sich zur Trennung von Politik und Religion, der wesentlichen Vorbedingung aller Rechtsstaatlichkeit. Zudem riskiert jedes religiöse Eifern in Scheinheiligkeit zu kippen.

Recht intensiv erlebte ich diese Doppelmoral als Studentin in Amman. Ich wohnte rund vier Monate in einem Studentenheim gegenüber dem Campus der Jordan University. Die Mitbewohnerinnen kamen zu einem Großteil aus Jordanien selbst, einige Mädchen aus den Golfstaaten. Draußen verhüllten sie sich unter diversen Textilien, drinnen trugen sie enge Lederröcke, rauchten, tranken Whiskey wie jemand anderer Wein und wetteiferten, wer mit den tollsten Abenteuern aufwarten konnte. Ab 20 Uhr war das Tor versperrt, doch gewisse Leute schafften sich gewisse Ausnahmen. Ich versuchte in meinem recht kalten Zimmer, kaum groß genug für ein Bett und einen klapprigen Tisch, indes meine untertags erstellten Exzerpte zu ordnen. Da es keine Möglichkeit zum Kochen gab, nahm ich dankbar und hungrig jede Einladung der besser ausgestatteten Bewohnerinnen an. Dort gab es dann herrliche Linsen- und Reisgerichte. Eine Frage wurde mir in jenen Monaten täglich gestellt, wenn es um das religiöse Bekenntnis ging: „Karin, du bist ein netter Mensch und sprichst so gut Arabisch, warum bist du noch keine Muslimin?" Reagierte ich anfangs mit Ausführungen rund um mein Interesse am Libanon und am Nahen Osten, nicht am Islam als Grund für meine Arabischstudien, führte ich später aus, dass zwar am Christentum vieles auszusetzen sei, aber das Gebot der Liebe sei mir doch sympathischer als ein Normenkorsett, wie es der Islam vorschreibt. Mit der Zeit reagierte ich immer gereizter, wenn ich aufgefordert wurde, doch endlich zum wahren Glauben überzutreten. Lieber verzichtete ich hie und da auf eine der großzügigen Einladungen zum Essen, als mich ständig diesen Debatten gleichsam gebetsmühlenartig auszuliefern. Dieser Missionierungseifer enervierte, nur selten wurde ein Gespräch zum echten Gedankenaustausch. Vielmehr ging es um religiöse Überzeugung versus Argumentation. Ich begriff, wie sehr diese Erstarkung religiöser Symbole, Überzeugungen, Bewegungen bald die Politik in der Region und darüber hinaus beherrschen würde. Die religiöse Doktrin begann alles zu überlagern – vom Palästinakonflikt bis zur Rolle des jordanischen Königshauses. Dieser zerbrechliche Staat ist ein bezeichnendes Beispiel dafür, wie sich die Gesellschaft unter Berufung auf sehr rigide religiöse Ansichten von jenem Freiheitsgeist entfernt, der die freien Menschen in diesem Land einst ausmachte.

Jordanien bildete 1969 den Anfang meiner Beziehung zum Orient. Reisen in die Region, Erzählungen zu Hause, Begegnungen mit Menschen zwischen Istanbul und Tel Aviv waren frühe Eindrücke, die sich fest in meinem Gedächtnis eingruben. Gerne erinnere ich mich der Reisen als Kind auf die Andalar Inseln vor Istanbul, die sogenannten Prinzeninseln, wo früher die überflüssigen Haremssöhne ausgesetzt

wurden, und nach Büyükada. In den Sommervillen der alteingeses-
senen städtischen Oberschicht hielt sich Klein-Istanbul mit seiner
andernorts untergegangenen Vielfalt. Die Nachkommen der einst
zahlreichen Armenier und sephardischen Juden, die ihre alte Sprache Ladino noch pflegen, alte sunnitische Händlerfamilien und hohe
Beamte des Staates genossen unweit der Metropole die Sommerfri-
sche. Doch auch Istanbul würde wie Kairo infolge des Zuzugs der
Landflüchtlinge und eines sehr rigiden Islams das ursprünglich bunte
Gesicht und die liberale Stimmung ablegen. Die Levante verband dieses Gemisch an Lebensstilen, Sprachen und Völkern und schuf ein tiefes mediterranes Lebensgefühl, das Enrico Macias aus Algerien, Yves
Montand, der Italiener in Paris, oder Dalida, die Schönheitskönigin
von Ägypten der 1950er-Jahre, in ihren Chansons besangen. Ich versuchte die französischen Liedtexte zu verstehen, auch um diese geliebte
Sprache besser zu erlernen. Ich durfte dieses beeindruckende Erbe der
levantinischen Weltbürger hier und da in Begegnungen und vor allem
Erzählungen noch ein wenig erleben. Die Gesellschaft war einst welt-
offener, als Religion noch Privatsache war. Die französische Sprache
bildete in vielen dieser Begegnungen den Schlüssel, denn sie war die
Lingua franca dieser kosmopolitisch gesinnten Menschen. Die vielen
Subtilitäten, die das Französische in sich trägt, eignen sich perfekt, um
vage zu bleiben und damit ein buntes Miteinander zu ermöglichen.

Sommer 1982: Krieg im Libanon

In jenem Sommer arbeitete ich als Kindermädchen in einer Familie in Bordeaux, um Französisch zu lernen. Nach dem dritten Jahr
miserablen Unterrichts in der Schule, wo eine polnische Nonne uns
auf wenig reizvolle Weise mit der Sprache von Voltaire konfrontierte,
wolle ich unbedingt nach Frankreich. Über drei Ecken gelang es mir
auch eine Gastfamilie zu finden, die dem sehr konservativen Bürgertum angehörte und zu jenem Zeitpunkt bereits für den Front
National von Jean-Marie Le Pen stimmte, also extrem rechts wählte.

Hauptmotiv war ihre Sorge um eine Arabisierung Frankreichs. Mein damals intensiv wachsendes Engagement für „die Araber" war ihnen ein Dorn im Auge und provozierte entsprechend hitzige Debatten. Dem Studium der französischen Sprache war all dies aber sehr nützlich.

In den französischen Abendnachrichten wurde laufend über einen Krieg im Nahen Osten berichtet, der jenen Sommer weltpolitisch dominieren würde und mich ganz in seinen Bann zog. Von der Stadt Beirut hatte ich zu Hause immer wieder gehört, das sogenannte Paris des Nahen Ostens hatte einen besonderen Platz in den Erinnerungen meiner Eltern aus den 1960er-Jahren. Oft waren sie in der weltoffenen Metropole am Mittelmeer gewesen, die im Gegensatz zum Wien der Nachkriegs- und Aufbauzeit Ausgelassenheit und Eleganz der Levante versprühte. Mit Beirut verband ich daher stets die goldenen Jahre der Elterngeneration. Der Name hatte gleichsam etwas Mythisches. Nun aber sah ich am Bildschirm Reportagen einer zerschossenen Stadt ohne Glanz, Menschen auf der Flucht und nicht am Tanzparkett, Luxushotels in Flammen und nicht im Sonnenschein. Irgendetwas begann mich inmitten dieser tragischen Berichte zu faszinieren, denn die Bilder der diversen Warlords, der Milizen, dem Auf und Ab jenes wilden Sommers 1982 bewegten mich. Es waren TV-Reportagen, die zunächst unendliche Neugier und bald tiefe Leidenschaft für den Libanon und die vielen damit verbundenen Fragen in mir lostraten. Denn vom Libanon würde ich zur Palästinafrage, zu Israel, zum Zionismus, dann zum Islam und schließlich zu den vielen anderen Facetten nahöstlicher Abgründe vordringen. Ich entschloss mich, Arabisch zu lernen, um den Libanon zu begreifen. Im Jahr vor der Matura wählte ich als Spezialthema für das Fach Geschichte den Nahostkonflikt und verschlang einfach alles, was mir in die Hände fiel. Erst im Laufe der Jahre verstand ich, bestimmte Autoren im Lichte ihrer ideologischen Überzeugung zu lesen. Meine Hauptquelle waren französische Tageszeitungen und Magazine, deren Erwerb ich mir gleichsam hart ersparte. In der Schule wurde ich von einer engagierten Geografielehrerin mit ihrem Abonnement der „Neuen

Zürcher Zeitung" und „Frankfurter Allgemeinen" versorgt. In der 12-Uhr-Pause durfte ich die von ihr gelesenen Exemplare holen, die ich dann intensiv studierte. Alte Ordner mit Zeitungsausschnitten jener Schultage lagern noch heute in meinem Archiv. Mit dem Libanonkrieg befasste ich mich intensiv, um zu begreifen, warum es im Nahen Osten brannte.

Anfang Juni 1982 hatte die israelische Armee auf Geheiß des damaligen Verteidigungsministers Ariel Scharon eine groß angelegte Invasion in den Libanon gestartet. Der alte Haudegen Scharon hatte offenbar seinen Premierminister Menachem Begin nicht darüber informiert, dass die Truppen bis nach Beirut vorrückten. Wie so oft in seiner Laufbahn überschritt Scharon auch diesmal sein Mandat, seine Disziplinlosigkeit war Legende in Israel. Der Hintergrund dieser Operation mit dem Namen „Frieden für Galiläa" war der Plan, die im Südlibanon seit dem Rauswurf aus Jordanien 1970 immer fester verankerte PLO zu zerstören. Danach sollte eine pro-israelische Regierung in Beirut installiert werden. Als Präsident war der 34-jährige Bashir Gemayel, Spross einer alten maronitischen Familie, vorgesehen. Bashir hatte in Tradition seines Vaters Pierre, der in den 1930er-Jahren eine politische Partei für das christliche Bürgertum gegründet hatte, diese um eine bewaffnete Miliz erweitert. In Anlehnung an den spanischen Diktator Franco übernahm die Gruppe den Namen der Falangisten. Pierre Gemayel gehörte zu den vielen arabischen Politikern, die sich vom Gedankengut der autoritären Regime in Europa sowie der NSDAP inspirieren ließen. Diese ideologische Einstellung hinderte sie jedoch nicht, mit Israel gemeinsame Sache zu machen. Diese Miliz war eine unter Dutzenden, die der Bürgerkrieg hervorgebracht hatte. Es waren bewaffnete Zusammenstöße zwischen den Falangisten und Palästinensern, die im April 1975 den offiziellen Beginn des lange schwelenden Konflikts provozieren sollten. Die radikalen Christen beschuldigten die PLO der Zersetzung des libanesischen Staates. Im Machtkampf mit den Palästinensern wurden die christlichen Verbände, derer es neben den Falangisten noch einige andere Privatarmeen der „großen alten Familien" gab, streckenweise von Syrien unterstützt. Damaskus hatte kein Interesse an einem militärischen und politischen Triumph der PLO im kleinen Zedernstaat, den Syrien immer mehr als seinen Hinterhof absoluter Machtausübung behandeln würde.

Die traditionell schwachen staatlichen Strukturen des Libanons, die Gastfreundschaft in dem weltoffenen kleinen Land und der Druck der arabischen Staaten, ob ihrer eigenen politischen Unfähigkeit die Palästinafrage zu lösen, hatten immer mehr palästinensische Gruppen im Libanon einsickern lassen. Die PLO bezog ihr Hauptquartier in Beirut, von den alten Kreuzritterburgen, wie Beaufort im Süden des Landes, wurden die Angriffe der Fedayin in Richtung Nordisrael unternommen. Israel reagierte unter Berufung auf eine sehr weit gefasste Selbstverteidigung mit Vergeltungsschlägen tief ins Landesinnere. Der Südlibanon entvölkerte sich zusehends, die vor allem schiitischen Bauern zogen in die südlichen Slums von Beirut. Die Wut der Libanesen auf die Palästinenser, die ihr Land in einen Krieg hineinzogen, wuchs. Es waren kurioserweise die noch verbliebenen Schiiten des Südlibanons, die im Juni 1982 den einmarschierenden israelischen Soldaten als Zeichen der Freude Reis und Blumen zuwarfen. Die Erleichterung war groß, dass die PLO vertrieben werden sollte. Erst in der Folge stellten sich die Schiiten mit ihrer neu gegründeten Partei Gottes, der Hizbollah, gegen die israelische Okkupation und sollten wegen der Selbstmordanschläge zu erbitterten Gegnern der Israelis werden. Das Gewaltmonopol des Staates untergrub die PLO, indem sie ihr Recht auf Bewaffnung reklamierte. Die libanesische Regierung musste zähneknirschend im Abkommen von Kairo 1969 zustimmen, dass ein Fatah-Land im Südlibanon geschaffen wurde. Mit dem Namen der wichtigsten PLO-Fraktion, Fatah, was auf Deutsch „Eroberung" bedeutet, war ein Staat im Staate entstanden. Die Regierung in Beirut verlor zusehends die Kontrolle über das kleine Staatsgebiet und hat sie bis heute nicht zurückerlangt.

Zwischen Israel und den radikalen christlichen Gruppen, wie den Falangisten, entwickelte sich allmählich eine Allianz, die unter anderem die Ausbildung libanesischer Milizionäre in der israelischen

Armee umfasste. Viele junge Maroniten, christliche Libanesen, begeisterten sich für die Sprache und den Lebensstil ihrer jüdischen Verbündeten. 1989 begegnete ich in der Bibliothek des Institut du Monde Arabe in Paris einem Libanesen, der mir einige Jahre sehr viel bedeutete. Als Mann und Frau standen wir einander nahe, politisch trennten uns Welten. Als 18-Jähriger wirkte er in der Miliz des von ihm verehrten Bashir, trainierte Fallschirmspringen im Negev und erachtete das Bündnis mit Israel als entscheidend, um den Libanon von allen ausländischen Besatzern zu befreien. Wie kurzsichtig diese Politik war, würden die nachfolgenden Phasen der vielen Stellvertreterkriege im Libanon während der 1980er-Jahre zeigen. Als politisches Ziel strebte Scharon eine maronitische Marionettenregierung an, die sich für israelische Interessen im Libanon stark machen würde. Dahinter stand auch eine alte Logik israelischer Außenpolitik, nämlich Verbündete unter nicht muslimischen Arabern, wie eben den Christen im Libanon, zu suchen beziehungsweise Achsen zu nicht arabischen Muslimen aufzubauen. So erklärten sich das enge Näheverhältnis zum Iran, das bis zur Revolution von 1979 währte, und die Allianz mit der Türkei, die erst in den letzten Jahren zu zerbrechen drohte. Denn die türkische Regierung der islamistischen Partei AKP sah sich verstärkt als neue Schutzmacht der „palästinensischen Sache". Die Religion des Islams und nicht mehr die arabische Nation galt mit der fortschreitenden Radikalisierung des Nahostkonflikts als einigendes Band gegen Israel.

Das israelische Abenteuer im Libanon, das bald zum Vietnam der bis dahin so selbstbewussten und siegreichen Truppen der israelischen Armee wurde, endete in einem Debakel. Am 14. September 1982 wurde der politische Ziehsohn Scharons, der Falangisten-Führer Bashir Gemayel, bei einem Anschlag kurz nach dessen Vereidigung als Präsident getötet. Wie in einem Agatha Christie Roman gab es sehr viele Verdächtige. Wollte Bashir sich aus der israelischen Umarmung lösen und hatte der Löwe von Damaskus, Hafez al-Assad, wie bei so vielen anderen politischen Anschlägen in Beirut, seine Finger im Spiel oder nahmen die Palästinenser Rache für ihre

Opfer? Manche tippten auf einen palästinensischen Hintergrund des Attentats. In der Nacht darauf kam es zu den Massakern in den palästinensischen Flüchtlingslagern von Sabra und Schatila, die mit dem Abschlachten Tausender Zivilisten zu einem der vielen tragischen Symbole nahöstlichen Massenmords wurden. Christliche Milizionäre drangen in die Lager mitten im Beiruter Stadtgebiet ein und gaben sich einem Blutbad hin. Diskrete Schützenhilfe erteilte ihnen Ariel Scharon, dessen Soldaten nicht daran beteiligt waren, aber ihre Verbündeten gewähren ließen. Scharon musste bald darauf als Minister zurücktreten, zu groß war die öffentliche und politische Empörung über seine Verwicklung in das Gemetzel. Man meinte, damit wäre die politische Karriere des „Bulldozers" beendet. Doch die Auguren irrten sich. 18 Jahre später wusste der einstige Radikale, der den national-religiösen Likud und damit die Siedlungspolitik in den 1967 besetzten palästinensischen Gebieten ab 1978 aufgebaut hatte, die israelische Wählerschaft zu einen und feierte ein Comeback als Premierminister, bis ihn ein Schlaganfall 2006 ins Koma warf, an dessen Folgen er im Jänner 2014 verstarb. Manche Stimmen meinen mit leiser Schadenfreude, es sei der Fluch jener Rabbiner gewesen, die gegen seinen Rückzug aus Gaza 2005 auftraten.

Die christlichen Verbände im Libanon zersplitterten zusehends. Von einer politischen christlichen Bewegung im Nahen Osten kann keine Rede sein. Im Gegenteil dominierte immer wieder innere Zerfleischung. Die israelische Besatzung endete im Mai 2000, bis dahin nahm die christliche Miliz der South Lebanese Army Wach- und Folterdienste für Israel wahr. Die Auseinandersetzung mit der Selbstmordstrategie der Hizbollah-Kämpfer zermürbte jedoch immer mehr die israelischen Truppen. Als größten Feind der Besatzung der sogenannten Sicherheitszone im Libanon bezeichnete ein israelischer Kommandant einmal die jüdischen Mütter. Denn mit der Erfindung der Mobiltelefonie klingelten andauernd die Geräte der Soldaten auf Patrouille im Grenzgebiet. Sie waren somit leichtes Ziel für die schiitischen Märtyrer, die sich in den Straßengraben legten und in die Luft sprengten, wenn ein Militärkonvoi vorbeifuhr.

Mit dem Abzug der Israelis gingen auch einige Tausende christliche Libanesen, die als langjährige Kollaborateure der Besatzer die Rache der neuen Machthaber, der Hizbollah, fürchteten. Letztere zeigten sich aber weitaus pragmatischer als rachsüchtig und investierten intensiv in die zivile und militärische Infrastruktur im Südlibanon. Bei Geschäften wird der Libanon rasch pluralistisch, wie der gesamte Nahe Osten, denn dann tritt alle göttliche Heilsideologie in den Hintergrund.

Die oft kitschig großen Kreuze als Schmuckstück vieler christlicher Libanesen und ihre tief sitzende Verachtung für die Palästinenser oder die Araber schlechthin machten mir schon bei den ersten Begegnungen mit Christen im Orient klar: Religion hat hier nichts mit spiritueller Lebenseinstellung oder gar mit der christlich reklamierten Tugend der Nächsten- oder Feindesliebe zu tun. Ganz im Gegenteil, es geht um zivilisatorische und politische Abgrenzung. Diese bedauerliche Tendenz, die im Widerspruch zur wichtigen Rolle christlich-arabischer Intellektueller – ob in der Literatur oder Politik des 19. und 20. Jahrhunderts – steht, hat sich seit dem Krieg im Libanon nur verschärft: auf der einen Seite die muslimischen Araber, auf der anderen die Christen, die sich auf die phönizischen Seefahrer als Ahnen berufen und Französisch besser beherrschen als Arabisch. Darin besteht das tiefe Dilemma der libanesischen Gesellschaft, die dadurch nicht zu einer Erneuerung findet.

Von all dem begriff ich im Sommer 1982 noch recht wenig, doch würde mich bald so manche kuriose Begegnung mit der libanesischen Schickeria in der Diaspora enttäuschen. Ich erlebte oft, wie zerrissen und oberflächlich die Levantiner sein konnten. In drei oder vier Kulturen zu Hause zu sein, ist ein sympathisches Phänomen der gerne kosmopolitisch auftretenden Libanesen, die behände zwischen den Sprachen und Mentalitäten hin und her springen können. Doch eine tiefere Verbindung, die den Bürger mit seinem Staat unabhängig von Religion, Ethnie und sonstiger Herkunft eint, hat sich bis heute nicht durchgesetzt. Sie sollte vielmehr zugunsten wachsender konfessioneller Klüfte und Loyalitäten immer schwächer werden.

Ich war nach der Matura und zu Beginn meines Studiums der Rechtswissenschaften an der Universität Wien fest entschlossen, Arabisch zu lernen und meinen Weg nach Beirut zu bahnen. Ich schuf mir ein ziemlich verklärtes Bild der Libanesen, fiel oft genug auf Menschen herein, die viel Charme, aber kein Rückgrat hatten. Schmeichelte mir anfänglich noch der Kommentar: „Sie sind ja viel libanesischer als die Libanesen", so lehnte ich diesen mit der Zeit ab, denn ich wollte eben nicht royalistischer als der König sein, damit macht man sich bloß lächerlich und erleidet einen ganz persönlichen Schiffbruch. Spätestens für die Recherchen zu meiner Dissertation wollte ich aber an der Amerikanischen Universität von Beirut sein. Denn dieser Campus hatte es mir angetan, aus Erzählungen und Berichten bastelte ich mir ein Bild von dieser ganz besonderen Universität und wollte jedenfalls nach Abschluss meines Jusstudiums dorthin aufbrechen. Doch es sollte anders kommen.

Umweg über Jerusalem

Ich befand mich im ersten Jahr meines Jusstudiums und begann diverse Hilfsorganisationen anzuschreiben, um mir eine Volontariatsstelle im Libanon zu organisieren. Nach der zunächst erfolglosen Suche drang mein Wunsch auch an die Ohren einer ehemaligen Lehrerin, die zwei Schülerinnen unterrichtete, deren Vater Palästinenser war. Die Familie musterte mich und schlug vor, zunächst nach Ramallah zu reisen, wo ich bei ihren Verwandten eine Zeit verbringen könnte.

Anstatt nach Beirut flog ich also am 1. Juli 1984 nach Tel Aviv und wurde von der in Palästina noch verbliebenen Familie am Ben-Gurion-Flughafen abgeholt. Als wäre ich eine verschollene Verwandte wurde ich herzlich aufgenommen und umsorgt. Am liebsten hätten sie mich in ihrem gemütlichen Heim zwischen den Ölbäumen in der sanften Hügellandschaft behalten. Doch ich wollte unbedingt arbeiten. Gemeinsam mit den Frauen zu Hause zu sitzen, mit den

Nachbarinnen Gemüse zu schneiden und auf die abendliche Rückkehr des noch zu Hause lebenden Sohnes zu warten, schien mir keine Perspektive. Ich hatte Geld für zwei Wochen, wollte aber drei Monate im Land bleiben und mich nicht von meinen lieben Gastgebern abhängig machen. So bestand ich darauf, mit dem Bus nach Jerusalem zu fahren, um Arbeit zu suchen. Vor allem der Sohn des Hauses fühlte sich vor den Kopf gestoßen. Ihm wäre es lieber gewesen, ich hätte weiter Tabbouleh und gefüllte Zucchini zubereitet.

Mein Traum aber war es, in einem Kindergarten mit arabischen Kindern zu arbeiten, auch um die Sprache zu erlernen. Denn die beiden ersten Semester an der Universität hatten mir davon nur eine leise Ahnung vermittelt. Die Mutter der Familie, Julie Najjar, eine warmherzige tüchtige Dame in fortgeschrittenem Alter, begleitete mich in die Altstadt von Jerusalem. Unsere erste Station war das damals noch als einziges Spital in der Altstadt funktionierende Österreichische Hospiz. Ohne telefonische Vereinbarung wurden wir gleich zum Direktor, Franz Sauer, vorgelassen. Trocken, aber bestimmt ließ er mich wissen, dass man für mich dort keine Arbeit hätte, er notierte aber Namen und Adresse des Französischen Hospiz St. Louis, das außerhalb der Altstadt gleich gegenüber dem Neuen Tor lag. Ich trottete in der umsichtigen Begleitung meiner mütterlichen Gastgeberin in Richtung St. Louis, wo ich nach einem ersten kurzen Gespräch mit der irischen Leiterin, Schwester Christina, einen weißen Arbeitskittel erhielt. Die abgearbeitete Klosterfrau blickte mich streng, aber interessiert an und fragte: „Ist in Österreich die Mehrheit katholisch?" Ich bejahte, ohne den Sinn dieser Frage zu erfassen. Der Nordirland-Konflikt war mir nicht präsent, mich interessierte nur der Dauerzwist im Nahen Osten. Man zeigte mir mein Zimmer im Dachgeschoß, wo ich mit zwei weiteren Volontärinnen die schlichte Unterkunft teilte. Später las ich in der Chronik des Gebäudes, dass es sich im 19. Jahrhundert um das erste Gebäude aus Stein außerhalb der Stadtmauern handelte. Die Kranken wurden nach Sonnenuntergang nicht in die Altstadt gelassen, weshalb allmählich die Besiedlung jenseits der Stadtmauern möglich wurde. St. Louis sollte bald ein geliebtes

Zuhause werden, in dem ich viel Außergewöhnliches erlebte. Ich war überglücklich, dass die Arbeitssuche so rasch Früchte getragen hatte. Auch wenn ich noch gar keine Ahnung hatte, was mich tags darauf erwartete.

Es waren schwerkranke Menschen, teils zu krank, um sich noch selbst im Bett zu drehen. Unsere Aufgabe bestand darin, die Grundbedürfnisse der Menschen zu befriedigen, sie also zu waschen, die Liegewunden zu versorgen, die Betten frisch zu überziehen, sie beim Essen zu unterstützen und die noch mobilen Patienten über die Gänge zu begleiten. Wir Volontäre arbeiteten in Schichten von 7 bis 13 Uhr oder von 13 bis 19 Uhr jeweils unter der Leitung einer ausgebildeten Krankenschwester. Der stets gut gelaunte und engagierte Doktor Lichtenstein kam in der Früh vorbei, um die ärztliche Aufsicht wahrzunehmen, wobei er die Fragen der Pflegerinnen, der Angehörigen und der Leidenden stets gleichermaßen ernst nahm und ausführlich zu beantworten suchte. Ganz anders war der übel gelaunte Rabbiner, der akribisch unsere Rollwägen untersuchte, ob wir uns beim Transport der Speisen auch wirklich an alle Vorschriften der koscheren Trennung von Milch- und Fleischprodukten hielten. Binnen Kurzem durften wir ungelernten Freiwilligen bereits Aufgaben übernehmen, die in Österreich undenkbar gewesen wären. Ich wechselte Katheter, erneuerte und kontrollierte Infusionen, machte Verbände und meldete mich bald zum Nachtdienst. So arbeitete ich zwar drei Nächte am Stück, hatte dann aber wieder frei. Dies erlaubte mir untertags viel mehr zu erleben, als wenn ich den halben Tag im Hospital werkte. Zudem entdeckte ich bald, wie angenehm ruhig doch alles in der Nacht verlief. Kein Rabbi mischte sich ein, kein Angehöriger hatte Sonderwünsche. Eine friedliche Stimmung ruhte über den Zimmern mit den schwer atmenden Menschen, nur der alte Aram mit seinem Kehlkopfkrebs klapperte mit dem Gehstock auf den Gängen, um seiner Schlaflosigkeit zu entkommen. Armenier, Araber, Juden aus aller Herren Länder, Christen und Muslime, sie alle fanden sich sowohl unter den Kranken als auch unter den Pflegenden. Wie es so banal, aber richtig heißt, ob arm, ob reich, vor dem

Tod sind alle gleich, so ließ sich diese schlichte Weisheit hier auf all die Religionen und Ethnien übertragen.

Ich erlebte viele Situationen in jenen Monaten im St. Louis, die mich tief bewegten, innige menschliche Begegnungen, die mich vor allem in ihrer politischen Tragweite faszinierten. So erinnere ich mich eines ehemaligen Generals der israelischen Armee mit Lungenkrebs im Endstadium, der ein exzellentes britisches Englisch sprach, dessen Gedächtnis brillant funktionierte, der aber nicht mehr selbstständig auf die Toilette konnte. Er schien erst in diesen letzten Lebensmomenten zu begreifen, dass es ein junger palästinensischer Pfleger war, der ihm bei eben dieser menschlichen Notwendigkeit half. Ähnlich verhielt es sich mit einer aus Marokko stammenden Jüdin, einer begeisterten Anhängerin von Ariel Scharon. Sie teilte das Zimmer mit einer besonders gütigen alten Dame aus Jerusalem. Eines Tages flüsterte mir die Marokkanerin, die alles Arabische verachtete, auf Französisch zu: „Elle est charmante ma voisine!" (Meine Nachbarin ist so charmant.) Das Jerusalem jener Tage barg in sich eine Hoffnung auf Versöhnung. Die Juden aus Westjerusalem gingen am Samstag, dem Shabbat, nach Ostjerusalem zum Einkaufen oder Haareschneiden. Israel schien sich nicht zuletzt dank der hohen Geburtenrate der aus den orientalischen Ländern eingewanderten, sephardischen Juden demografisch und mental zu einem Staat der Region zu verändern und derart das osteuropäische Gesicht der Gründerväter der 1950er-Jahre abzulegen. Die Hoffnung zerschlug sich mit der Masseneinwanderung ab 1991 infolge des Zusammenbruchs der Sowjetunion, die jüdische Bevölkerung entfremdete sich wieder geistig und kulturell von der arabischen. Doch schon zuvor verscheuchten Gewalt und Gegengewalt zwischen Israelis und Palästinensern die Chancen auf einen Ausgleich. Nach dem Zusammenbruch sollte es jedoch noch viel schlimmer kommen. Die Frage, wie man hier Frieden schaffen könnte, bewegte mich Tag und Nacht. Wenn erst einmal ein Anfang gesetzt wäre, dann würde auch der Libanon zur Ruhe kommen. Davon war ich überzeugt. Und um den Libanon ging es mir schließlich vorrangig.

An den freien Tagen fuhr ich mit dem Egged Bus, der hervorragenden Busverbindung in Israel, nach Galiläa, entdeckte am See Genezareth eine Niederlassung deutscher Benediktiner, wo ich meinen Schlafsack am Seeufer ausbreitete, den Wellen lauschte, mich fragte, was der Nazarener Jesus wohl von seinen sogenannten Anhängern unserer Tage hielte, und meinen Blick auf diesen unendlichen orientalischen Himmel der vielen Gestirne richten durfte. Bei diesen Ausflügen versuchte ich mich zumindest zu Fuß möglichst nah an die Grenze zum Libanon, den weißen Felsen von Nakoura, zu begeben, um einen Blick in das von mir verklärte Land zu erhaschen.

Auf den kaputten Gleisen der ehemaligen Eisenbahnverbindung der östlichen Mittelmeerküste an der israelisch-libanesischen Grenze Rosh Hanikra / Ras al-Nakoura im Sommer 1984

Es war eine Zeit, in der man noch in der Nacht zu Fuß durch das Wadi von Jerusalem nach Jericho wandern konnte, man ebenso auf Schusters Rappen nur wenige Stunden nach Betlehem – der Stadt des Brotes – benötigte. Bei einem solchen Ausflug kamen wir just zur Stunde des frisch gebackenen Brotes an und ich verstand die tiefere Bedeutung des Namens dieser Stadt, die wir im Rest der Welt naiv mit Krippenbauten nachstellen. All diese Wanderungen, ob zur Wüstenfestung Masada mit Dusche in der Oase von En Gedi am nächsten Morgen oder nach Ramallah zur Universität Birzeit im Westjordanland, waren damals vor dreißig Jahren möglich. Die politische Gewalt, die wachsende Kriminalität und vor allem die Zersplitterung des palästinensischen Landes durch israelische Siedlungen, Straßen, Wachtürme, Außenposten und diese unsägliche Mauer im Namen der Sicherheit mitten durch die Felder und Obstgärten verunmöglichten einige Jahre später diese Bewegungsfreiheit, die ich noch erleben durfte. Es war eine mehr als intensive Zeit, in der ich kaum schlief, ich kam sogar zu der Überzeugung, nur mehr mit zwei bis drei Stunden auszukommen, und mit meinem Mini-Budget unglaublich viel unternahm.

Während der Nachtdienste lernte ich auf rund dreißig Sprachen „Gute Nacht" zu sagen, da ich jedem Menschen in seiner Muttersprache eine solche wünschen wollte. Manche verabschiedeten sich am frühen Morgen endgültig vom Leben. Auch wenn man den kranken, schwachen Körper zu kennen meinte, weil man ihn Dutzende Male gebettet, gehoben, in die Badewanne gelegt hatte, so war im Moment des Todes doch ein Unterschied im Gewicht spürbar. In jenen Nächten wuschen wir den Leichnam und bereiteten ihn im Kühlraum für die Abholung durch die Angehörigen vor, die wir sogleich anriefen, sie dann trösteten und die Dokumente vorbereiteten.

Die jüdischen Patienten waren oft hocherfreut, wenn sie erfuhren, dass ich aus Wien kam. War ich doch die einzige Österreicherin, die offenbar bis zu jenem Zeitpunkt in St. Louis aufgetaucht war. Viele der Angehörigen hielten mich wiederum für eine Jüdin aus Mitteleuropa, denn ihr Jiddisch konnte ich mit den ersten erworbenen Hebräisch-Brocken und meiner deutschen Muttersprache irgendwie verstehen. Ich versuchte ihre Begeisterung zu stoppen, indem ich erklärte, dass ich keine Jüdin sei. Doch einige wollten es nicht glauben und sahen in mir partout nicht die „Goj", die Nichtjüdin. Zu ihnen gehörte Shilo Eisenstein, ein aus Rumänien stammender Ölingenieur und passionierter Philosoph. Eine Gruppe von Volontären lud er immer wieder in seine kleine Wohnung, um mit uns gemeinsam den eigenwilligen Denker und Aufklärer Baruch Spinoza zu lesen und zu studieren. Er meinte bei einer dieser ersten Begegnungen: „Mit den jungen Israelis komme ich nicht zurecht, sie sind nach drei Jahren Armeedienst überhaupt nicht an Philosophie interessiert." Ich begriff bald, was er damit sagen wollte, da ich gerade anhand der Familien im Hospiz beobachtete, wie sich die Generationen veränderten. Waren die aus Europa, Argentinien oder woher auch immer eingewanderten Großeltern noch gewissermaßen weltläufige Juden, die sich zwischen Handel, Akademischem und einer Prise gelebtem Existenzialismus bewegten, so waren die Enkel Vertreter eines Bauern- und Soldatenvolkes, wie es sich Israels „Gründungsvater" David Ben-Gurion erträumt hatte. Aus dem bleichen Luftmenschen des galizischen Schtetl sollte ein von Wind und Sonne gebräunter Erdmensch zwischen Traktor und Panzer werden, dies war eine der Vorstellungen der jüdischen Nationalisten, der Zionisten, zu Beginn des 20. Jahrhunderts. Die gleichsam an den deutschen Nationalismus angelehnte Blut-und-Boden-Ideologie sollte also auch hier einen Homo novus, einen neuen Menschen, schaffen. Was ist bloß im letzten langen blutigen 20. Jahrhundert alles in die Brüche gegangen? Kulturen gingen auf so vielfache Weise unter.

Ich war dankbar für die Möglichkeit, für Kost und Logis in Jerusalem arbeiten zu können, hinzu kam noch ein kleines Taschengeld von einer Handvoll Dollar, die wir je nach Kurs in Schekel, der stets an Inflation leidenden israelischen Währung, tauschten und damit Autobusfahrten sowie Ausgehen bezahlten. Insgesamt arbeitete ich rund zehn Monate in dem Hospiz und lernte viel Praktisches, noch mehr aber, gewisse Prioritäten im Leben zu setzen. Bei der Rückkehr nach Wien fühlte ich mich in meinem eigenen Land fremd, die Probleme meiner Studienkollegen, wer mit wem zusammen war, wer wo urlaubte, interessierten mich herzlich wenig. Ich harrte der Briefe der in St. Louis neu gewonnenen Freunde, um in der Korrespondenz die gemeinsamen Erinnerungen wachzuhalten. Eine ganz besondere Freundin war Angela Constantinides, die an der Rezeption wacker ihren Dienst verrichtete. Sie wurde nicht nur zur wesentlichen Vertrauten jener Jahre, mit der ich alles besprach, sondern wir brachten einander auch jene Fremdsprachen bei, die jede von uns beherrschte. Ihre Familie lebte im griechisch-orthodoxen Viertel, die Constantinides empfanden sich als Griechen, in den Augen der Behörden waren sie Palästinenser. Doch Vicky, die mollige, herzliche Mutter der fünf Kinder und Frau des genauso korpulenten und gemütlichen Costa, bestand darauf, dass sie Griechen seien. Später verstand ich ihre Argumentation, auch sie wollten sich von den anderen, in dem Fall den Muslimen, abgrenzen. Ihre Vorfahren hatte es irgendwann nach Jerusalem verschlagen. Doch man sprach Griechisch in der Familie und hoffte, dass die Kinder eines Tages nach Griechenland reisen würden, um sich dort eine europäische Existenz aufzubauen. Ich hoffte meinerseits eines Tages so gut Französisch zu sprechen wie Angela, sie lehrte mich sowohl das klassische wie auch das palästinensische Arabisch. Unsere gemeinsame Sprache war Französisch. Und ich teilte mit ihr meine Italienisch- und Deutschkenntnisse. Ihrer Familie verdanke ich besonders viel, da ihr kleines Zuhause auch zu meinem Heim in der Altstadt wurde. Hier wurde ich mit köstlichem Essen versorgt, hier tanzten wir zu den Rhythmen orientalischer und lateinamerikanischer Musik, wir lachten, jauchzten und genossen die Leichtigkeit der wenigen freien Stunden, die wir alle aber umso intensiver lebten. Intensiv war einfach alles, geradezu ein Leben im Zeitraffer im Vergleich zum damals so faden Dasein in Wien. Doch ich war glücklicherweise rational genug, durch all diese Fadesse, durch die Prüfungen des Jusstudiums zu gehen, geradezu strategisch alles darauf auszurichten, eines Tages für längere Zeit in den Orient zurückkehren. Der Tag würde kommen, doch zuvor hieß es Durchhalten und Weitermachen.

ARABISCH
UND DIE SPRACHLOSEN

Ohne Bildung wäre ich nichts

Mein innerer Kompass war also auf Nahost eingestellt. Ich wollte mir selbst ein Bild machen, die Geschichte studieren, die Sprachen erlernen, dann die Länder bereisen, mit den Menschen leben, um die vielen Facetten des Nahostkonflikts zu begreifen. Alles andere interessierte mich nicht. Interviews libanesischer Politiker in der französischen Presse bewegten mich mehr als ein Kinobesuch. Und die Aussicht, eines Tages, wenn es der Krieg erlaubte, nach Beirut zu reisen, lockte mich mehr als das übliche Ferienprogramm.

Diese Entschlossenheit provozierte Kopfschütteln bei denen, die meinten, der Anfall an Nahost-Euphorie würde schon wieder vorübergehen, anderen rang sie Bewunderung ab, da ich im Gegensatz zu ihnen offenbar genau wusste, was ich wollte und wie ich dorthin gelangte, sorgte aber auch für Stirnrunzeln bei jenen, die mein Streben und Tun schlicht für übertrieben hielten. Zudem wurde ich im Laufe der Jahre mehrfach darauf angesprochen, mich für eine Seite zu entscheiden, gemeint war: die Israelis oder die Araber. Meine Antwort blieb konstant: „Ich kenne interessante und weniger interessante Menschen auf beiden Seiten, ich entscheide mich für niemanden, sondern versuche die Fakten zu ergründen und zu erklären." Im Laufe der Jahre erlebte ich immer heftiger, wie in fast jedem Publikum, vor dem ich sprach, Menschen mit ihrer vorgefassten Meinung saßen. Für die Sicht des anderen interessierten sich nur wenige, jeder brachte seine Überzeugung, seine Wahrheit und seine Chronologie gegen die des anderen in Stellung. Angesichts der Attacken, denen man sich ausliefert, und der tiefen Kluft, die sich in jeder Debatte neu offenbart, erscheint das Bemühen um Objektivität fast aussichtslos, zumal auch Universitäten sich immer häufiger von einer Seite benützen lassen, anstatt im Sinne akademischer Lehre die Dinge kritisch und frei von Angst zu hinterfragen. Von allen Universitäten, die ich besuchen durfte, erlebte ich an der Hebräischen Universität am Skopusberg von Jerusalem in den 1980er-Jahren den höchsten Grad an Pluralismus, wie er in den USA während meines Studiums in Georgetown nicht existierte, da der jeweilige Sponsor des Lehrstuhls die Linie vorgab. Und auch in Wien wurde im Laufe der Jahre so manches universitäre Institut politischer Wissenschaft zum Handlanger von Lobbys. Als Lehrende an einer US-Universität in Wien erfuhr ich, wie sich die Leitung sogar in die Leseliste einer Lehrveranstaltung über den Nahen Osten einmischte. Das war einer der vielen Gründe, warum ich mit solchen Institutionen nichts mehr zu tun haben wollte. Kritisches Hinterfragen, der Kern aller akademischen Lehre, ist unerwünscht. Es tummeln sich vielerorts mittelmäßige Lehrende, die Meinungen verbreiten, ohne die Sachverhalte zu erforschen.

Ich ging beharrlich meinen Weg, finanzierte und organisierte ihn selbst, musste somit niemandem Rechenschaft ablegen. „Um geistig frei zu sein, sollte man wirtschaftlich unabhängig werden", lautete der Rat jenes Mannes aus Beirut, den ich in einer Bibliothek in Paris im März 1989 kennen- und lieben lernte. Wir kamen ins Gespräch, weil ich zufällig dieselben Bücher in arabischer Sprache entlehnt hatte, die er gerade suchte. Binnen Minuten verstrickten wir uns in eine intensive politische Debatte. Es war das, was man auf Französisch einen „coup de foudre", also einen Blitzschlag nennt. Diese Freundschaft würde in der Folge mein Engagement im Libanon noch verstärken. Er bedeutete mir viel, auch als Abwesender, denn für zwölf Jahre würden wir uns aus den Augen verlieren. Ich nahm seine Worte ernst und habe zeitweise den Eindruck, dass mir die geistige Freiheit gelingt. Ich stehe in niemandes Sold, bin keiner Gruppe moralisch verpflichtet, sondern streue als Freischaffende nach der Devise „auch Kleinvieh macht Mist" meine Einkünfte möglichst breit. Besagter Mann, dessen Esprit mir einst imponierte, verkaufte sich vor rund sieben Jahren an einen politischen Clan des sogenannten christlichen

Lagers im Libanon. Als ich zwanzig Jahre nach unserer Begegnung und Momenten inniger Freundschaft seinen politischen Diskurs in einem libanesischen TV-Sender hörte, gewann ich den Eindruck, dass dieser umfassend gebildete Mensch, der in Frankreich lange öffentliches Recht gelehrt hatte, nichts von seiner Berufserfahrung aus Europa mitgenommen hatte. Denn sein politisches Denken erinnert heute mehr an tribale denn an republikanische Ideale. In diesem Weltbild zählt der Stamm, nicht der Staat. Dies trifft leider auf sehr viele Libanesen zu, die zwar über ein hohes Bildungsniveau, aber geringen Staatsbürgersinn verfügen. Seine Aussagen klangen in meinen Ohren so, als wäre er nie aus seinem Tal im Libanongebirge herausgekommen. Dieser Verrat am Erlernten für die Karriere war dann auch der Schlusspunkt einer einstigen Zuneigung. Rückfälle in das Ambiente der jeweiligen Machtstrukturen des Herkunftslandes beobachtete ich immer wieder; ob nun ein Libanese aus Paris in die Beiruter Politik heimkehrt, ein österreichischer Mediziner nach einem Postdoc-Studium in den USA im Gemeindespital wieder zum Beamten wird oder eine russische Bankerin aus Frankfurt retour in Moskau fragwürdig bilanziert. Bildung und vor allem Möglichkeiten, den eigenen Horizont zu erweitern, können an manchen Menschen spurlos vorübergehen. Sind es die politischen Umstände, Ehrgeiz und/oder ein schwacher Charakter, die so manchen exzellent Diplomierten zum banalen Klinkenputzer in der jeweiligen Hierarchie machen? Erziehung und Bildung sind nicht alles, letztlich muss der Mensch auch die Möglichkeit haben, seine Kenntnisse umzusetzen. Einige kommen schlicht nicht zum Zug, andere gehen sehr billige Kompromisse in den alten Verhältnissen ein. Nicht jeder will die Dinge beim Namen nennen und sich damit vielleicht den Weg nach oben verbauen. Bildung muss also nicht logischerweise die Welt zu einer besseren machen. Alles hängt davon ab, was der Einzelne machen kann und vor allem will. Kosmopolitisch denkende Menschen, die zwar nie physisch aus ihrem kleinen Dorf, ob hoch oben in den Bergen des Libanons oder im tiefsten Bosnien, herausgekommen, aber belesen und neugierig waren, durfte ich also gerade dort antreffen, wo ich sie nicht vermutet hätte. Sie wissen dank Lektüre und ausgiebigen Nachdenkens mehr von der Welt als so mancher Vielreisender, der zwar seine Socken in Mailand und seine Hemden in Barcelona kauft, aber weder die lombardische noch die katalanische Geschichte kennt.

Schulen und Universitäten lehrten mich einiges, mehr noch lernte ich als Autodidakt. Ob durch die Dissertation oder diverse Studien danach, dank der Begegnung mit Zeitzeugen und bei Recherchen durch Augenschau gewann ich die originellsten Einsichten. Meine Ziele, nach Jerusalem und Beirut an die Universität zu kommen, erreichte ich unter Überwindung einiger Hindernisse. Durch Zufall landete ich mit einem Fulbright-Stipendium in Washington an der Georgetown University, durfte sogar die ENA, eine der französischen Grandes Écoles, absolvieren und erhielt ein Kurzstipendium in Italien in der alten Universitätsstadt Urbino. Mit 24 stand ich mit einer Mappe an Diplomen da und fühlte mich fast wie ein Schmetterlingsammler, etwas exotisch und kaum einzuordnen. Arbeitgeber suchten vielmehr Personen mit einer Ausbildung und bloß einer Fremdsprache. Zu viele Kanten und bunte Federn machen verdächtig. Mehrere Studien und Sprachen aufzuweisen und allerhand Einsatzbereitschaft mitzubringen, ist kein Garant für Erfolg bei Bewerbungen. Ein Gefühl, das viele junge Berufseinsteiger heute bitter und in noch viel größerem Umfang erleben, kenne ich gut: Leistung zählt nicht unbedingt. Bei vielen Bewerbungsschreiben würde ich in der Folge ein, zwei Fremdsprachen weglassen, einige Diplome nicht nennen, denn meist galt ich als überqualifiziert. Bildung, ein perfekter Notenschnitt und viele Praktika sind keine Garantie, mit 25 oder 35 einen Arbeitsvertrag zu erhalten. Trotzdem bin ich dankbar, dass ich nicht bloß eine Ausbildung voller seltsamer Kompetenzen mit raschem Verfallsdatum wie Präsentationstechnik oder geschlechtssensible Sprache und andere Kuriosa unserer Zeit erwarb, sondern in der Schule noch eine humanistische Bildung inklusive umfassenden Lateinunterrichts erhielt. In besonders schwierigen Zeiten wirtschaftlicher Not und des Suchens half mir dieses Erbe eines europäischen

Bildungskanons immer wieder. Bildung ist der Kern alles Kulturellen, das den Menschen in seinem tiefsten Inneren auszeichnen sollte. Poesie, Lieder, Romane und ein Stück edles Textil können so viel mehr über ein Volk aussagen als Dutzende summarische Analysen einer der vielen Denkfabriken, die wie die Pilze aus dem Boden sprießen, um abgehalfterte Politiker zu versorgen.

Zugleich war ich stets pragmatisch genug, Wissen für etwas einzusetzen und es nicht bloß zu horten. Unterrichten ist für mich Teilen all dessen, was man sich selbst theoretisch wie praktisch aneignen durfte. So ging ich meinen Weg durch viele universitäre Einrichtungen und wurde selbst zur Lehrenden. Den kritischen Blick zu schärfen, den Dingen auf den Grund zu gehen und sich nicht mit der ersten Information zufriedenzugeben, dies versuche ich bis heute als Lernende und gebe den Rat an jüngere Kollegen weiter, die ich unterrichte. Bei allen nützlichen Tipps, die man vor einer Entscheidung einholt, letztlich ist man sich selbst der beste Ratgeber, indem man den Draht zur eigenen inneren Stimme pflegt. In diesem Sinne versuche ich alle Konsequenzen eines Schritts zu akzeptieren, auch wenn ich oft genug über meine eigenen Ideale und Ziele stolpere. Aber wie man nach einem Sturz vom Pferd wieder aufsteigt und ein Hindernis fest entschlossen und in Ruhe neuerlich angaloppiert, um nicht die Niederlage so stehen zu lassen, so verhält es sich ähnlich mit dem Leben. Immer wieder aufstehen und es noch einmal probieren.

Die Sprache als Schlüssel

Als ich beschloss, Arabisch zu lernen, war die Reaktion wohlmeinender Erwachsener: „Lerne lieber gut Englisch, die intelligenten Araber können alle Englisch." Das war einer von vielen unnützen Ratschlägen, die ich nicht befolgte. Denn auf eine im Ausland ausgebildete sogenannte Elite konnte ich verzichten. Mir ging es darum, mich mit den Menschen, wo auch immer in der arabischen Welt, in ihrer Muttersprache auszutauschen. Wie sehr die Sprache der Schlüssel ist, um die dahinterstehende Mentalität zu begreifen, wurde mir beim Studium des Arabischen besonders klar. Ich begegnete einer anderen Weltanschauung, die mich viel lehrte, vor allem im Hier und Jetzt zu leben, denn anders als in den mir geläufigen europäischen Sprachen kennt das Arabische nur eine abgeschlossene Vergangenheit und die Gegenwart. Das Futurum wird kaum verwendet, die Vorsilbe „sawfa" vor dem Verb findet im gepflegten klassischen Ausdruck Verwendung, viel seltener jedoch in der Umgangssprache. Letztlich orientiert sich der Blick auf die Zukunft, die der Mensch nicht kontrolliert, stets am Eingreifen einer höheren Instanz. Denn das Hinzufügen des „inchallah" – so Gott will – bekräftigt die Macht des Schicksals. Nicht das Individuum hält den Schlüssel zu seinem Glück in der Hand, vielmehr ordnet eine absolute Macht alles. Der Mensch hat sein Schicksal bloß zu lesen, soll sich diesem fügen, also resignieren. Eine solche Haltung kann vieles lähmen, ja eine ganze Gesellschaft passiv machen. Dies beobachtete ich beim Erlernen der arabischen Sprache unabhängig vom religiösen Bekenntnis, derer es viele in der arabischen Welt gibt, wie übrigens auch das Wort „Allah" nichts anderes als Gott bedeutet, die arabischen Christen verwenden es ebenso wie die Muslime und die sephardischen, also orientalischen Juden. Dringt man ein wenig in eine Sprache ein, verliert man sich in ihrem Rhythmus und übersetzt nicht mehr synchron im Kopf, was man sagen will, dann beginnt man auch allmählich die dahinterstehenden Mentalitäten zu begreifen.

Als ich mich entschied, die arabische Sprache zu erlernen, träumte ich bereits davon, eines Abends am Lagerfeuer mit den Menschen in Arabisch über die Welt zu parlieren. Eine solche Situation sollte sich auch tatsächlich einige Jahre später in einer ehemaligen Karawanserei in Kairouan in Tunesien ergeben, als ich mit einem weisen alten Mann über die Vergänglichkeit sprach, über den Staub, aus dem wir kommen und in den wir zurückkehren. Aus meinen wenigen Dialogen, die ich in jenem Sommer nach intensivem Arabischstudium in Tunis beherrschte, fügten sich auf einmal kleine Mosaiksteine in ein großes Ganzes. Die Zunge war gelöst, ich dachte und konversierte in der Sprache, die mir so lange undurchdringbar erschienen war. Ein Gefühl des ganz besonderen Glücks durchflutete mich. So sollte es mir im Laufe der Jahre immer wieder gehen, wenn ich spürte, wie mich die Sprache trug und ich dank ihr recht beschwingt in eine neue Welt eintrat. Dieses Bild von endlosen Gesprächen unter dem freien Himmel Nordafrikas trieb mich innerlich an, wann immer mich das düstere Gefühl überkam, dass ich diese Sprache wohl nie begreifen, geschweige denn meistern würde. Das lag nicht nur an der Komplexität der Grammatik, die man durchschaut haben muss, bevor man einen Satz richtig lesen kann, wobei die fremdartig schöne Schrift nicht die Hürde darstellt; vielmehr muss man wissen, wie ein Wort in einem Satz gebraucht wird, um es korrekt auszusprechen.

Geistig sollte man bereit sein, die eigenen Denkkategorien aufzugeben und sich auf diese völlig neue Struktur der auf Wortwurzeln basierenden Sprache einzulassen. Hat man dies einmal erfasst, eröffnet sich eine wunderbare Logik, die geradezu berauschend sein kann. So erklärt sich aus den Wurzeln k-t-b alles, was mit Schreiben, Büchern, Büro zu tun hat, denn jeder Stamm, jede Vorsilbe erzeugt die damit verbundene Wortgruppe. Es dauerte eine ganze Weile, bis ich so weit war. Ein anderer Grund für den langen Kampf um die Sprache fand sich auch in den sehr verstaubten Lehrmethoden, die ich zumindest in den Anfängen am Wiener Institut für Arabistik erfuhr. Der Institutsvorstand Arne Ambros war zwar ein Genie seiner Kategorie, zumal der promovierte Physiker zugleich ein begnadetes Sprachentalent war. Doch war ich trotz aller Präzision, die mich die lateinische Sprache gelehrt hatte, nicht immer in der Lage, seinen sehr komplexen Ausführungen und Ausflügen in die Tiefen der Grammatik und Syntax zu folgen. Mich interessierte nicht die

Lehrbuch für Arabisch aus dem 17. Jahrhundert

Sprachwissenschaft, sondern die Sprache. Der syrische Lehrer Nabil, den ich später in der UNO-City aufsuchte, brachte mir die Umgangssprache viel näher, denn er lehrte uns Alltagsthemen in feinstem klassischen Arabisch und hatte eine unendliche Geduld mit den stotternden Schülern. Dennoch begleitete Ambros und mich bei unserem Wiedersehen nach dem Studium stets ein Gefühl des wechselseitigen Respekts. Es waren auch die Lehrbücher von Ambros und die Textbeispiele jener Epoche, Spiegel der Zeit des Kalten Krieges, die meinen Wortschatz lange bestimmten. So konnte ich bei meinen ersten Konversationen in klassischem Arabisch zwar verkünden, dass „die progressiven Kräfte der sozialistischen Bruderstaaten die reaktionären imperialistischen Kräfte besiegen werden". Doch hatte ich sprachliche Mühe einen Satz wie „Ich habe Durst" zu formulieren.

All das politische Vokabular diverser Lehrbücher half mir jedenfalls bei meinem ersten Besuch in Damaskus Mitte der 1980er-Jahre. Als die blonde Ausländerin mit Arabischkenntnissen wurde ich respektvoll mit „uht min balad ishtiraki", Schwester aus einem sozialistischen Land, begrüßt. Denn Frauen meines Typs kamen aus Polen und anderen Bruderstaaten als Experten für Friede, Freundschaft und Fortschritt nach Syrien und in den Irak. Diese beiden Länder standen damals ebenso wie Algerien mit den kommunistischen Staaten, allen voran der Sowjetunion, in enger politischer und wirtschaftlicher Verbindung. Und wenn ich zu einem längeren Monolog auf Arabisch anhebe, dann schmunzeln Freunde bis heute, dass ich wie der sowjetische Botschafter beziehungsweise die Biene Maja spreche. Letzteres rührt daher, dass Zeichentrickfiguren wunderbar klassisch Arabisch piepsen. Und jenseits der Helden aus Trickfilmen wie Biene Maja oder Speedy Gonzales ist es eine Tatsache, dass die kommunistischen Staaten über die besseren, hervorragend ausgebildeten Arabisten verfügten. Einer unter ihnen war Moskaus Botschafter in Bagdad 1990, Jewgeni Primakov, eine bemerkenswerte Persönlichkeit. Geboren war er in Kiew als Pinchas Finkelstein, vom Nahostkorrespondenten der russischen Tageszeitung „Prawda" stieg er zum Leiter der Orientakademie von Moskau auf. Nach dem Ende der Sowjetunion wirkte er noch als Ministerpräsident und Außenminister, wie er auch in der Tradition vieler Arabisten im Nachrichtendienst tätig war. Im Sommer 1990, als Saddam Hussein, den er einen Freund nannte, Kuwait besetzte, versuchte er auf seine Weise, den damaligen Feldzug der USA gegen den Irak zu verhindern. Er hatte hierin ebenso wenig Erfolg wie der damalige österreichische Bundespräsident Kurt Waldheim, der zudem weder über das Wissen noch das persönliche Näheverhältnis zum Herrscher in Bagdad verfügte, wie dies bei Primakov der Fall war.

Während meines Studiums und der Zeit im diplomatischen Dienst lernte ich noch einige Vertreter dieser besonderen Generation an Orientalisten aus Mittel- und Osteuropa kennen, die auf diesem Niveau nicht in den westlichen Außenministerien zu finden waren. So erinnere ich mich gut an eine Gruppe tschechoslowakischer Studenten im Sommerkurs in Tunis. Sie kamen aus Prag, mussten jeden Morgen ihrer Botschaft melden, dass sie noch im Lande waren, genossen die Zitrusfrüchte und wirkten inmitten all dieser lautstarken Mittelmeer-Menschen schüchtern. Ich konnte kein Russisch oder gar Tschechisch, sie sprachen weder Französisch noch ausreichend Englisch. Arabisch war die Sprache, in der wir uns unterhielten. Von der gemeinsamen Kultur, die einst unsere Städte verband, von der turbulenten Geschichte unserer Großeltern wussten wir nichts, der Nahe Osten war uns viel näher. Prag hinter dem Eisernen Vorhang schien mir damals weiter weg als Mexiko. Genau acht Jahre später sollte ich eine Pragerin aus Tunis wieder treffen, sie war im Zuge des Umbruchs im nunmehr tschechischen Außenministerium zur sehr jungen Abteilungsleiterin für den Nahen Osten aufgestiegen. Als wir uns sahen, unterhielten wir uns spontan auf Arabisch, jener Lingua franca eines Sommers in Tunesien, die so viele unterschiedliche Nationalitäten verband. Dass Russland gegenwärtig wieder an Einfluss in der arabischen Welt gewinnt, nachdem 1991 mit dem Ende der Sowjetunion von einer neuen US-Ordnung in dieser Region die Rede war, hat handfeste Gründe. Einer rührt wohl auch daher, dass die Arabisten und Nahostexperten von einst immer noch ihre Kontakte haben und mit dem Erstarken der russischen Außenpolitik unter Vladimir Putin auch wieder ihre Funktion ausüben.

Zudem traf ich immer wieder auf zum Islam konvertierte Kollegen. Besonders viele sah ich während des intensiven Sprachkurses in Tunesien im Sommer 1985. Die Neubekehrten vermittelten eine Arroganz der moralischen Überlegenheit, die mich schon damals vor dreißig Jahren irritierte. An Zahl und Radikalismus hat diese Strömung in den letzten Jahrzehnten stark zugenommen. Für einige mag plötzliche religiöse Erleuchtung der Grund für den Übertritt zum Islam sein, während sie zuvor keinen Glauben praktizierten, andere identifizieren sich mit dem Islam, weil sie sich mit dem Opfer solidarisieren wollen, als welches sie den Islam zu erkennen vermeinen. Die Motive wie auch Ergebnisse sind unterschiedlich. Konvertiten, denen ich in Jerusalem häufig begegnete, was sich durch den dortigen Bazar an Heilsversprechern ergibt, machen unabhängig von ihrer neuen Religion auf mich einen verkrampften Eindruck, da aller Ritus erlernt und angeeignet, nichts von klein auf spielerisch erfahren ist. Einige tief verschleierte deutsche Frauen mit langen schwarzen Handschuhen, die aus welchem Grund auch immer zum Islam übergetreten waren, saßen zwar mit uns in einem Klassenzimmer, doch gesellten sie sich nicht zur restlichen Gruppe, wenn wir am Abend im Innenhof des Studentenheims Lieder anstimmten und diese ganz besondere Mittelmeer-Atmosphäre um sich griff. Hier waren junge Menschen aus sehr unterschiedlichen Ländern beisammen, die ein gemeinsames Interesse an der arabischen Sprache und Kultur verband. Es waren tiefe Momente der Geborgenheit in einem größeren Ganzen, das vielleicht als Zivilisation fortleben könnte, wenn wir uns alle ein wenig mehr darum bemühten. Oft habe ich den Eindruck, dass es vor 1000 Jahren nicht nur in der arabischen Welt liberaler zuging als in der Gegenwart, wo rigide Moral alle Lebenslust überlagert. Nach dem Zwischenspiel des Kalten Krieges, als Kommunisten und Imperialisten einander bekriegten, buhlen nun wieder die Religionsführer um Macht. Es geht ihnen um die Deutungshoheit alter Texte, die vielleicht einst auch als Poesie und Überlieferung rund um ein Lagerfeuer entstanden waren und gar nicht so sakral sind, wie die Eingeweihten meinen. Gott ist wieder Heerführer und Gotteskrieger marschieren aus Europa oder Pakistan los, um Damaskus in Schutt und Asche zu legen. Manches in unserer Zeit erinnert mich an das Epos des griechischen Dichters Homer über den Krieg von Troja, wo Göttinnen Soldaten befeuern und Könige ihre Götter in die Schlacht schicken. Die friedvollen Epochen eines bunten Miteinanders, die zeitweise in den Schmelztiegeln von Samarkand, Granada, Smyrna, Alexandria oder eben Beirut möglich waren, sind leider die kurzen Ausnahmen im Weltenlauf.

Dazwischen nimmt die Geschichte der Menschheit offenbar immer wieder Kurs auf Kleingeistigkeit. In mehreren Kulturen daheim zu sein, wird dann fast unmöglich. Einige der Kursteilnehmer in Tunis waren Kinder nordafrikanischer Einwanderer in Europa auf der Suche nach dem kulturellen Erbe, der Sprache, die ihnen die Eltern im Wunsch nach rascher Assimilierung nicht mitgaben oder nicht mitgeben konnten, da die eigenen Kenntnisse des klassischen Arabisch viel zu gering waren. Die Wiederentdeckung dieser Sprache bedeutete für sie Identitätsfindung. Anders als einige ihrer Altersgenossen suchten sie nicht in der Religion eine neue Heimat, sondern im sprachlichen Erbe. Die größte Gruppe der Studierenden stellten junge Spanier und Italiener, die sich schlicht für die Sprache begeisterten und vielleicht auch zu einer einstigen Mittelmeer-Zivilisation eine nostalgische Beziehung entfalteten, waren sie doch die unmittelbaren Nachkommen jener, die das „Mare Nostrum", also den einen Kulturraum Mittelmeer geschaffen hatten.

Exzellente Arabisten fanden einige Jahre kaum Arbeit, vielmehr wurden sie als Exoten und Arbeitslose durch akademisches Selbstverschulden belächelt. Nach dem 11. September herrschte seitens der Sicherheitsapparate plötzlich große Nachfrage, in fragwürdigen Schnellsiedekursen wurden sogenannte arabische Experten gebastelt. Doch solides Grundlagenwissen kann nicht in wenigen Monaten gepaukt werden. Zudem benötigt man für Afghanistan andere Wissenschaftler als für einen Auftrag in der arabischsprachigen Welt.

Allein die kuriose Annonce in US-Medien nach den Anschlägen, in welcher Arabisten für Afghanistan gesucht wurden, sagt einiges aus. Neben Paschtu, Persisch und Usbekisch werden noch einige andere Sprachen am Hindukusch gesprochen, mit Arabisch kommt man aber in Afghanistan, wo die persische Kultur viele Regionen dominiert, nicht sehr weit. Völker und Sprachen wurden wieder in einen Topf geworfen. Ebenso gerne nannten die USA und Europa der arabischen Welt eine Weile die Türkei als Vorbild für Demokratie, wobei sie offenbar übersahen, wie korrupt die regierenden Islamisten unter Premier Erdogan wurden und wie tief vor allem die Verachtung zwischen Türken und Arabern ist. Solche kulturellen Gräben bestehen ebenso zwischen Arabern und Iranern, die als altes Kulturvolk eine indogermanische Sprache pflegen und auf die Semiten in den arabischen Ländern herabblicken. Der Islam ist nicht unbedingt das verbindende Band zwischen den Völkern.

Jene Köpfe, die sich für mittelalterliche Schriften und andere Quellen fernab vom Tagesgeschehen interessieren, werden oft als unwirtschaftliche Absolventen von Orchideenfächern beiseitegeschoben. Dabei könnte ihr Wissen helfen, das komplexe Verhältnis von Politik und Religion auf solide Fundamente zu stellen. Über dieses Thema debattierten Muslime, Christen und Juden trefflich in vergangenen Jahrhunderten. Ihre Konklusionen erlaubten mehr Meinungsfreiheit als dies heute der Fall ist. Eine falsch verstandene Offenheit europäischer Universitäten und Ministerien lässt vermehrt den Aufstieg Halbgebildeter in einflussreiche akademische Positionen zu, doch fehlen ihnen oft die sprachlichen und intellektuellen Grundlagen. Der Diskurs unter islamischen Gelehrten im andalusischen Córdoba vor 700 Jahren war tiefer und liberaler als heute in Wien, wo das Geld und damit die Ideologie aus den Golfstaaten die Lehrstühle und sogar die Kindergärten beeinflusst.

Der Koran blieb für mich ein Nachschlagewerk in grammatikalischen Fragen, als Buch der Offenbarung konnte ich ihm wenig abgewinnen. Dass dieses den Muslimen heilige Buch in jener Sprache abgefasst ist, die man zu Lebzeiten des Propheten auf der nördlichen

Arabischen Halbinsel sprach, führte zur weiten Verbreitung des Arabischen vom Atlantik bis zum Persischen Golf, wobei auch die nicht arabischen Länder wie die Türkei und der Iran von einer Arabisierung im Zuge der islamischen Expansion im 7. und 8. Jahrhundert n. Chr. erfasst wurden. Doch viele Millionen Muslime studieren den Koran ohne Kenntnisse der arabischen Sprache – immerhin lebt die Mehrheit der Muslime nicht in den arabischen Ländern, sondern in Südasien. Indonesien ist gemessen an der Zahl von Gläubigen das größte muslimische Land. Es irritiert mich immer wieder, wenn ich mit türkischen oder iranischen strenggläubigen muslimischen Wissenschaftlern konfrontiert bin, wie unzureichend ihr Arabisch für eine profunde theologische und politische Auseinandersetzung mit dem Koran ist. Zudem ist es nach Ansicht islamischer Theologen ohnehin unmöglich, den Koran zu übersetzen, weil jede Übersetzung zugleich eine Interpretation sei. Also ist gerade für den politischen Islam eine perfekte Kenntnis des Arabischen eine Bedingung.

Viele Radikale haben keinerlei theologische Ausbildung, sondern stricken sich ihr eigenes religiöses Dogma, ihre Unwissenheit ergibt sich aus ihrer sprachlichen Ignoranz. Des Weiteren ist das Niveau auch in den Zirkeln besonders frommer Araber wie der Muslimbrüder in Ägypten ziemlich verfallen. Von der Präzision des klassischen Arabisch ist nur mehr wenig übrig. Der Grund hierfür findet sich im allgemeinen Niedergang des Bildungswesens, aber auch in den miserablen Sprachkenntnissen der Staatschefs Sadat und Mubarak. Vor allem Sadat der Fellache (der Bauer), wie ihn die Ägypter nannten, setzte mit seinem Dialekt neue niedrige Standards. Und keiner wagte es, den Präsidenten zu korrigieren, sich über ihn zu erheben. Kairo als Metropole der Verlage und Filmstudios wurde sprachlich und politisch immer unachtsamer. Wen wundert es, zumal die Sprache das Denken prägt. Verkommt die Sprache, dann geht es auch mit dem Denken rasant abwärts. Dies gilt jedenfalls nicht nur für Ägypten, sondern ebenso für Frankreich und Großbritannien. In Österreich stellt sich das Dilemma noch einmal anders dar, weil präzise Sprache hierzulande noch nie eine hohe Tugend war.

Als ich im Frühjahr 2011 einige Vertreter der Muslimbrüderschaft in Kairo für ein Buch interviewte, spürte ich so manche Abneigung, die mir, der ungläubigen Frau, entgegenschlug. Ich bestand darauf, die Konversation in klassischem Arabisch zu führen, da ich mich darin am besten ausdrücken kann, die ägyptischen Dialekte, vor allem das schnelle Geschnatter des Nildeltas, sind mir nicht sehr geläufig. Angesichts des Widerwillens meines jeweiligen Gegenübers mit Rauschebart im langen Gewand erlaubte ich mir von Zeit und Zeit die kleine Stichelei, dessen schwache Grammatik zu korrigieren und auch darauf hinzuweisen, dass hoch oben im Libanongebirge so mancher Mönch die Sprache des Propheten wohl besser beherrsche. Diese Bemerkungen meinerseits liefen auf eine Beleidigung hinaus, aber es war meine Retourkutsche für all die Verachtung des Überfrommen gegenüber der Ungläubigen. Immerhin waren es in großer Zahl christliche Intellektuelle, ob nun Mönche oder Säkulare, welche die arabische Sprache fortentwickelt, Enzyklopädien verfasst und das unter der osmanischen Besatzung vergessene Vokabular zu Beginn des 20. Jahrhunderts wiederbelebt hatten. Historisch bemerkenswert ist, dass das erste in arabischer Sprache gedruckte Werk eine Ausgabe der Psalmen des Alten Testaments war. Die historische Druckerpresse, auf der dies erfolgte, befindet sich in einem Kloster im Libanongebirge. Der Koran hingegen durfte lange nicht gedruckt werden. Es bestand sogar bis ins 18. Jahrhundert ein Verbot des Buchdrucks insgesamt. Erst 1727 ließ Sultan Ahmed III. im Osmanischen Reich den Buchdruck zu, doch die Buchhändler standen unter strenger Beobachtung der Schrift- und Rechtsgelehrten. Neben dem heiligen Buch des Islams sollte kein anderes Buch bestehen. Und dieses wiederum musste auswendig gelernt werden. Kritisches Denken und Interpretieren, wie einst in den Blütezeiten der arabischen Kultur, sind damit unerwünscht. Die Folgen einer solchen borniertten Geisteshaltung spürte ich in den Lesesälen der Universitäten von Amman und Damaskus, wo mehr Propagandamaterial als Bücher in den halb leeren Regalen lagerte. Die Zahl jener Muslime, die meinen, jenseits des Korans sei kein weiteres Buch erforderlich, wächst bedauerlicherweise.

Für die nicht muslimischen Araber war die Beschäftigung mit einem säkularen arabischen Nationalismus der ideale Gegenentwurf zum politischen Islam, der das Osmanische Reich prägte. Die Reform der Sprache betrieben sie als einen ersten Schritt zur Erneuerung von Gesellschaft und Politik. Eine wichtige Rolle kommt hier den Boustany Brüdern aus dem Libanon zu, die man vielleicht ein wenig mit den Gebrüdern Grimm vergleichen kann, da sie jeweils viel für die Belebung ihrer Sprachen taten. Meiner Beobachtung nach spricht man an der jesuitischen Universität von St. Joseph in Beirut ein geschliffeneres Arabisch als an der Universität von Kairo. Während also viele Muslime gerne Arabisch mit Islamisch gleichsetzen, lernte ich eine arabische Kultur kennen, die nicht unbedingt von Muslimen gelebt wurde. Denn ich begegnete ebenso arabischen Christen, welche die Geschichte ihrer arabischen Kultur pflegten und ihren Gottesdienst auf Arabisch begingen, wie auch orientalischen Juden, die besser mit ihrer arabischen als ihrer israelischen Identität zurechtkamen, sowie Freidenkern in Kairo oder Bagdad, die an Nietzsche und andere Philosophen, nicht aber an einen allmächtigen Gott glaubten. Nie sollte eine Sprache mein gesamtes Denken und Handeln so nachhaltig bestimmen wie die arabische.

Die Sprache war entscheidend, um an bestimmte Menschen heranzukommen, ein kleines Vertrauen aufzubauen, das wachsen konnte, wenn es die Umstände zuließen. Viele meiner heutigen Kontakte in der arabischen Welt reichen in die 1980er-Jahre zurück. So vermittelten maronitische Mönche im Libanon Gespräche mit hochrangigen Führern in der Hizbollah, der schiitischen Miliz und Partei, die seit 1983 im Südlibanon aktiv ist. Der Iran versorgt diese Gruppe mit Geld, Waffen und Logistik. Das grausame, aber sehr effektive Konzept des Selbstmordattentats wurde von der Hizbollah gegen die israelische Armee ab 1983 so lange eingesetzt, bis diese letztlich im Mai 2000 abzog. Die Hizbollah ist im Libanon und vor allem in der internationalen politischen Wahrnehmung umstritten. Das Arabische schlug für mich oft Brücken.

Es gab einige kuriose Situationen, so im Februar 1995, als ich einige Wochen zur alljährlichen Tagung der Menschenrechtskommission

am Genfer UNO-Sitz weilte. Österreich war eben erst der EU beige-
treten, von nun an hieß es, in endlosen Koordinationssitzungen unter
den damals 15 Mitgliedsstaaten einen Konsens zu finden, wir waren in
unserem diplomatischen Radius unbeweglicher geworden. Untertags
verurteilten die westlichen Vertreter voller Eifer und Doppelmoral
Menschenrechtsverletzungen, abends trafen sich die Delegationen am
Buffet, das jene gaben, die man zuvor heftig gerügt hatte. So kam ich
bei einem Cocktailempfang mit den Botschaftern von Jordanien und
Jemen, die mich ihrem irakischen Kollegen vorstellten, ins Gespräch.
Der Iraker war der Einzige der drei, der Rotwein trank und mich
bald sehr direkt auf Arabisch fragte, was ich von den Menschenrechten im Irak hielte. Der Irak stand damals, fünf Jahre nach dem ersten
Irakkrieg regelmäßig am Pranger. Zuvor hatte sich niemand wirklich
dafür interessiert, denn Saddam Hussein war ein Verbündeter des
Westens. Ich antwortete dem Botschafter auf Arabisch knapp: „Nicht
besonders viel.“ Der Jordanier und der Jemenite blickten betreten in
ihre Wassergläser, als der Iraker nachfragte, ob mir die Kurden am
Herzen lägen. Worauf ich entgegnete, dass nicht bloß die Kurden,
sondern wohl alle Iraker Probleme hätten, wenn sie die Regierung
kritisierten. Fass dir ein Herz, sagte ich zu mir innerlich, und sprich
Klartext, wenn du schon die Gelegenheit hast. Unser salbungsvolles
Getue und unsere langatmigen Resolutionstexte in den Sitzungen
retteten kein Menschenleben, nun wollte ich in dieser kleinen Runde
auf Arabisch klare Worte finden. „Wenn ich in Österreich den Regierungschef kritisiere, mir etwas geschieht, kann ich vor Gericht
gehen, die Presse kontaktieren und sollte ich immer noch ein Problem haben, dann bleibt es meines, weder meine Schwester noch mein
Cousin haben damit etwas zu tun“, schloss ich meine Darstellung
zur Gewaltentrennung frei nach Montesquieu und meine Kritik an
der brutalen Sippenhaftung im Irak. Der Botschafter begann mich
wütend anzufunkeln und verwies auf die Sanktionen, die in seinem
Land kein normales Leben ermöglichten. Dem hielt ich entgegen,
dass im Libanon jahrelang ein Krieg tobte, es trotzdem Presse- und
Meinungsfreiheit gab und die Sanktionen somit nicht das Problem

sein könnten. Die Spannung in unserer kleinen Gruppe zwischen zwei Wasser- und zwei Rotweingläsern wuchs. Um die Situation zu entschärfen, sagte ich in blumenreichem Arabisch: „Ihr Land, Exzellenz, hat der Menschheit so viel an Zivilisation gegeben, noch lange vor Oxford und der Sorbonne gab es medizinische Fakultäten in Bagdad und Basra! Möge Ihre große Heimat die Welt wieder mit Wissen beschenken." Diese Ausführungen, die ich auch sehr ehrlich meinte, schienen nun den hochgewachsenen Diplomaten mit dem dicken Schnauzbart, der um einiges eleganter als seine Kollegen wirkte, etwas zu beruhigen. Er lächelte mich an und wollte unbedingt erfahren, in welchem Hotel ich denn untergebracht sei. Ich verwies auf das teure Pflaster von Genf und sagte, dass ich in einem französischen Grenzort lebte. Dann verabschiedete ich mich von den drei Herren. Am Weg hinaus nahm mich der britische Delegationsleiter väterlich zur Seite und sagte: „Karin, ich habe beobachtet, wie du dich sehr lange mit dem Halbbruder von Saddam Hussein unterhalten hast!" Nun überkam mich ein heftiger Schwindel, denn so viel wusste ich als nunmehr gereifte Kennerin der Region, dass Barzan al-Tikriti, so hieß er nach der Heimatstadt des Clans, der ehemalige Chef des brutalen Geheimdienstes war und seit einem Bruderzwist als Botschafter in Genf entsorgt worden war. Auf weichen Knien schlotterte ich hinaus und nahm den Bus nach Ferney-Voltaire, wo ich ein kleines möbliertes Studio im Erdgeschoss bewohnte. Angekommen schob ich den Schreibtisch vor die Tür, verschloss alles, so gut ich konnte, und saß aufrecht im Bett. Ich machte kein Auge zu, da ich fest damit rechnete, gesucht zu werden. Zu viel hatte ich über die Methoden gewisser nahöstlicher Geheimdienste gelesen, die auch im Ausland entführten und mordeten. Und dieser al-Tikriti war meines Wissens einer der brutalsten Vertreter seiner Zunft. Ohne zu wissen, wer mir da gegenüberstand, hatte ich ihm das gesagt, was ich dem irakischen Regime immer schon einmal sagen wollte. Am nächsten Tag schleppte ich mich erschöpft von der schlaflosen Nacht in den Plenarsaal und als ich an die Reihe kam, wo die Staaten mit „I", also Irak, Iran und Israel, saßen, die mich alle herzlich begrüßten, winkte mir ein irakischer Diplomat freundlich entgegen. Irgendwie sahen sich die irakischen Offiziellen allesamt ähnlich, man ahmte äußerlich den obersten Boss von Bagdad in Barttracht und Mimik so gut es ging nach. Er hielt ein Paket in Händen und übergab mir ein Buch über die Zivilisationen von Mesopotamien bis in den Irak sowie ein Billett seines Chefs. In feiner Handschrift bedankte sich der Botschafter, also der Halbbruder des irakischen Diktators, für das außerordentlich interessante Gespräch vom Vorabend. Die Notiz schloss mit dem Satz, dass er sich auf einen weiteren Gedankenaustausch freuen würde. Ich war sprachlos, so hatten meine offenen Worte gefruchtet, nicht vergrämt, war die sorgenvolle Nacht unbegründet. Ob ich damit etwas bewegen würde, wagte ich nicht zu hoffen. Die Situation im Irak sollte sich deswegen nicht bessern, aber an Barzan al-Tikriti dachte ich in der Folge immer wieder. Einige Zeit wollten ihn die USA als Nachfolger für seinen Bruder aufbauen, der ihnen zu größenwahnsinnig geworden war, nachdem sie ihn so lange unterstützt hatten. Im April 2003 wurde aber auch Barzan al-Tikriti in Bagdad verhaftet und nach einem Schauprozess im Jänner 2007 im Alter von 55 Jahren hingerichtet.

Rund um die Menschenrechtstagungen in Genf, die einen Teil des internationalen Flohzirkus derselben Experten und Menschenrechtsbewegten, die von ihrem Engagement teils recht gut lebten, bildeten, lernte ich auch einen iranischen Diplomaten kennen. Ich traf ihn im Herbst 1995 bei einer Expertenrunde in Amman, die Kronprinz Hassan, der Bruder von König Hussein, ausrichtete. Wir saßen drei Tage nebeneinander, die Tagung fand in Arabisch und Englisch statt. Ich vermied die Kopfhörer, da ich so mein Arabisch auffrischen konnte. Als ich meinen Nachbarn aus der Islamischen Republik beobachtete, wie er stets die Hörer rauf und runter schob, konnte ich mir nicht verkneifen, ihn darauf anzusprechen: „Ist es nicht seltsam, dass Sie die Übersetzung benötigen, während ich der Sprache des Propheten im Original folgen kann?" Der Iraner sah mich schmunzelnd an und seufzte in hervorragendem Englisch: „Ich habe so oft Arabischkurse begonnen, aber die Sprache ist mir zu kompliziert." Ich meinte, er sollte es nochmals probieren, wenn man bloß wollte, dann ginge es schon. Am Abend des letzten Konferenztages bat mich mein Tischnachbar um einen Gefallen: „Können Sie mir helfen, einen neuen Schleier für meine Frau zu kaufen?" Ich sagte ihm dies zu, da ich in meiner alten Heimat Jordanien war und die Geschäftsmeile im Zentrum kannte. Ein Pakistani schloss sich uns an, ich dirigierte unseren Fahrer zum Markt, wo ich die beiden Herren zu einem Damenmodengeschäft führte. Der Verkäufer redete voller Elan auf die beiden ein, die mich Hilfe suchend ansahen. Lächelnd erklärte ich dem Jordanier: „Unser Bruder aus der Islamischen Republik Iran spricht leider nicht unsere Sprache, aber ich helfe ihm und seinem pakistanischen Bruder als Übersetzerin." Der Jordanier staunte zwar etwas, aber zur Zufriedenheit aller zogen wir mit einigen neuen Hijabs, also Schleiern, wieder von dannen.

In Arabisch Position zu beziehen, half mir auch bei einer Tagung in Kairo im April 2007, welche die dänische Botschaft organisierte, um nach dem Gewaltausbruch rund um die Mohammed-Karikaturen im Jänner 2006 einen Neuanfang zu starten. Der Wutausbruch in der arabischen Welt war die inszenierte Reaktion auf die Veröffentlichung von zwölf diffamierenden Karikaturen des Propheten, die der Herausgeber eines dänischen Provinzblattes vier Monate zuvor bestellt hatte. Eine norwegische Redaktion machte bald einen Nachdruck. Die Sache wurde von arabischen Meinungsmachern so dargestellt, als wäre diese Kampagne in einem Regierungsblatt erfolgt, und sie fügten den Bildern weitere, sehr provokante Darstellungen hinzu. Eine Gruppe dänischer Imame reiste durch islamische Staaten, um Proteste vorzubereiten. Irgendjemand musste all die dänischen Flaggen fabrizieren, die dann von Erzürnten zu Tausenden weltweit verbrannt wurden. Was folgte, war ein kollektiver Zorn sondergleichen, dänische Botschaften wurden attackiert, Christen von Nigeria bis Indonesien brutal in Sippenhaft genommen, die Europäer in ihrer Gesamtheit für die Herabwürdigung des Islams angegriffen. Es schauderte auch mich innerlich, als ich deutsche, dänische und andere Fahnen brennen sah, an die Zerstörung von US-Flaggen scheinen wir uns seltsamerweise schon gewöhnt zu haben. Es dauerte sehr lange, bis sich die Lage halbwegs beruhigte. Die latente Wut der Muslime ist aber seither nicht verebbt, vielmehr kann es jederzeit zum digitalen Flächenbrand kommen, wenn ein verleumderischer Mohammed-Film wie im Sommer 2012 im Internet verbreitet wird und für neue Provokationen und Zerstörungen sorgt. Die dänische und norwegische Botschaft in Kairo wollten mit dieser Tagung nicht nur einen neuen Dialog zwischen dem Islam und Europa einleiten. Vielmehr wollten die Dänen ihre gesalzene Butter und andere Milchprodukte wieder in den Supermärkten der arabischen Staaten, aus welchen diese verbannt worden waren, verkaufen.

Ich wurde über eine ehemalige Studentin, die ich an der Universität Wien unterrichtet hatte, eingeladen. Sie arbeitete damals in Kairo. Auf dem Einladungsschreiben der Universität von Kairo stand: Nationaltracht willkommen. So entschloss ich mich, mein Dirndl einzupacken. Auf besagter Tagung wurde viel über den Respekt für religiöse Gefühle gesprochen, keine Gelegenheit ausgelassen, gegen die dekadente westliche Gesellschaft zu polemisieren. Als ich kurzfristig den Vorsitz für ein Podium übernahm, hielt ich dem entgegen, dass im Interessenausgleich zwischen religiösen Gefühlen und der Pressefreiheit, mir Letztere wichtiger erschiene, zumal auch die Kriterien für derartige Gefühlsverletzungen schwer fassbar wären. Ich hatte meine Ausführungen entsprechend vorbereitet und referierte auf Arabisch, dass eine vermeintliche Beleidigung religiöser Gefühle nie ein Menschenleben kosten dürfte. Und fand auch klare Worte dafür, dass es rechtens sei, wenn Redaktionen die Karikaturen nachdruckten, da sich nur so die Menschen ein Bild von dem machen könnten, worüber all die Aufregung herrschte. Ich argumentierte somit gegen die Mehrheit, tat es aber auf Arabisch, nicht auf Englisch, und bemühte mich, bei aller Klarheit der Worte, die Melodie möglichst versöhnlich zu stimmen. Die anwesenden skandinavischen Diplomaten dankten mir nach der etwas turbulenten Debatte, da es ihnen nicht möglich war, die Dinge direkt beim Namen zu nennen. Es hat schon seine Vorteile, als Frau im Dirndl auf Arabisch Position zu beziehen, was von einem Mann im Anzug und auf Englisch eher bevormundend geklungen hätte.

Vom Nutzen der Rechtslehre

Das für viele nicht nachvollziehbare Nahostinteresse wurde zur Triebfeder allen Handelns und zunächst Lernens. Das Studium der Rechtswissenschaften hatte es mir schon Jahre vor Studienbeginn angetan und ich bereue diese Wahl nicht, erwies es sich doch als ein Handwerk, das mich lehrte, Gesellschaft und Politik über die Gesetze und Rechtsprechung zu beobachten. Es war die Grundlage, auf der ich später meine nahöstlichen Interessen weiterentwickelte.

1990 unterrichtete ich an einem Sommerseminar der Rechtsfakultät der maronitischen Universität USEK in Byblos. Es war immer wieder faszinierend, wie auch in den schwierigsten Zeiten, als der Staat Libanon in seinen Institutionen kaum mehr existierte, an den Gerichten weiter Rechtsverfahren ausjudiziert wurden. Die Richter ließen sich nicht beirren, sie machten einfach weiter. Ein wenig erinnerte mich der Libanon an Italien und Italien an den Libanon. Das mafiöse System, das den Staat unterwandert, versus eine Richterschaft, die immer wieder dagegen aufbegehrt – und dies bis heute. Auch wenn die Republik Libanon streckenweise zu bestehen aufhörte, so funktionierte das libanesische Rechtssystem weiter. Der Blick durch die juristische Brille verschaffte mir im Dickicht von Geschichte und Religion im Nahen Osten von Zeit zu Zeit eine klarere Sicht.

Die juristische Fakultät ermöglichte ein solides Grundlagenstudium, nicht ein Potpourri an ausgewählten Fächern. Ich verstand später, als ich in den USA weilte, nicht, wie man nur einen Master der Menschenrechte absolvieren konnte, ohne zuvor ein gründliches Wissen in Verwaltungs- und Verfassungsrecht zu erwerben. Jede Umsetzung einer internationalen Konvention erfordert verfassungsrechtliche Maßnahmen. Zudem begriff ich immer mehr, wie entscheidend das nationale Prozessrecht ist, um Menschenrechtsschutz wirksam zu betreiben. Einige der nahöstlichen Staaten übernahmen zwar viel von den Kolonialmächten, doch herrscht vor allem in Israel und den besetzten Gebieten, mit denen ich mich während der Dissertation am meisten auseinandersetzte, ein Wildwuchs an Normen. So stammte die Maßnahme, die Häuser von mutmaßlichen Terroristen zu sprengen und damit die gesamte Familie kollektiv zu strafen, aus osmanischer Zeit. Sie wurde zunächst von der britischen Mandatsmacht und anschließend vom israelischen Staat übernommen. Erst vor wenigen Jahren kamen die israelischen Behörden zu dem Schluss, dass diese Maßnahme kontraproduktiv sei, und schafften sie ab. In Israel durfte ich, in Gestalt der engagierten Rechtsanwältin Felicia Langer und einiger anderer Juristen, Menschen kennenlernen, die ihr Berufsethos in den Dienst palästinensischer Mandanten stellen. Sie verteidigen diese nach wie vor in Enteignungsverfahren, schafften es da und dort eine Berufung zu gewinnen. Der Oberste Israelische Gerichtshof wartet auch oft mit überraschenden Entscheidungen auf, welche die Politik massiv in die Schranken weisen. Zudem haben israelische Staatsanwälte weniger Scheu, Politiker vor Gericht zu bringen als ihre europäischen Kollegen. Die Korruptionsprozesse gegen eine Reihe ehemaliger Premiers oder die Verurteilung eines Staatsoberhaupts wegen sexueller Übergriffe illustrieren diese Courage, die man in Wien oder Paris nicht antrifft.

Völkerrecht sollte sich bald zu meinem Lieblingsthema entwickeln, wenngleich es sich in den Augen eines „echten" Juristen streng genommen mangels Durchsetzungsmöglichkeiten nicht um ein ernst zu nehmendes Rechtsfach handelt. Mich faszinierte von Anbeginn das Interdisziplinäre – die Zusammenhänge zwischen Recht, Geschichte, Handel und dem aktuellen Tagesgeschehen. Rasch stand für mich fest, dass ich in diesem Fach dissertieren wollte. Bald hatte ich auch ein Thema gefunden. Ich wollte mich mit den Grenzziehungen im Nahen Osten befassen, denn es wurde mir immer klarer, dass in diesem langwierigen Konflikt zwischen anfänglich zwei Völkern, den Israelis und den Palästinensern, jedes eine eigene Vorstellung von

Staatsgebiet und sicheren, natürlichen oder gar gerechten Grenzen hatte. Oft hatte ich beim Grenzübertritt die Risiken gespürt. An der Grenze eskalieren die Ansprüche, welche die vielen Nahostkonflikte beherrschen. Und dies faszinierte mich zunehmend.

Meine Dissertation und ich, wir lebten zusammen, reisten zusammen, erlebten unglaubliche Begegnungen und tiefschürfende Gespräche zwischen Jerusalem, Damaskus, Amman und irgendwelchen Niemandsländern im Gazastreifen, am Sinai, in der israelischen Sicherheitszone im Südlibanon und auf den Golanhöhen. Ich sah mir viele Grenzräume selbst an und verspürte gleichsam am eigenen Leib den Irrsinn, der hier herrscht. Truppen, ob nationale Soldaten oder UN-Blauhelme, überwachten die Waffenstillstandslinien mit mehr oder weniger Erfolg. Territorial gelöst war aber gar nichts. Träumen manche national-religiös gesinnten israelischen Siedler von einem „Eretz Israel", einem verheißenen Land, das weit in den Libanon und nach Jordanien reicht, so war aus der Perspektive des islamischen Umma-Gedankens gesprochen, die „zionistische Entität" wiederum der „Fremdkörper", den man nie und nimmer anerkennen wollte. Neben all den religiösen Konzepten, welche die ursprünglichen militärischen Konzepte sogenannter „sicherer Grenzen" überlagerten, waren letztlich die völkerrechtlich normierten Mandatsgrenzen zwischen den Briten und Franzosen der frühen 1920er-Jahre bedeutsam, was ich in meiner Dissertation darstellte.

Im Englischen gibt es zwei unterschiedliche Grenzbegriffe, die genau das verdeutlichen, was ich im Zuge meiner Recherchen erlebte und dann in einer völkerrechtlichen Analyse zu Papier brachte. Zum einen gibt es „frontier", was vielmehr ein umstrittener Grenzraum ist, zum anderen entsprechen „border" und „boundary" einer klaren Grenzlinie, die souveräne Staaten fein säuberlich voneinander trennt und klar festlegt, wo die Zuständigkeit des einen Staates endet und jene des anderen beginnt. Auf meiner Suche nach einem Konsens, wo das Staatsgebiet eines jüdischen und wo das eines arabischen Staates innerhalb des ehemaligen Mandatsgebiets Palästina liegen sollte, wurde ich nicht fündig. Ziemlich bald wurde mir klar, dass sich hier kaum Grenzen ziehen lassen, dass der ewige Kampf um Jerusalem nur schwer zu lösen ist, ganz zu schweigen von den Forderungen nach Rückkehr der palästinensischen Flüchtlinge und der fortdauernden jüdischen Einwanderung in Israel. In diesen Forderungen steckt ein Anspruch auf dauernde Expansion, was wiederum die andere Seite tief verunsichert, den Kampf um Wasser und Boden zur Überlebensfrage macht. Für die Zweistaatenlösung sah ich daher noch nie einen realistischen Ansatz, auch wenn sich die Konfliktparteien, die israelische Regierung unter Premier Rabin und die PLO unter ihrem Chef Arafat, noch im Friedensabkommen von Oslo 1993 dazu bekannten. Mir erschien vielmehr eine Art personenbezogener Föderalismus und nicht einer gemäß territorialen Kriterien zielführender. In einigen Vorträgen zu diesem Thema zog ich in der Folge oft den Mährischen Ausgleich von 1905 heran, der vor Ausbruch des Ersten Weltkriegs einen Lösungsentwurf für das Zusammenleben von Slawen und Deutschen in Mähren vorsah. Um all dies kreisten meine Gedanken und ich machte mich voller Tatendrang auf den Weg in den Nahen Osten.

Rückkehr nach Jerusalem

Die wesentlichen Recherchen für meine Dissertation durfte ich an der Hebräischen Universität am Skopusberg unternehmen, wo ich als Nichtjüdin am Einwanderungsprogramm für Juden aus aller Welt teilnahm. Wünschen sich die Juden zu Pessach, dem Fest der Erinnerung an das Exil, „be schana sche ba'a be Yerushalaym" (Im kommenden Jahr sehen wir uns in Jerusalem), die alte Sehnsucht nach Rückkehr aufrechtzuerhalten, so brach ich wirklich wieder in die Stadt auf, in der ich eine tiefe Geborgenheit spürte. Zwar war es nicht einfach, diesen Studienplatz zu bekommen, als noch wenig internationale Studienabkommen bestanden, aber es gelang und dank eines kleinen Stipendiums der Bundeswirtschaftskammer konnte ich mir die Studiengebühren leisten sowie ein Zimmer im Lycée Français, der allseits geachteten französischen Schule, mieten. Es war karg, aber es reichte. Der Vorteil meiner Adresse, der Rue des Prophètes war, dass sie an der Schnittstelle zwischen dem jüdisch-orthodoxen Viertel von Mea Shearim und der Misrata, der alten Straße zum Damaskustor, lag. Lautet doch die erste Frage in Jerusalem oft: „Efo gara? – Wo wohnst du?" Um festzustellen, wie man ideologisch einzuordnen war, war diese Adresse auf ihre Weise genial neutral, sie verwirrte den Fragenden sogar, was mich umso mehr freute.

Als ich zu diesem dritten Aufenthalt nach Israel kam, wütete die erste Intifada schon seit zwei Monaten. Im Dezember 1987 brach eine Rebellion der Palästinenser aus, sie wollten die Okkupation abschütteln. Dieser Aufstand erwischte nicht nur die israelischen Besatzer, sondern genauso die PLO in ihrem komfortablen Exil in Tunis auf dem falschen Fuß. Die Menschen waren ungeduldig, sie wollten nicht mehr auf die Politiker warten, sondern lehnten sich auf. Die Kinder nahmen sogar Steine in die Hand, um israelische Soldaten zu bewerfen. Generalstreiks wurden ausgerufen, Bürgerkomitees organisierten diese völlig neue Form zivilen Ungehorsams. Ein wesentlicher Organisator wurde Marwan Barghouti, der, im Gegensatz zu Arafat, Israel und die Israelis von innen her kannte. Ich lernte ihn bei einer Veranstaltung in Ramallah kennen, er sprühte vor Elan und politischem Engagement. Hätte der Seniorenverein PLO den Mut für eine ernsthafte Verjüngung gehabt, dann wäre Barghouti der richtige Mann hierfür gewesen. Doch 2002 wurde er verhaftet und verbüßt wegen Terrorismus eine fünffach lebenslängliche Haftstrafe. Mehrfach war er für einen Gefangenenaustausch vorgesehen und vielleicht schafft er es noch, zum Nelson Mandela der Palästinenser zu werden, wie manche seiner Landsleute meinen. Für die Israelis offenbarte sich mit der Intifada, dass die Menschen von der Besatzung und dem Status quo definitiv die Nase voll hatten. Für die arabischen Führer wurde klar, dass die Palästinenser sich nicht mehr am Gängelband hochtrabender Versprechungen führen ließen. Die Stimmung hatte sich seit 1985, als ich das letzte Mal im Land gewesen war, grundlegend verändert. Die Jerusalemer Altstadt war verwaist, der Geruch von Tränengas verdrängte immer öfter die Gerüche des Marktes.

Unter den jungen Palästinensern herrschte teils eine Aufbruchstimmung, sie waren sicher, die Besatzer mit ihrem jungen männ-
lichen Mut zu verjagen. Letzterer verbannte sie aber oft mit Kugeln
im Rücken – und waren es damals „nur" die Gummigeschosse – in
den Rollstuhl. Mit einigen dieser gescheiterten Helden verbrachte ich
die Wochenenden in Tabgha am See Genezareth, wo ihnen deutsche
Physiotherapeuten teilweise wieder das Gehen beibrachten. Über eine
Freundin wurde ich darauf aufmerksam und half mit, indem wir gemeinsam mit den Krücken übten oder zu schwimmen versuchten. Die
Schreie der von Phantomschmerzen gepeinigten Amputierten kann
ich bis heute kaum vergessen. Nächtelang saßen wir zusammen, um
das zuckende Bein und das Elend irgendwie in den Griff zu bekommen. Die Eltern waren besorgt um ihre Kinder, die immer politischer
wurden. Wer es sich leisten konnte, schickte die Jugendlichen zur
Verwandtschaft ins Ausland. Die wirtschaftliche Lage verdüsterte
sich, die palästinensischen Unternehmen lagen darnieder. In den
israelischen Medien und vielen Debatten an der Hebräischen Universität fand eine intensive Gewissensbefragung statt, wie mit dieser
neuen Situation umzugehen sei. Insofern waren jene Jahre noch von
dem Versuch geprägt, den anderen zu verstehen, den eigenen, für sich
beanspruchten Humanismus nicht ganz zu verraten. Am Ende stand
der Beginn einer direkten palästinensisch-israelischen Aussöhnung,
der sogenannte Oslo-Friedensprozess. Dieser stagnierte mit der Ermordung des Premiers Yitzhak Rabin durch einen radikalen Israeli
im November 1995. Einige Jahre später brach die zweite bewaffnete
Intifada aus. Palästinensische Sicherheitskräfte existierten in großer
Zahl, sie hatten diesmal Gewehre. Die israelische Artillerie rückte
aus, der neue Premier Ariel Scharon unternahm eine Art militärische
Rückabwicklung der palästinensischen Autonomie. Danach griff
eine geistige und politische Verrohung auf allen Seiten um sich, die
wesentlichen Akteure wurden religiöser. Hinterfragt wurde immer
weniger, geschossen immer schneller.

Bevor es mit dem eigentlichen Studium internationaler Beziehungen an der School for Overseas Students, die auf jüdische Studierende

und somit potenzielle Einwanderer ausgerichtet war, losging, nahm ich an einem der Sprachkurse für Modernhebräisch, Ivrit, teil. Ein sogenannter Ulpan brachte uns binnen fünf Wochen die Sprache so nahe, dass man den Alltag mühelos bewältigen und zu meiner Freude politischen Nachrichten folgen konnte. Das Wort, das ich im Unterricht und im Alltag am meisten hörte, war „pitahon" (Sicherheit). Fast alles geschah in diesem Namen, so manches Unrecht ließ sich aus israelischer Sicht damit rechtfertigen. Es ist bezeichnend, welche Begriffe eine Sprache zu einem bestimmten Zeitpunkt dominieren. War im Arabischen „inchallah" über lange Zeit das prägende Wort, so war dies „pitahon" mit all seinen Wortverbindungen im Ivrit.

Jedenfalls hatte ich selten so exzellente Unterrichtsmethoden erlebt und derart rasch Fortschritte in einer Fremdsprache erworben. Arabisch als Grundlage half wohl auch ein wenig, da sich viele Vokabeln in diesen beiden semitischen Sprachen ähneln. Ich war neben einem israelischen Palästinenser die einzige Nichtjüdin im Kurs und ohnehin stets die exotische Österreicherin. Während die einen fest davon überzeugt waren, dass ich eine der ihren sei (also keine „Goj", sondern eine Jüdin), und mich relativ freundlich aufnahmen und wegen meines starken französischen Akzents im Ivrit meinten, ich sei aus Paris oder Marseille eingewandert, waren mir andere Kollegen misstrauisch gesonnen. Es war 1988 und damit die Zeit der Waldheim-Affäre.

Kurt Waldheim hatte als Kandidat der österreichischen Präsidentschaftswahlen der Öffentlichkeit einige Jahre seines Lebenslaufs im Zweiten Weltkrieg unterschlagen. Solange er UN-Generalsekretär gewesen war, hatte dies offenbar keine Rolle gespielt. Die Causa Waldheim wirkte zwar wie ein reinigendes Gewitter, da Österreich sich den Ereignissen von 1938 bis 1945 insgesamt stellen musste und sich von der Opferrolle allmählich entfernte. Es war jedoch ermüdend, mehrfach pro Tag zu erklären, dass nicht alle Österreicher Nazis seien. Denn das jeweilige Gegenüber, vor allem Israelis der älteren Generation, war von diesem Standpunkt nur schwer abzubringen. Einige Jahre später traf ich als Korrespondentin der deutschen Tageszeitung „Die Welt" Simon Wiesenthal, der sich auf die

Aufklärung von NS-Verbrechen spezialisiert hatte, in Wien zu einem ausführlichen Gespräch, in welchem er Waldheim von jeglichem Verdacht „freisprach". Doch das Thema dominierte damals fast jede Unterhaltung, die man als Österreicher im Ausland führte. Die Tatsache, dass ich Arabisch sprach, bestärkte viele in ihrem Misstrauen mir gegenüber. Seitens der Palästinenser wiederum kam Applaus, den ich sicher nicht wollte und der sich einige Jahre später mit dem politischen Aufstieg des freiheitlichen Politikers Jörg Haider nur verstärkte. Denn der israelische und US-jüdische Boykott des österreichischen Staatspräsidenten sorgte für eine gewisse Popularität Österreichs in der arabischen Welt, die zuvor ein Bruno Kreisky auf intelligentere Weise ermöglicht hatte.

Trotz mancher Mühsal, wie das tägliche finanzielle Strampeln oder aufwühlende Alltagssituationen, war ich dankbar und froh, an der Hebräischen Universität auf dem Skopusberg studieren zu dürfen. Denn endlich konnte ich den ganzen Tag meinem Thema Nahost nachgehen. Die Bibliothek war traumhaft, ich war begeistert von der Menge an Literatur zu meinem Thema, während ich in Wien nur Krümel an Publikationen ausfindig machen konnte. Zwischen 1948 und 1967, also dem ersten israelisch-arabischen Krieg und dem Blitzkrieg vom Juni 1967, in welchem Israel binnen sechs Tagen sein Territorium vervierfachte, war der Skopusberg eine Enklave im jordanisch besetzten Teil Palästinas gewesen. Die Sicht vom Campus ist einzigartig. Von der einen Seite blickt man in Richtung Jerusalem und hat die goldene Kuppel des Felsendoms vor sich, von der anderen Seite des Berges wandert das Auge über die judäische Wüste in Richtung Totes Meer. Zwar war ich hier gelandet, weil der Krieg im Libanon einen Besuch der Amerikanischen Universität von Beirut verunmöglichte, doch wurde es viel interessanter, als ich erhofft hatte.

Ich durfte Professoren kennenlernen, die unabhängige Denker waren, eine Generation von Europäern, die einer untergegangenen akademischen Welt angehörten, in der Freigeistigkeit und Integrität regierten. Kritische Persönlichkeiten, die alle ein bemerkenswertes Schicksal erfahren hatten, über den Tellerrand hinaus dachten und deren Erzählungen mich tief prägten. Zu ihnen gehörte Yeshayahu Leibowitz, der sich als gläubiger Jude und Zionist konsequent für eine klare Trennung von Politik und Religion einsetzte und mit seiner Kritik an den Regierenden nicht sparte. Der alte, weise Mann aus Riga nahm sich für die 23-jährige Doktorandin Zeit, die auf der Suche nach dem israelischen Staatsgebiet war. Ebenso durfte ich den ehemaligen Geheimdienstchef Yehoshafat Harkabi, den berühmten Arabisten unter den ersten israelischen Spionen, treffen. Ihn interviewte ich, neben vielen anderen alten Jahrgängen, für meine Dissertation als Zeitzeugen, da er an den Waffenstillstandsverhandlungen von 1949 in führender Position teilgenommen hatte. Zu den ganz besonderen Begegnungen zähle ich jene mit Hans Klinghoffer, der sich in Israel Ytzhak nannte. Durch die Vermittlung eines anderen bemerkenswerten Rechtsprofessors in Tel Aviv, Amnon Rubinstein, wurde mir ein Zusammentreffen mit Klinghoffer ermöglicht. Er meinte, dass der alte Wiener sich freuen würde, eine Wienerin zu sehen. Und so war es auch. Wir verstanden uns trotz unterschiedlicher politischer Positionen auf Anhieb.

Der Professor von 83 Jahren gewährte mir jeden Mittwoch einen Jour fixe. Ich besuchte ihn in seiner Wohnung in Westjerusalem, seine Haushälterin hatte gefilten Fisch und Blintzes, also Palatschinken, hergerichtet. Wir unterhielten uns über die Notwendigkeit einer Verfassung für den Staat Israel, über Verfassungsrecht im weitesten Sinn. Klinghoffer hatte als langjähriger Abgeordneter der Gahal-Partei, Vorläuferin des national-religiösen Likud, mehrere Verfassungsentwürfe in der Knesset, dem israelischen Parlament, eingebracht. Allein sein Grundrechtskatalog wurde umgesetzt. Klinghoffer war an der Wiener Rechtsfakultät in den späten 1920er-Jahren Assistent von Hans Kelsen, dem wesentlichen Schöpfer des österreichischen Bundesverfassungsgesetzes, gewesen. Ich befragte ihn viel zur „Reinen Rechtslehre" von Kelsen und zum Rechtspositivismus, der mir anfänglich nicht ganz geheuer war, mich jedoch über die Jahre hinweg immer mehr überzeugen würde. Denn von Menschen gemachtes Recht kann von Menschen wieder verändert werden. Im Gegensatz hierzu versteht sich das Naturrecht als Ausdruck von Gerechtigkeit, wobei oftmals eine göttliche Rechtsquelle herhalten muss. Dies ist besonders im islamischen Recht der Fall. Der Begriff „Positivismus" kommt vom lateinischen „ponere" (setzen) und hat nichts mit „positiv" zu tun. Mit dem Anschluss 1938 zog der junge Doktor Klinghoffer nach Paris, wo er die erste völkerrechtliche Abhandlung über die Annexion Österreichs ans Deutsche Reich verfasste. Frankreich verließ er im Sommer 1940 im Zuge des deutschen Einmarsches und schiffte sich via Lissabon nach Südamerika ein. In Brasilien war er als Verwalter für einen Großgrundbesitzer tätig und abonnierte einige juristische Fachblätter, um auf dem Laufenden zu bleiben. Der Kontakt zu Österreich entstand wieder in Form einer Beratertätigkeit für die Österreichische Botschaft in Brasilien. Als man dann für das eben erst eröffnete Institut für Öffentliches Recht an der Hebräischen Universität in Jerusalem einen Dozenten suchte, fiel irgendjemandem der Klinghoffer in Brasilien ein, so ungefähr ging seine launige Erzählung voller Selbstironie. Da er nur eine Art Küchenhebräisch beherrschte, lernte er in einem Schnellsiedekurs das reformierte Ivrit, las sich in die Unterrichtsmaterialien ein und trat den Posten an, in dem er ein Gemenge an übereinandergelagerten Rechtsschichten sortieren und dann lehren musste. Denn die Disziplin „Öffentliches Recht des jüdischen Staates" war und ist eine rechte Mischung aus übernommenem Recht früherer Epochen. Bei jedem unserer Treffen erzählte er mir aus seinen ereignisreichen Erinnerungen, von seinen Träumen und der Ernüchterung in der Politik. Viele Überlegungen, die wir an langen Abenden in Jerusalem anstellten, baute ich in meine Dissertation ein.

Für die Recherche führte ich mehr als hundert Interviews, davon die Mehrzahl in Jerusalem, da ich die Ideen und Thesen, die ich mir bei der Lektüre in der Bibliothek zusammenstrickte, im Austausch mit Experten der Materie auf ihre Relevanz überprüfen wollte. Der wichtigste Ort meiner damaligen Dokumentensuche war das Archiv im Büro des Premierministers. Ich hatte das große Glück, dass im Jahre 1988 gerade die 40-jährige Archivsperre für die Gründungszeit Israels von 1948 aufgehoben wurde. So organisierte ich mir die

Genehmigung, in diesen eben der forschenden Öffentlichkeit zugänglich gemachten Akten der israelischen Regierung nach Material für meine Dissertation suchen zu dürfen. Und es erschloss sich mir eine wahre Fundgrube. Meine Hebräischkenntnisse waren unentbehrlich, um die Kataloge auf ihre Stichworte zu untersuchen, wobei sich bei mir alles um „gvul/gvuolt" (Grenze im Singular und Plural) drehte. Das Material selbst war dann oft in englischer oder französischer Sprache. Denn so sehr der erste Premier des Staates Israel, David Ben-Gurion, darauf bestand, dass alle, inklusive seiner eher unwilligen Ehefrau, nur in Ivrit sprechen und korrespondieren sollten, dauerte es eine Weile, bis sich dies einpendelte. Abba Eban, der aus Südafrika stammende erste Vertreter Israels bei der UNO in New York im Jahre 1948, schrieb jedenfalls seine Telegramme konsequent auf Englisch. Ich fühlte mich wie in einem politischen Thriller, als ich jene Akten zwischen November 1947 und Herbst 1948, also vom Teilungsplan in der UN-Vollversammlung bis zur Proklamation des jüdischen Staates am 15. Mai 1948, und zum Ausbruch des ersten Nahostkrieges durchstöberte. Als Abba Eban an Ben-Gurion schrieb, dass er in der UNO von den Delegationen, so auch jener der USA, ständig auf die Grenzen des Staates angesprochen werde, antwortete der Premier nur knapp: „Grenzen nicht erwähnen, Fakten werden militärisch im Felde geschaffen."

Die Jewish Agency, also jene Einrichtung, die dem Staate Israel als Behörde voranging und in die Verhandlungen mit der UN-Mission UNSCOP zur Teilung des Mandatsgebiets Palästina eingebunden war, handelte pragmatisch. Niemand war glücklich mit dem ausgeklügelten Teilungsplan der Vermittler, der viele Gebietsfetzen vorsah, die, je nach relativer Bevölkerungsmehrheit, dem zu gründenden jüdischen beziehungsweise arabischen Staat zugeschlagen werden sollten. Das Resultat waren viele Grenzübergänge. Das Staatsgebiet Israels vor dem Sechstagekrieg 1967, das gerne als das legitime Gebiet vor der Okkupation bezeichnet wird, hätte bei korrekter Umsetzung des UN-Teilungsplans ganz anders ausgesehen. Weite Gebiete von Galiläa, das vor allem von arabischen Christen bewohnt war, wären demnach einem zu gründenden arabischen Staat zugeschlagen worden. Auf diese wasserreiche und fruchtbare Region hatte aber die Jewish Agency ein besonderes Auge geworfen. Die Vertreibungen der Menschen in Richtung Libanon erfolgten hier massiv. Dass sich die jungen israelischen Streitkräfte im Krieg von 1948, der in Israel Unabhängigkeitskrieg heißt und auf arabischer Seite als die erste „Nakba", die große Niederlage beziehungsweise Demütigung, in die Geschichte einging, erfolgreicher schlugen als die arabischen Armeen, hat mehrere Gründe. Zum einen ging die „Zahal", die israelische Armee, aus einem Verband von Untergrundtruppen hervor. Die Palmach und die Haganah waren Guerillaverbände, die gegen die britische Armee kämpften und teils von Überlebenden des Holocaust kommandiert wurden. Zum anderen kämpften ihre Angehörigen um das Überleben. Ihnen standen keine besonders motivierten Soldaten der Nachbarländer gegenüber. Die konventionellen Armeen der arabischen Staaten waren zudem mit dieser asymmetrischen Kriegsführung ähnlich überfordert wie viele andere Armeen nach ihr, ob die Franzosen gegen die zum Freiheitskampf entschlossene Front de Libération Nationale (FLN) in Algerien oder die USA gegen den Vietkong in Vietnam.

Von Anfang an betrieben die Israelis geschickt eine Politik der vollendeten Tatsachen und wussten selbige noch geschickter diplomatisch und medial zu verkaufen. Die Primärquellen in den nationalen Archiven waren für meine Dissertation eine Schatztruhe, da ich hier viele Unterlagen fand, die mit so manchem Mythos der israelischen Geschichtsschreibung aufräumten. Es ist ein ganz besonderes Gefühl, ein etwas vergilbtes Telegramm mit so klaren Aussagen in Händen zu halten, wie es der Stil von Ben-Gurion war, und handschriftliche Notizen auf Briefen des Außenministers zu studieren. Im Lesesaal des Archivs war ich wohl mit Abstand die Jüngste. Mit großem Respekt beobachtete ich die anderen Anwesenden, die emsig ihre Notizen machten, Stapel von Akten durch den Raum trugen und die Archivare wieder um neues Material ersuchten. Einer von ihnen mag der israelische Historiker Simcha Flapan gewesen sein, der kurz vor seinem Tode auf Basis dieser freigegebenen Dokumente sein in der jüdischen Öffentlichkeit umstrittenes Buch „Die Geburt Israels – Mythos und Wirklichkeit" veröffentlichte. Flapan wurde zum geistigen Vater einer neuen Generation israelischer Historiker, wie der mutige Tom Segev, die sich kritisch mit so mancher Legende der eigenen Geschichte auseinandersetzten. Einen Zugang zu Materialien, wie ich sie in Israel vorfand, war mir in keinem anderen nahöstlichen Staat vergönnt. Allein die bereits beschriebenen Situationen in der Bibliothek der Universität in Amman zeigen, wie verängstigt die Zuständigen mit allem Geschriebenen umgehen. Wie Archive und Bibliotheken in einem Staat eingerichtet sind und funktionieren, sagt viel über die politische Reife dieses Staates aus.

Neben den wertvollen Stunden in diesen Institutionen besuchte ich mehrere Vorlesungen an der Universität. Eine davon hieß „Zionistische Diplomatie" und befasste sich mit der Außenpolitik des jüdischen Staates auf Basis alttestamentarischer Quellen. Der Leiter der Lehrveranstaltung war Mosche Nissim, ein Nationalreligiöser wie er im Buche steht. Denn anhand der Größe und Art der Kippa, der jüdischen Kopfbedeckung, die in seinem Fall sehr groß und bunt war, sind die Siedler teilweise erkennbar. Das Textil als demonstrative Abgrenzung ist im Bazar der Religionen unumgänglich. Verschleiern sich die einen, lehnen die anderen die Krawatte ab, während jene wiederum bestimmte Hüte und Käppchen aufsetzen, um ihre Weltanschauung kundzutun und sich von den anderen, den in ihren Augen Dekadenten, abzugrenzen. Während des ersten Kurses war ich überzeugt, dass wir bald in Streit geraten könnten, denn in unseren Weltanschauungen lebten wir in zwei Galaxien. Doch rasch entstand ein inspirierender Dialog zwischen dem Israeli, der womöglich Gush Emunim, den Block der radikalen Siedler wählte, und der Arabisch sprechenden Österreicherin. Im Gegensatz zu vielen Teilnehmern des Lehrgangs, die meist aus den USA und Australien kamen, miserables High-School-Niveau hatten, war ich die einzige Europäerin. Wenn er von Spinoza, Hannah Arendt oder Kant sprach, dann wusste ich, wen er meinte, und konnte mit einem Kommentar oder einer Frage reagieren, während die verwöhnten Kids auf Israel-Schnupperkurs nicht einmal den Stammbaum der Nachkommen Abrahams in Grundzügen kannten. Bibelfest wurde ich in jenem Seminar jedenfalls, denn Vorlesungsskriptum war die Thora, die wir zwecks Textinterpretation stets bei der Hand haben mussten. Der israelische Premier Rabin kritisierte zu Recht die Siedler, die mit der Bibel als Grundbuch ihre Gebietsansprüche in den besetzten palästinensischen Gebieten stellen. Nun saß ich in einer national-religiösen Veranstaltung, die einer Gehirnwäsche glich, die fast subtil wirkte, denn Nissim sprang zwischen Religion, Philosophie und Diplomatie hin und her. Mir gefiel sein interdisziplinärer Zugang, zudem war er von allem, was er dozierte beziehungsweise beinahe predigte, tief überzeugt.

Mehr als einmal fragte ich mich, wie ich reagiert hätte, wenn ich jüdische Vorfahren gehabt hätte. Wäre ich zum Beispiel im Land geblieben, hätte ich gar den Likud, also die Rechte gewählt? Der Unterricht und das gesamte Umfeld waren so ansprechend gestaltet, dass man sich als junger Mensch für diese Blut-und-Boden-Ideologie des Zionismus begeistern konnte. Eine junge Kolumbianerin, mit der ich mich sehr gut verstand und die ich mehrfach in ihrem Kibbuz besuchte, wo sie mit ihrem israelischen Verlobten lebte, brachte es für sich auf den Punkt: „Vom Luxus meiner Eltern in Bogotá, wo man abgeschottet unter selbstgefälligen Reichen die Zeit totschlägt, rundum die Mafia regiert, habe ich die Nase voll." Sie ging voll und ganz in dieser neuen Lebensphase als junge Israelin, die eben eingewandert war, auf. Ich verstand sie, denn dieser einfache Lebensstil, das Engagement für den Staat inklusive Militärdienst wirkten anziehender als so manche verweichlichte Existenz, die man in Chicago, Paris oder sonst wo auf der Welt zwischen Studium und „tollem Job" unterbrochen von Urlauben fristen konnte. Hier herrschte eine andere Stimmung, jeder wusste auf seine Weise, das Wesentliche vom Unwesentlichen zu trennen, auch wenn manchen die Sehnsucht nach banaler Oberflächlichkeit zeitweise packte.

Die israelischen Studierenden lernte ich als sehr reife Menschen kennen. Sie waren meist um die 22 Jahre alt, wenn sie nach drei

Jahren Militärdienst und einem Jahr Weltreise oder nach diversen Gelegenheitsjobs mit dem Studium begannen. Sie tickten und arbeiteten anders als die Kollegen in Wien. Denn zwischen den Prüfungen musste man auch noch die Reservedienste unterbringen. Man muss dies mögen oder aushalten. Die Kolumbianerin fühlte sich bereit, doch während ihr das israelische Staatsbürgerschaftsgesetz, das aus genau zwei Paragrafen besteht, die Einwanderung und Staatsbürgerschaft allein aufgrund der jüdischen Abstammung gewährte, riskierte ein Palästinenser, der für ein Studium oder zum Arbeiten für einige Jahre ins Ausland zog, den Entzug der Aufenthaltsgenehmigung im eigenen Land. Den Status als Staatsbürger genießen Palästinenser in den besetzten Gebieten nicht, sie werden lediglich geduldet. Die Idee der Deportation schlagen einige im israelischen Parlament vertretene Parteien regelmäßig als „Lösung" vor.

Israel wurde als jüdischer Staat, nicht als Staat gleichberechtigter Staatsbürger gegründet. Was wir heute als Konfessionalismus in Gestalt des Staatenzerfalls entlang ethnischer Linien erleben, begann mit der Gründung dieses ersten konfessionell definierten Staatswesens. Nicht nur als Juristin hatte ich mit diesem eigenartigen Konzept von Anbeginn Probleme. Wenn ich vom Skopusberg mit dem Bus wieder zu meinen arabischen Freunden in die Altstadt fuhr, ihre Probleme zwischen nicht erhaltener Baugenehmigung, Anfeindung durch israelische Arbeitskollegen und Schlimmeres miterlebte oder für die Dissertation einen Tag an der Birzeit University in Ramallah verbrachte, wo die Profiprotestierer und hauptberuflichen Palästinenser in perfektem US-Englisch das Dilemma analysierten, dann konnte ich mich wiederum sehr gut in diese wütenden Menschen versetzen, die der täglichen Erniedrigung an den Kontrollposten und der systematischen Vereinnahmung ihres Landes ausgesetzt waren. Ich versuchte beide Seiten zu verstehen, doch gerät man hierbei zwischen alle Stühle und Fronten im Sinne dieses Wortes. Letztlich war ich froh, keine Jüdin zu sein, mir nicht die Frage der Einwanderung zu stellen, und dankbar, nicht als Palästinenserin in einem Freiluftgefängnis mit vielen unsichtbaren Mauern zu leben. Ich hatte das

Privileg, vieles mitzuerleben, doch konnte ich jederzeit in eine Heimat in Frieden und Wohlstand zurückkehren, was ich immer mehr zu schätzen lernte. Zwar hatte ich mich zuvor oft gegen die Gleichung, dass Österreich ein Operettenstaat sei, ausgesprochen. Doch als mich ein israelischer Kollege, der Deutsch konnte, ansprach, was denn in Österreich so los sei, zeigte ich ihm einen ausgeschnittenen Artikel einer österreichischen Zeitung, den ich per Post aus Wien erhalten hatte. Die Überschrift lautete: „Krise wegen Theaterskandal." Am Burgtheater wurde „Heldenplatz" von Thomas Bernhard gespielt, was ein politisches Erdbeben auslöste. Der Israeli traute seinen Augen nicht, lachte ungläubig und ich gewann eine andere Sicht auf Österreich, eben jene als „Insel der Seligen".

In dem besonderen Topos am Skopusberg herrschte ein Pluralismus, der an Surrealismus grenzte. In den ersten Tagen meines Studiums an der Hebräischen Universität von Jerusalem wurde ich Zeugin einer Begebenheit, die mich in Mark und Bein erschütterte. Gerade als ich das Büro der Studienabteilung für uns Auslandsstudenten aufsuchte, kamen mir einige Männer mit sehr kurz geschnittenem Haar und den gleichen Sonnenbrillen entgegen. Sie hatten einen Professor vom Schreibtisch weg verhaftet. Die Herren waren vom Inlandsgeheimdienst Shin Bet. Der Professor war Politologe und eben aus Bukarest zurückgekehrt, wo er laut Anschuldigung illegale Kontakte zu PLO-Vertretern aufgenommen haben sollte. Es war das Jahr 1988, bis zum Handschlag zwischen Rabin und Arafat sollte es noch fünf Jahre dauern. Zu dem Zeitpunkt galt die PLO als terroristische Organisation und jede Verbindung wurde geahndet, mehrere Jahre Haft standen auf solche Aktivitäten. Rumänien engagierte sich in jenen Jahren immer wieder als Vermittler im Nahen Osten, was der Langzeitherrscher Ceaușescu vielleicht auch tat, um aus der Isolation herauszukommen. Ich habe diese Szene und das Gesicht des Professors unter Schock nicht vergessen. Er war eine sehr männliche Erscheinung, das Gesicht kantig und mit einer schönen Ausstrahlung, er hatte dichtes ergrautes Haar und war sehr sportlich gekleidet wie die meisten Israelis, auch die Professoren. Was mit ihm geschah, wie sein Prozess ausging, das wusste ich nicht, niemand hätte es mir sagen können, denn eine peinliche Stimmung erfüllte die Korridore, wo sich rasch alle Türen schlossen.

Nur wenige Zimmer entfernt vom Büro des eben verhafteten Akademikers saß dessen Kollege Jehuda Blum. Seines Zeichens ehemaliger Botschafter Israels bei der UNO in New York und gelinde gesagt ein Radikaler, der in seiner Monografie über die Grenzen Israels sehr weitreichende Vorstellungen hatte, die einige Staaten des Nahen Ostens umfassten. Demzufolge sollte sich Israel weit in den Libanon und in andere wasserreiche Regionen erstrecken, das Westjordanland war ohnehin Teil dieser „verheißenen" und „natürlichen" Grenzen von Eretz Israel, also dem Land Israel, das für die Nationalreligiösen über den Staat Israel hinausgeht. Da ich seine Veröffentlichung, an die er sich kaum mehr zu erinnern schien, aufmerksam gelesen hatte, wollte ich ihm hierzu einige Fragen stellen. Es folgte eine Tirade an Beschimpfungen an die Adresse der UNO, der Welt, der Linken und sonstiger Ungeheuer. Ich war baff, dass dieser ungehobelte Choleriker als Diplomat gedient haben sollte. Ohne inhaltlich Neues erfahren zu haben, verließ ich sein Büro. Auf diesem kleinen Territorium namens Jerusalem ging man einmal um die Ecke, nahm den Bus und drei Stationen weiter war man schon wieder in einer anderen Welt angelangt, die sich für den Nabel ebendieser Welt hielt. Jeder Tag war intensiv, manchmal berührend in all der menschlichen Tiefe, dann wieder ging der Hass über, so wie eben dieser Nahe Osten ist. Oft dachte ich mir: „Ihr seid alle verrückt, aber ich mag euch trotzdem."

Georgetown und die zahlenden arabischen Kunden

War das Studium in Jerusalem die Erfüllung eines lang gehegten Traums, verschlug es mich per Zufall in die USA. Ein Fulbright-Stipendium ermöglichte 1989 den fünfmonatigen Aufenthalt an der Universität von Georgetown in Washington, für den ich mich auf Vorschlag meines Dissertationsbetreuers bewarb. Andere wären begeistert gewesen, ich war eher skeptisch, sagte mir aber, dass es jedenfalls nützlich sein könnte, die USA von innen her kennenzulernen. Vor allen Dingen interessierte mich Washingtons Nahostpolitik. So beschloss ich, meinen Aufenthalt einer ganz konkreten Untersuchung zu widmen, nämlich der „Convergence of Syrian and Israeli Interests in Lebanon". Nach meinen Aufenthalten in Israel und Syrien hatte ich immer mehr den Eindruck gewonnen, dass die beiden Erzfeinde, die sich öffentlich wechselseitig dämonisierten, in manchen Fragen einer Meinung waren. Meine Hypothese war, dass Washington als eine Art „Clearingstelle" hierbei eine entscheidende Rolle spielte. Es war diese Studie, die mich vorantrieb, die mir viele aufschlussreiche Begegnungen ermöglichte, doch der American Way of Life hatte es mir sicher nicht angetan.

Georgetown, von Jesuiten gegründet und verwaltet, aber zwischen diversen finanziellen Interessengruppen aufgeteilt und entsprechend beherrscht, ist Historismus pur. Europäisches Mittelalter und Renaissance werden hier in der Architektur imitiert und rund um die Hauptgebäude rankt sich der Efeu. Erst später verstand ich die Bezeichnung der „Ivy (Efeu) League", zu der auch Georgetown in der katholischen Sektion dazugehört. Jedes der Institute hörte jedoch auf einen anderen Finanzier, einmal jüdisch, dann saudisch, einmal die Demokraten, dann die Republikaner, dann wieder liberal. Was zählte, war das Geschäft. Und wer zahlte, gab die inhaltliche Linie vor. Dies war am Center for Contemporary Arab Studies, wo ich die meiste Zeit zubrachte, besonders deutlich spürbar.

Wesentlicher Sponsor war Saeb Salam, ein ehemaliger libanesischer Premier. Die Salam sind eine wohlhabende sunnitische Familie, zwischen Erdölgeschäften und Ländereien hatte der alte Salam sein Vermögen angehäuft. Ein übergroßes Porträt dekorierte den Eingang. Drei seiner Enkelkinder studierten im selben Jahrgang wie ich. Während sie sich im Unterricht noch durch Anwesenheit engagierten, schlief einer meistens vor sich hin. Dieser war Saad Hariri, der Sohn des Milliardärs Rafik Hariri, der in Saudi-Arabien dank seiner intensiven und zuverlässigen Baustellen seine Fortune und vor allem ein exzellentes Naheverhältnis zum Haus Saud geschaffen hatte. Rafik Hariri wurde Anfang der 1990er-Jahre erstmals Premier. Aus eigener Tasche und mit einem korrupten Netzwerk, das selbst im Libanon seinesgleichen sucht, ließ er Teile von Beirut wieder aufbauen. 2005 fiel er einem Anschlag zum Opfer, der im Libanon und in dessen Verhältnis zu Syrien einiges aufwirbelte. Erstmals in der Geschichte der UNO wurde ein Strafgerichtshof eigens für einen politischen Mord geschaffen. Meines Erachtens ein völkerrechtlicher und politischer Unfug, das Untersuchungsverfahren hätte auch im Libanon stattfinden können. Hariri wird als toter Märtyrer fast wie ein Heiliger verehrt, dabei war er schlicht ein mit allen Wassern gewaschener Geschäftsmann, der vor wenig zurückschreckte. Hariri heißt auf Arabisch „der Seidene" und der Aufsteiger aus eigener Kraft hatte etwas Halbseidenes an sich. Mit seinem Geld wusste er nicht nur Immobilien zu erwerben, das alte urbane Beirut in eine Art Shopping-Mall zu transformieren, Menschen in Massen zu delogieren, er kaufte auch exzellente Experten, betrieb Wohlfahrt und beherrschte, ähnlich wie Berlusconi in Italien, den Libanon über sein Geschäftsimperium und seine TV-Sender. Er war ein Macher, ein jovialer orientalischer Patriarch, der alle Strippen zu ziehen verstand, das Leben genoss und immer dicker wurde. Sein Sohn blickte hingegen meist etwas verschlafen in die Runde, er spielte ständig mit seiner Gebetskette und widmete sich vorzugsweise seiner Barttracht, die besonders kunstvoll geschnitten war. Saad machte seinen Abschluss in Georgetown, übernahm dann diverse Posten, die ihm von seinem Vater noch vor dessen Tod zugeschanzt wurden. Ein typisches Produkt des nahöstlichen „Fils-à-papa"-Mechanismus, wobei Ämter, Einfluss, Freundschaften, Bestechungsgelder und auch Feinde in direkter Linie vererbt werden. Es war das Geld von Hariri, das den Freikauf französischer Geiseln im Libanon ermöglichte und so manche konservative Parteikasse in Paris auffrischte. Sein guter Freund Präsident Jacques Chirac, der auch eine Hariri-Immobilie direkt an der Seine bewohnen darf, vergaß all diese Wohltaten nicht. Eine Hand wusch

die andere. Hariri ermöglichte aber vor allem einen immensen An-
stieg des Einflusses von Saudi-Arabien im Libanon, er wollte damit
offenbar ein Gegenwicht zur Hizbollah und deren Unterstützern in
Teheran schaffen.

Als nach seinem Tod sein Sohn Ministerpräsident wurde, soll
dieser zu dem Zeitpunkt noch nicht über die libanesische Staatsbürgerschaft verfügt haben, seine Reisepässe waren saudisch und
US-amerikanisch, heißt es in einigen Biografien, die kritische libanesische Medien schrieben. Saad war von Anbeginn mit dem neuen
Amt überfordert, er wurde zwar rundum von Beratern umsorgt, doch
manchmal musste er selbst vor die Kamera treten. Sein Arabisch ist
fehlerhaft, sein Englisch ebenso. Wie er den Abschluss in Georgetown geschafft hatte, fragte ich mich bei solchen Gelegenheiten nicht
zum ersten Mal. Einige universitäre Diplome beruhen wohl weniger
auf persönlicher Leistung als auf Sponsorengeldern. Gegenwärtig lebt
Saad im Pariser Exil, während in seinem Land, wie im Rest des Nahen
Ostens, Stellvertreterkriege toben, wobei sich vor allem die Schwerter
saudischer und iranischer Interessen kreuzen. Da und dort haben
Gelder der Hariris mitgemischt, um Kampfbrigaden aufzubauen.

Die saudische Achse war damals auch in Georgetown dominant.
Die Vortragenden stammten allesamt aus dem Golfgebiet beziehungsweise hatten sie als Palästinenser oder Iraker nicht gegen Positionen der Petromonarchien kritisch aufzutreten. Unterrichtet wurde
im Jahre 1989 so, als ob der arabische Nationalismus unter Nasser
noch die Region beherrschte, die Revolution im Iran nie stattgefun-
den hätte. Unser Lehrplan war in einer Weise zensuriert, wie ich es
nicht für möglich gehalten hätte. Zum politischen Islam gab es keine
Vorlesung. Mein Thema rund um die syrisch-israelische Konvergenz
im Libanon, die „red lines" ihrer abgesteckten Einflussbereiche, stieß
auf harten Widerspruch der dort Lehrenden. In ihrem Weltbild gab
es keine Realpolitik, sondern nur Dogmen, und diese stammten bei
den meisten aus den 1960er-Jahren.

An der verstaubten Arabistik in Wien hatten wir im Vergleich
dazu ein bunteres und tieferes Spektrum an Kursen zur Geschichte

und Gegenwart in der arabischen Welt. Wir diskutierten die möglichen Folgen des Exports der iranischen Revolution, analysierten Texte der neuen religiösen Bewegungen und wussten ein gutes Stück mehr vom aktuellen Geschehen, als dies unter den jungen „Arab Experts" in Georgetown der Fall war. Hier sollten also die zukünftigen Diplomaten, Nachrichtenoffiziere, Militärs mit Fokus Nahost herangebildet werden. Allmählich verstand ich die vielen Gründe für das Scheitern der US-Politik im Nahen Osten. Mit der Hebräischen Universität von Jerusalem konnte Georgetown nicht mithalten, die Monokultur an Sprache und Denken, die hier herrschte, ließ jedes Verständnis für die Komplexität des Nahostkonflikts vermissen. Im Masterprogramm wurde in einem Kurs der Fall von Granada 1492 unterrichtet, den wir am Wiener Gymnasium im Detail als Fünfzehnjährige diskutiert hatten, aber für die akademische Kollegenschaft offensichtlich Neuland war, viele taten sich schwer, diese Epoche überhaupt zeitlich einzuordnen. Einmal pro Woche besuchte ich einen Konversationskurs in arabischer Sprache am Middle East Institute, um nicht ganz aus der Übung zu kommen. Denn mit den libanesischen Kollegen konnte man nicht Arabisch sprechen, da ihr Englisch besser war. An jenen Kursen nahmen Profis aus dem State Department, dem Pentagon und einigen anderen Regierungsbehörden teil. Für sie war Arabisch meist die erste Fremdsprache, entsprechend schwer taten sie sich. Unser Lehrer hatte einen langen Geduldsfaden, aber ich war betroffen vom schwachen Niveau dieser Leute, die wohl zehn Jahre älter waren als ich und im Berufsleben standen. Die meisten von ihnen hatten noch nie den Nahen Osten bereist.

Der große Vorteil von Georgetown ist, dass es in Washington D.C. liegt. So kontaktierte ich Senatoren und Abgeordnete, die in irgendeiner Weise mit dem Nahen Osten zu tun hatten, traf ihre Stabsmitarbeiter und hatte oft genug ein mulmiges Gefühl im Bauch, wenn ich so manchen gut gelaunten, aber doch schwach informierten „decision shaper und maker" traf. Doch die Möglichkeiten, sich zu bilden und zu informieren, waren zahlreich. Bloß schienen sich nur

wenige hierfür zu interessieren. Eine meiner favorisierten Studier-
stuben war die Dokumentationsabteilung im Außenministerium in
Foggy Bottom, wo ich die exzellent redigierten wöchentlichen Zusammenfassungen wesentlicher Medienberichte aus der arabischen
Welt las, indem ich die Schlagwortsuche für mein Thema eingab.
Diese hellblauen Bände des Foreign Broadcast Information Service
waren eine Fundgrube. In der Sprache der Nachrichtendienste nennt
man dies „open source intelligence", also allgemein zugängliches
Wissen von nachrichtendienstlichem Wert. Wenn man hier die
Reden von Hafez al-Assad beispielsweise zur Lage der Palästinenser
im Libanon im inhaltlichen und nicht bloß chronologischen Zusam-
menhang las, dann konnte man so manche Entscheidungsfindung
wachsen sehen. Ich war von dieser Lektüre begeistert und fragte
mich, was aus all den schlauen Analysen, die hier in Hochhäusern
und Archiven am laufenden Band geschrieben wurden, bloß wurde.
Denn am Schreibtisch des Entscheidungsträgers hatte ein „policy
paper" von einer Seite zu landen, dies inklusive Handlungsvorschlag
zweizeilig getippt. Mir wurde allmählich klar, über welche Apparate
und Quellen die US-Stellen verfügten – und ich spreche hier von
1989, lange vor der Digitalisierung unserer Kommunikation und der
universellen Überwachung durch den US-Geheimdienst NSA – und
wie wenig sie letztlich damit anzufangen wussten.

Ein wichtiger Gesprächspartner, dem ich interessante Einsichten
verdanke, war Bill Quandt, der unter anderem unter Präsident Ri-
chard Nixon im Weißen Haus gewirkt hatte und in die Verhandlungen zwischen Ägypten und Israel 1978 eingebunden war. Quandt
leitete nun das Nahostprogramm an der Brookings Institution, einem
liberalen Thinktank. Ich suchte ihn auf, nachdem ich tagelang auf
Mikrofiche festgehaltene Berichte der US-Politik im Libanon 1975/76
studiert hatte. Die Linie der USA änderte sich im Monatsintervall,
und ich erkannte in all diesen Volten keine Logik. So wandte ich
mich an ihn, der jene Zeit in der Machtzentrale miterlebt hatte, und
wollte das Warum erfahren. Seine Antwort war entwaffnend ehrlich
und sollte mir fortan als analytische Linse in der Betrachtung der

USA helfen. Er meinte zu meinen Einwänden: „My young friend, we in the States we don't play chess, we play baseball, so ‚hit and run‘." Nicht strategisches Vorgehen, wie es das Schachspiel lehrt, prägt demnach die Außenpolitik der USA, sondern vielmehr wird wie mit dem Baseballschläger zugeschlagen, was viele Menschenleben zerstört. In der Folge beobachtete ich immer wieder, wie US-Politiker Metaphern aus dem Baseball heranzogen, um bestimmte politische Handlungen zu illustrieren. Im Nahen Osten, präziser im Iran, wurde das Schachspiel erfunden. Die Russen brachten viele Schachmeister hervor. Und das spürt man auch ein wenig in der Außenpolitik.

Am Campus der Universität fanden regelmäßig Berufsmessen statt. Manche Behörden und Institutionen rekrutierten direkt von der Graduation Party weg. „You could make a great career in the States", hörte ich mehr als einmal. Denn mit meinen Sprachkenntnissen und bisherigen Erfahrungen hätte mich mancher gerne in Washington behalten. Ich lehnte dankend ab. Es war eine interessante Zeit, doch ich wollte diese nicht überstrapazieren und freute mich auf die Rückkehr nach Europa, wo mittlerweile die Mauer in Berlin gefallen war. Und ich hatte das Glück auf Einladung der Freien Universität Berlin einen Vortrag zu meiner Dissertation im Dezember 1989 in der Stadt zu halten, wo gerade Weltgeschichte geschrieben wurde. Der Eindruck, dass in Europa und im Nahen Osten mehr los ist als in den USA, bestärkte meinen festen Entschluss, die USA wie geplant wieder zu verlassen. Meine Arbeit über den Libanon hatte ich indes fertiggestellt und wollte sie noch am 8. Dezember an der Universität vorstellen. Bedauerlicherweise schneite es an dem Tag einige Zentimeter und die Hauptstadt der US-Supermacht verfiel in einen Ausnahmezustand. Meine Präsentation wurde von der Studienadministration kurzfristig abgesagt, was mich ziemlich verstimmte, aber von nun an kannte ich eine wesentliche Schwachstelle der USA: Schneefall.

DAS NAHÖSTLICHE
FIASKO DER
DIPLOMATIE

Der Nimbus Diplomatie und die harte Realität

Kein anderer Konflikt hat Generationen an Diplomaten verbraucht, eine derart hohe Zahl an Gipfelkonferenzen und so viele wohlgemeinte Versuche der sogenannten „Track II diplomacy", in der die Zivilgesellschaft anstelle der verfeindeten Politiker den Dialog sucht, hervorgebracht wie jener im Nahen Osten. Um präzise zu sein, müssen wir von den vielen nahöstlichen Konfliktherden sprechen. Denn neben dem Israel-Palästina-Problem, das seit den 1930er-Jahren internationale Vermittler beschäftigt, bestehen viele weitere Kriegsschauplätze und komplexe Dossiers. Die innerarabischen Konflikte, wie jener im Libanon der 1970er-Jahre, zählen ebenso dazu wie die Liste an politischen und humanitären Dramen, die mit dem Krieg gegen den Irak 2003 und den neuen Auseinandersetzungen in Syrien und Libyen seit 2011 nur noch länger wurde.

Immer wenn ein Krieg ausbricht, hat die Diplomatie versagt. Denn eine diplomatische Lösung bedeutet friedvolle Streitbeilegung. Demnach ist die Geschichte des Nahen Ostens der letzten achtzig Jahre bis hinein in die grausame Aktualität auch eine Geschichte vom Versagen der Diplomatie. Sonderemissäre und ein Nahostquartett, wie ein fragwürdiges Forum heißt, wurden ebenso angeheuert wie Konfliktmanager, deren Bandbreite von Ethnopsychiatern bis Vertretern eines interreligiösen Dialogs reicht. Doch abgesehen vom Oslo-Friedensprozess, in dem diskrete Profis zwischen 1992 und 1993 den historischen Handschlag zwischen Israel und der PLO vorbereiteten, war keinem dieser Vorhaben nachhaltiger Erfolg beschert. Auch der Oslo-Friedensprozess mit seinem detaillierten Fahrplan für die Schaffung eines unabhängigen palästinensischen Staates bis 1999 scheiterte am Wiederaufflammen der Gewalt und am Siedlungsbau. 15 Jahre später ist das Patt zwischen Israelis und den indes in viele politische Gruppen zersplitterten Palästinensern perfekt. US-Vermittlung hat spätestens seit Präsident Woodrow Wilson, der bereits 1919 eine Nahost-Sachverhaltskommission etablierte, einen gewissen Hang zu missionarischem Eifer, der oft über das Ziel hinausschießt.

Die UN-Blauhelme wurden gewissermaßen im Nahen Osten erfunden. Denn zur Überwachung der Waffenstillstandsabkommen von 1949, die Israel und seine arabischen Nachbarn bereits unter UN-Vermittlung abschlossen, wurden auch UN-Beobachter und Friedenstruppen geschaffen. Die UNTSO-Truppe (United Nations Truce Supervision Organization) ist die älteste UN-Friedensmission und immer noch im Einsatz. Auch wenn die UN-Charter dieses Instrument an sich nicht vorsieht, wurden die UN-Friedenstruppen entwickelt, ist das vorrangige Ziel der Vereinten Nationen die Sicherung des Friedens. Je nach Mandat unterscheiden sich jedoch ihre Durchsetzungsmöglichkeiten. UN-Truppen als Ermittler von Sachverhalten und akribische Beobachter konnten bereits in vielen schwierigen Fällen kleine Feuer löschen, bevor diese zum Casus Belli wurden.

Für eine Recherche über die UN-Friedenstruppe im Südlibanon, die UNIFIL (United Nations Interim Force in Lebanon), bereiste ich im Herbst 2009 intensiv einige Stützpunkte. Ein indisches Bataillon überwachte etwa eine Wasserstelle im libanesisch-israelischen Grenzgebiet. Es wäre dort beinahe zu einer Kampfhandlung zwischen der Hizbollah und der israelischen Armee gekommen, da beide Seiten einander beschuldigten, „zionistische Kühe (aus Israel) und terroristische Schafe (aus dem Libanon)" würden das Wasserloch unrechtmäßig beanspruchen. Die UN-Blauhelme konnten den bizarren Wasserkonflikt mit seinen tierischen Akteuren und menschlichen Drahtziehern entschärfen. Eine Erfolgsgeschichte ist die UNDOF-Truppe (United Nations Disengagement Observer Force) am Golan, die seit 1974 den Waffenstillstand zwischen Israel und Syrien sowie die entmilitarisierte Zone überwacht. Bis Juni 2013 stellte Österreich ein Drittel des wichtigen Kontingents, dessen Arbeit Israelis und Syrer gleichermaßen schätzten. Doch niedere innenpolitische Beweggründe führten quasi über Nacht zum Abzug, da man ein Übergreifen der Kämpfe in Syrien auf die UN-Soldaten fürchtete und in einem Wahlkampf außenpolitische Themen scheute. Als ich mich in einer TV-Debatte für einen Verbleib der österreichischen Truppen aussprach, stand ich mit dieser Position gleichsam allein den Parteichefs gegenüber. Dass der Abzug ein schwerer Fehler war, wurde bald klar. Denn die Glaubwürdigkeit Österreichs als verlässlicher Truppensteller im Nahen Osten war beschädigt. Die österreichische Außenpolitik reduziert sich ohnehin auf den Verweis, wie tüchtig die Blauhelme wären.

Diplomatie ist Verhandeln, will man es auf eine sehr kurze Formel bringen. Sie entspringt dem Wunsch nach Annäherung unterschiedlicher Standpunkte unter Wahrung der Gesichter aller Beteiligten. Diplomatie kann nicht vor laufenden Kameras und über soziale Netzwerke ausgefochten werden. Sie kann nur dann zum Ziel führen, wenn sie hinter verschlossenen Türen und auf gleicher Augenhöhe stattfindet. Als die USA und der Iran im Februar 2013 ihre direkten Geheimverhandlungen im Oman starteten, waren die Voraussetzungen endlich gegeben, nachdem man sich seit 1979 wechselseitig dämonisiert hatte. Diplomatie wurde nicht zu einem bestimmten Zeitpunkt von einer Kultur erfunden, sondern ist Teil allen zwischenmenschlichen und in der Folge zwischenstaatlichen Zusammenlebens. Die hohe Kunst, eine Situation durch kluges Auftreten, Verhandeln und vor allem Erfassen von Prioritäten zu gestalten, beherrschen nur mehr wenige. Immer öfter führen Politiker anstelle professioneller Diplomaten Verhandlungen, doch wollen Erstere wiedergewählt werden und agieren nicht immer im Sinne nationaler Interessen. Bezeichnend ist die Haltung des britischen Premier David Lloyd George, der Diplomatie als reine Zeit- und Geldverschwendung verpönte und seine Ansichten über das britische Foreign & Commonwealth Office offen kundtat: „Ich mag keine Diplomaten", sagte er einmal während des Ersten Weltkriegs,

„Diplomaten wurden nur erfunden, um Zeit zu verschwenden ...
Es ist einfach Zeitverschwendung, Männer (über wichtige Angele-
genheiten) diskutieren zu lassen, die nicht autorisiert sind, für ihre
Länder zu sprechen".

Diplomatin zu werden, ergab sich für mich mehr aus Zufall denn
aus einem lang gehegten Wunsch. Meine Begegnungen mit Diplomaten lösten jedenfalls nicht den Wunsch aus, diesen Beruf zu ergreifen.
In Israel hatte ich das Gefühl, so mancher Diplomat – unabhängig
von seiner Nationalität – lebte abgeschottet, fernab der israelischen
und noch weiter entfernt von der palästinensischen Wirklichkeit.
Dem Hang zum Ghetto-Dasein im diplomatischen Dienst, nämlich
mehr unter sich im Corps diplomatique zu verharren, als ernsthaft
das Empfangsland zu entdecken, begegnete ich später immer wieder.
Dabei ist es wesentlich, auf kluge Weise neugierig zu bleiben und sich
mit dem Land, in dem man hauptberuflich zu Gast ist, zu befassen.
Und dies auf gleicher Augenhöhe, nicht als Lehr- oder Zahlmeister.
Nur wer sich im Land bewegt, kann auch eine realistische Einschätzung für die politische Entscheidungsfindung abgeben. Vorausgesetzt
das jeweilige Land verfügt über eine klar ausformulierte Außenpolitik, die solcher Analysen überhaupt bedarf.

Diplomatische Präsenz erschöpft sich mittlerweile in der Reprä-
sentanz. In der Informationsbeschaffung hat die Diplomatie viel an
Boden verloren, denn umtriebige Korrespondenten und diskrete Ho-
teldirektoren wissen oft besser Bescheid über die Stimmung in einem
nahöstlichen Krisengebiet als isolierte Botschaftsangestellte. Dies hat
auch mit der Rotation im diplomatischen Dienst zu tun, denn so
mancher gut integrierte Journalist verfügt über weitreichendere Kontakte als ein Gesandter, der maximal drei Jahre im Land bleibt. Je
größer und verwundbarer der jeweilige Stab ist, das gilt vor allem für
die USA, umso weniger traut man sich aus dem Botschaftsgelände
hinaus. Die Vertreter eher unbedeutender Staaten sind hier privilegiert, da sie sich meist viel freier im Land bewegen können als ihre
vermeintlich mächtigen Kollegen, die oft genug zu einem Schreib-
tischdasein im Hochsicherheitstrakt verdammt sind. Die sogenannte

Grüne Zone in Bagdad, in der die USA 2003 ihre weltweit größte diplomatische Vertretung einrichteten, bewacht von oft schießfreudigen privaten Sicherheitsdiensten, ist ein solches Beispiel. Leichter fällt es beispielsweise einem Österreicher, der ohne Leibwächter und auf eigene Faust das Land erkunden kann. Man muss dies aber auch wollen und sich über die politische Großwetterlage hinaus für die Menschen interessieren.

Bei meinen wenigen Besuchen in der österreichischen Botschaft in Tel Aviv konnte ich mich des Eindrucks nicht erwehren, dass die Studentin dem Diplomaten ihre Analyse ausführlich erläuterte, aber vom professionellen Beobachter eigentlich nichts Relevantes erfuhr. Vielmehr ließ so manche Bemerkung auf eine Portion Ignoranz oder zumindest Desinteresse schließen. Es gibt auch aufgeschlossene Diplomaten, die sich für Land und Leute interessieren und so die Beziehungen vertiefen. Dies sei nicht bloß als Ehrenrettung vielmehr als Tatsache angeführt. Wie in jeder Branche steht und fällt die Qualität der Arbeit mit den Menschen. Fehl am Platz sind wohl jene Beamten, die sich auf die Funktion der Exzellenz zurückziehen und den gesunden Menschenverstand vermissen lassen. Nicht alles kann man studieren, vieles ist eine Frage des Talents und des Charakters. Der jugoslawische Staatsmann Tito meinte einst trefflich: „Die beste Diplomatenschule kann eine gute Kinderstube nicht ersetzen."

Diplomaten, die das Gespür für eine Situation haben und sich entsprechend verhalten, können mit Geschick und Menschlichkeit eine verfahrene Verhandlung lösen. Dies ist für eine politische Vermittlung ebenso wichtig wie für einen Konsularfall, wenn es darum geht, einem Staatsbürger in Notlage zu helfen. Eine solche Menschenkenntnis, die mit Lebenserfahrung und auch Begabung zu tun hat, fehlt so manchem Diplomaten, was zu fehlerhaften Entscheidungen führen kann. Eine solche verkomplizierte mein Leben. Ein Jahr vor meinem Eintritt in das Außenministerium hielt ich mich Ende 1988 für einige Wochen in Syrien auf, wo ich aufgrund einer Verleumdung in eine extreme Situation geriet, eine Erfahrung, die mich binnen weniger Tage viel über das Leben lehrte.

Zwischen Damaskus und Intrigen

Nach Abschluss meines Praktikums in Amman reiste ich nach Damaskus, um auch dort Interviews für meine Dissertation zu führen. Ich besuchte die Rechtsfakultät, wurde jedoch in der armseligen Bibliothek nicht besonders fündig. Um mir ein Bild der aktuellen Lage zu machen, fuhr ich auf die Golanhöhen, um die entmilitarisierten Zonen und diese vielen ungeklärten Grenzräume anstelle klarer Grenzlinien aus der Nähe zu betrachten, und erlebte den realen Sozialismus in arabischer Ausformung. Die syrische Staatspartei Baath kontrollierte ähnlich einer kommunistischen Einheitspartei das gesamte Land mit revolutionären Sprüchen und Bürokratie. Doch so richtig konnten diese Ideen im arabischen Raum nie Fuß fassen, vielmehr bestimmten weiterhin Händler den Alltag.

Als ich mit dem Bus in Damaskus ankam, verschlug es mich aus dem amerikanisch angehauchten Amman in eine richtige orientalische Stadt, wo die Menschen zu Fuß und nicht im Auto unterwegs waren und die vielen kleinen Handwerksläden anstelle der Einkaufzentren das Stadtbild dominierten. Doch zugleich roch es hier nach Angst, fast wie auf einem Schlachthof, wo das gestockte Blut verängstigter Lebewesen spürbar in der Luft hängen bleibt. Gleich zu Beginn meines Aufenthalts sah ich, wie einige Männer aus einem Wagen sprangen und einen Passanten brutal ins Auto zwangen. Sie waren Angehörige einer Regierungsmiliz, welcher der Durchschnittsbürger hilflos ausgeliefert ist. Die Gefängnisse waren überfüllt mit politischen Häftlingen. Wer aufbegehrte, wurde denunziert und verschwand. Wer immer in Gewerkschaften, Ärztekammern, Lehrerverbänden oder sonstigen Gruppen organisiert war, stand unter Generalverdacht. Zu Zehntausenden hatte das Regime kritische Köpfe in jenen Jahren verhaftet und ohne Prozess eingekerkert. Viele Menschen wirkten verschreckt, andere waren mutiger und suchten den Kontakt zu Fremden. Das Wort, das ich hier am meisten hörte, war „mamnu'a", was „es ist verboten" bedeutet.

Ich hatte ein Zimmer in einem Kloster nahe des Bab Touma, einem der sieben Stadttore, in der Altstadt bezogen und war trotz der etwas niedergeschlagenen Stimmung froh, wieder in einer historisch gewachsenen Stadt zu sein. Durch Damaskus flanieren, das war beinahe wie das Eintauchen in ein Gemälde von David Roberts. Mit seinen dokumentarischen Reiseerinnerungen gab der englische Orientalist Mitte des 19. Jahrhunderts Zeugnis einer untergegangenen Epoche, die sich in Damaskus immer noch manifestierte. Hier sah ich Geschichtenerzähler und Wasserträger sowie viele weitere Berufe, die ich nur aus Märchen kannte. Binnen weniger Stunden fühlte ich mich in Damaskus geborgen. Immerhin hat es die Nase vorn, wenn es im Wettstreit mit Jericho und Byblos darum geht, wer nun die älteste, durchgehend besiedelte Stadt in dieser Weltecke oder sogar der ganzen Welt ist. Denn zwischen dem Nest Jericho in der judäischen Wüste und dem Winzling Byblos an der libanesischen Küste spielt die Großstadt Damaskus in der Liga der alten Handelsmetropolen. Sie hat viele Zerstörungen und Blütezeiten erlebt und wird noch viel überleben. In einer solchen Stadt gehen die Uhren anders, der Damaszener lebt und denkt in Epochen, nicht in so kleinen Einheiten wie Jahren.

Hafez al-Assad, der sich 1969 an die Macht geputscht hatte, regierte mit eiserner Faust das Land. 1970 kandidierte der Luftwaffenoffizier bei den Präsidentschaftswahlen und war bis zu seinem Tod im Sommer 2000 der absolute Machthaber. Mit seinem Aufstieg wurden auch weite Teile der Alawiten, die sich theologisch den Schiiten zuordnen lassen, aber viel hellenistisches Erbe in sich tragen, von gesellschaftlichen Außenseitern zu einflussreichen Geschäftemachern und Generälen. Aus Sicht strenggläubiger Sunniten sind die Alawiten Häretiker. Ähnlich wie die Schiiten haben sie der letzten Offenbarung durch den Propheten Mohammed noch etwas hinzugefügt. Analog verhält es sich mit den Drusen, einer anderen Glaubensrichtung in dieser Region, die gerne zum Islam gezählt wird. Doch in beiden Fällen handelt es sich um eine geheimnisumwitterte Mischung von Kulten, deren genaue Kenntnis und Liturgie allein Eingeweihten vorbehalten sind. Die hellenistische Zivilisation, die Alexander der Große in seiner Verbindung zwischen griechischer und orientalischer Kultur im östlichen Mittelmeerraum hinterließ, wirkt in diesen Religionsrichtungen teils noch nach. So ist der Genuss von Wein Teil des alawitischen Initiationsritus, wenn aus Knaben Männer werden, ähnlich wie dies in der Antike in vielen anderen Religionen praktiziert wurde. Alawit wird man nicht, man wird als solcher geboren. Andere zu bekehren, ist den Alawiten fremd, vielmehr sind sie geistig und von ihrem Lebensstil säkular ausgerichtet, trennen klar Politik und Religion. In Syrien fanden sich Alawiten bis zur Machtübernahme durch Assad meist in den unteren Gesellschaftsschichten wieder, von der sunnitischen Mehrheit kritisch beäugt, gelang ihnen nur selten der Aufstieg. Ihr Hauptsiedlungsgebiet ist der Gebirgszug hinter der Küstenstadt Latakia und zieht sich bis in die Türkei. Aus ihren ärmlichen Bergdörfern gelangten sie maximal als Dienstpersonal in die Städte, wo die großen Händlerfamilien das Sagen hatten. Diese waren ebenso Sunniten wie orthodoxe und armenische Christen oder Juden, die vor den Verfolgungen in Europa immer wieder in den Orient geflohen waren, ob im 15. Jahrhundert oder in den 1930er-Jahren. Die Alawiten spielten bis zur Machtübernahme Assads keine wesentliche Rolle im Land, doch mit den Assads, zunächst Hafez und später seinem Sohn Baschar, wurden viele von ihnen in Schlüsselpositionen eingesetzt. Sie stellen rund 15 Prozent der Bevölkerung und werden von der sunnitischen Mehrheit als privilegierte Minderheit an der Staatsspitze gesehen. Nicht alle Alawiten unterstützen Assad, doch alle wissen, dass mit dem Wegfall dieses Schutzherrn ihre Volksgruppe der Rache der Sunniten ausgesetzt wäre. Und dieses Unbehagen begann schon lange vor dem Krieg in Syrien im März 2011.

Hafez al-Assad war ähnlich wie der jordanische König Hussein ein Überlebenskünstler. Den machtgierigen Bruder Rifaat, der den Herzinfarkt des Präsidenten für einen Regimewechsel nützen wollte, überlebte Hafez ebenso, wie er als überzeugter Säkulare jeden Funken an politischem Islam ausmerzte. Polizistinnen patrouillierten die Straßen, um verschleierte Syrerinnen zu kontrollieren, ihnen das Kopftuch abzunehmen oder zu verhaften. Das Massaker von Hama im Februar 1982, als Panzer tagelang eine Stadt und die aufständischen Islamisten niederwalzten, beschrieben israelische Militärexperten später als besonders effiziente Terrorismusbekämpfung. Hafez verstand es durch eine Vielzahl von Nachrichtendiensten, den Muhabarat, das Land zu kontrollieren, indem auch diese sich wechselseitig beäugten. Schon im Perserreich der Antike gab es diese „Augen und Ohren" des Königshofs, um die Satrapen, die Statthalter, zu überwachen. Orientalische Autokraten können auf alte Traditionen zurückgreifen.

Auch wenn Syrien der wesentliche arabische Verbündete der Sowjetunion war, den Russen Zugang zum Mittelmeer bot und viel Militärhilfe erhielt, so schätzten auch die USA die syrische Diktatur als Garantie für Stabilität. Der damalige US-Außenminister Henry Kissinger, der nach dem arabisch-israelischen Krieg und der Erdölkrise im Oktober 1973 den Nahen Osten zu seiner Priorität erklärte, war ein Fan des alten Assad, der es liebte, stundenlang Monologe zu halten. Kissinger war ihm darin ähnlich, kam aber hie und da doch auf den Punkt. Jedenfalls trafen sich die beiden Herren mit ihrem Faible für Realpolitik immer häufiger. Es war Kissinger, der Assad respektvoll den „arabischen Bismarck" nannte, zumal der schlaue Machtmensch sich darauf verstand, hinter den Kulissen geschickt die Strippen zu ziehen und eine Balance der Mächte zu schaffen. Der Libanon war sein Exerzierplatz schlechthin. Hier unterstützte er einmal die Palästinenser gegen ihre sunnitischen Brüder, dann wieder die Christen gegen die Palästinenser, schwenkte auf die Schiiten um und wechselte unter ihnen wiederum die Verbündeten. Assad war ein genialer Spieler, der kaum jemandem einen Blick in seine Karten gewährte. Es war ihm gelungen, aus dem zerrissenen Land, in dem zuvor noch im Jahresintervall geputscht wurde, eine geeinigte Regionalmacht zu bauen. Syrien war vom Spielball zum mächtigen Akteur aufgestiegen. Kissinger legte in Damaskus regelmäßig einen Zwischenstopp ein, um sich auf dem Laufenden zu halten. Oder wie er es im Zuge seiner Pendeldiplomatie 1974 einmal formulierte: „Ohne Ägypten kann man im Nahen Osten nicht Krieg führen und ohne Syrien kann man keinen Frieden machen."

Nach meiner Ankunft in Damaskus im November 1988 meldete ich mich bei der österreichischen Botschaft. Die Belegschaft war klein wie an den meisten österreichischen Vertretungen, ein sympathischer junger Herr auf seinem ersten Auslandsposten empfing mich. Ich erzählte ihm von meinem Dissertationsthema und wir diskutierten über die syrischen Grenzvorstellungen, in denen bereits die Grenze zum Libanon nicht existierte. Über ihn lernte ich alsbald eine jener Splittergruppen der Palästinenser kennen, die mit der PLO im Dauerzwist lag. Es handelte sich um das General Command von Ahmed Jibril. Der gesamte Name lautete PFLP-GC, da sich diese Gruppe zudem von der kommunistischen Volksfront zur Befreiung Palästinas unter dem Christen Georges Habbasch abgespaltet hatte. Damaskus beherbergte die besonders Radikalen, um Jassir Arafat zu schwächen und in der Palästinafrage über „divide et impera" mitzumischen. Die Gespräche mit einem palästinensischen Bekannten des Botschaftssekretärs und Vertreter dieser Gruppierung erlebte ich als surreal, denn es strotzte hier nur so von sozialistischen Parolen, und dies wenige Monate vor dem Zusammenbruch des Kommunismus. Der Gipfel des Surrealen war unsere Konversation auf Hebräisch, da dieser alte Kombattant, als der er sich immer noch fühlte, jahrelange Haft in Israel erlebt hatte. Er freute sich regelrecht, wieder diese Sprache zu verwenden. Über einen großen Gefangenenaustausch, den Bruno Kreisky und ein eingeschworenes Team zwischen der in Damaskus ansässigen Palästinensergruppe von Ahmed Jibril und der israelischen Regierung organisiert hatten, war dieser Mann einer von Hunderten Freigelassenen. Er vermittelte den Eindruck eines zwischen dem Militanten und dem Geläuterten zerrissenen Menschen, der manches als Jugendsünde hinter sich lassen wollte. Als er mir Frau und Kinder vorstellte, wirkte er fast bürgerlich. In der Botschaft sah ich ihn noch einmal, als er im Dezember 1988 eine Reise nach Europa antrat und Visa für sich und seine Reisegefährten besorgte. Offenbar ließ er weiterhin seine Kontakte spielen. Am 21. Dezember fand der Terroranschlag auf ein Pan-Am-Flugzeug über Lockerbie in Schottland statt. 270 Menschen kamen ums Leben, einige der Todesopfer wurden am Boden von Wrackteilen erschlagen. Libyen wurde hierfür verantwortlich gemacht, eine kleine schottische Polizeistation nahm die Untersuchungen für den nachfolgenden großen Prozess auf. Der libysche Diktator Gaddafi zahlte letztlich viel Schadenersatz, was die Welt als Eingeständnis wertete. Die wahren Drahtzieher wurden aber nie gefasst, der verurteilte und 2004 auf Druck britischer Erdölinteressen begnadigte Libyer stritt bis zu seinem Tod 2011 die Beteiligung ab. Ich musste immer wieder an die radikale Palästinensergruppe der PFLP-GC in Damaskus denken, die damals bereits intensive Kontakte zum Iran pflegte. Und Teheran hatte noch eine Rechnung mit den USA offen, da einige Monate zuvor ein iranisches Passagierflugzeug von einem US-Kriegsschiff über dem Persischen Golf abgeschossen worden war.

Die Tage in Damaskus verliefen intensiv, mit besagtem Botschaftssekretär und seinen Freunden unternahm ich auch einen Ausflug in die Wüste, in der wir uns abenteuerlich verfuhren. Unsere lose Bekanntschaft verlief abwechslungsreich, bis Folgendes geschah. Bei einem Abendessen mit dem Handelsdelegierten im Hotel Sheraton wurde ich vom Gastgeber zur Seite genommen und mit ernster Stimme informiert: „Reisen Sie von Damaskus nach Österreich aus, eine Rückkehr nach Jordanien ist nicht möglich. Sie werden dort wegen Spionage gesucht." Diese Mitteilung traf mich wie ein Hammerschlag. Das war harter Tobak. Denn der Vorwurf der Spionage kann tödlich sein. Ich spürte meine Beine nicht mehr, eine Schwere überkam mich. Als ich um Details bat, woher diese Anschuldigungen kamen, hieß es nur, es gäbe ein Telex der Bank, für die ich in Amman gearbeitet hatte. Die Außenhandelsstellen seien entsprechend informiert. Jene Nacht machte ich kein Auge zu.

Am nächsten Tag suchte ich sofort die Botschaft auf und versuchte vom Botschaftssekretär Hilfe bei der Klärung dieser Angelegenheit zu erreichen. Denn nach Amman zu telefonieren, war damals unmöglich, da es oft lange dauerte, eine Telefonleitung ins Ausland zu bekommen. Nun war alle Sympathie verflogen. Mir wurde ziemlich unmissverständlich erklärt, dass man mit der ganzen Sache, damit auch mit mir, nichts zu tun haben wollte. Waren nun also auch jene, die tags zuvor noch ganz reizend zu mir waren, plötzlich allesamt überzeugt davon, dass ich eine Spionin war? Ich wollte wissen, woher diese Anschuldigung kam, und hätte mir von meinem österreichischen Gegenüber mehr Professionalität und Menschenkenntnis erwartet. Denn einen solchen Vorwurf konnte man doch nicht einfach so stehen lassen, ohne den Aussagen der Beschuldigten Gehör zu schenken. Ich war von dem Verhalten mir gegenüber überrascht und schockiert, bin ich doch im Jusstudium über die diplomatische Schutzpflicht unterrichtet worden, also den Anspruch des Staatsbürgers auf konsularische Unterstützung in einer Notlage. Dabei war ich noch kein Konsularfall, doch hätte ich im Fall einer Verhaftung einer werden können. Genau diesem Vorwurf wollte ich entgegentreten, da ich mir keiner Schuld bewusst war, für irgendjemanden Geheimnisverrat betrieben zu haben. Ich vermutete eine böse Intrige gegen mich und wollte diese aufklären. Doch der ehrgeizige junge Beamte, der zwar kein Problem damit hatte, mit Militanten, wie den Vertretern der PFLP-GC, freundschaftliche Kontakte zu pflegen, ließ mich nun wie eine heiße Kartoffel fallen, da ich vielleicht Probleme, Arbeit oder was auch immer provozieren könnte. In seinen Augen war ich die Studentin, die zu viel wusste oder gar etwas auf dem Kerbholz hatte. Nun galt es, mich möglichst rasch wieder loszuwerden. Diese frostige Atmosphäre nach einigen gemeinsamen Unternehmungen irritierte mich.

Stundenlang zog ich durch die Altstadt von Damaskus, versuchte meine Gedanken zu ordnen und war in einem jämmerlichen Zustand. Vom Kloster aus gelang es mir dann bei Maria, der aus Udine stammenden Mutter einer jordanischen Familie, bei der ich oft zu Gast war, in Amman anzurufen. Mit Bedacht wählte ich jedes Wort in unserem Gespräch, das wir auf Italienisch führten, denn ich wusste, dass gewisse Begriffe sofort vom Geheimdienst abgefangen wurden. Es gelang mir aber, ihr mitzuteilen, dass mir offenbar jemand in Amman große Probleme machte, ich aber trotz allem wie geplant mit dem Bus aus Syrien kommen würde. Ich bat sie den österreichischen Botschafter in Amman davon zu unterrichten und im Fall der Fälle meine Familie zu benachrichtigen. Im Allgemeinen blieb ich jedoch sehr vage. Immer wieder musste ich die alte Wählscheibe aufs Neue drehen, denn die Verbindung riss ab oder kam nicht zustande. Ich wollte niemanden in eine schwierige Situation bringen, rechnete aber mit dem Schlimmsten, wie einer Verhaftung oder schlicht dem Verschwinden von der Bildfläche. Letzteres befürchtete ich, wenn hier jemand konsequent gegen mich vorgehen sollte. Ich versuchte mich zu konzentrieren und hoffte im Vertrauen auf einen Schutzengel, um aus dieser gruseligen Situation unbeschadet herauszukommen.

Innerlich schloss ich in den darauffolgenden Tagen mit meinem Leben ab, ließ es Revue passieren und spazierte immer wieder durch die Altstadt. Mit allen Sinnen sog ich das Leben in mich auf, genoss die warme Sonne, die hier auch im Dezember alles in herrliches Licht tauchte. Das Leben fühlte sich so warm und intensiv an, wie ich es kaum je zuvor gespürt hatte. Ich bereitete mich auf eine möglicherweise sehr schwierige Zeit vor, falls ich beim Grenzübertritt verhaftet werden sollte. Für mich stand aber außer Frage, dass ich nach Jordanien zurückreisen würde, denn ich war mir keiner Schuld bewusst. In Amman hatte ich meine Unterlagen der Dissertationsrecherche und meine wenigen Habseligkeiten, die mir viel bedeuteten. Wie geplant wollte ich wieder von Amman nach Wien fliegen. Bei Nacht und Nebel nun via Damaskus auszufliegen, wie es der Handelsdelegierte geraten hatte, war für mich kein gangbarer Weg. Ich wollte nicht auf irgendeiner schwarzen Liste stehen, vielleicht nie mehr nach Jordanien einreisen können, sondern die Sache klären. Und offensichtlich konnte ich dies nur im Alleingang. Bis zum Tag der Abreise hoffte ich, dass man auf der Botschaft vielleicht so viel Engagement aufbringen würde, einen Wagen nachzusenden, um zu beobachten, ob mir etwas an der sehr nahe der Hauptstadt gelegenen

Grenze zustieße. Denn sollte ich verhaftet werden, dann wäre ich ja ein Konsularfall, um den man sich rechtlich kümmern muss. Doch nichts dergleichen geschah.

Der Grenzübergang ist eine knappe Stunde von Damaskus entfernt. Als wir uns näherten, verkrampfte sich alles in mir. Nach der Kontrolle am syrischen Wachposten blieb der Bus im Niemandsland zwischen den beiden Staaten stehen. Ich saß neben einer sehr gut gelaunten Jordanierin, die mir laufend großzügig von ihrem Essen anbot. Ohne jeden Appetit kaute ich etwas und beobachtete wie ein Habicht jeden Schritt der Grenzpolizisten. Als Nächstes kamen nun die Jordanier, die Uniformen waren sauberer als die vom Sandstaub verschmutzten ihrer syrischen Kollegen. Ein jordanischer Hüne betrat den Bus, er nahm uns allen nochmals die Pässe ab, Rekruten durchsuchten die Gepäckstücke. Er verschwand mit den Pässen in sein Büro zwischen den Containern. Ich weiß nicht mehr, wie lange diese Kontrolle dauerte. Doch mir kam sie wie eine grausame Ewigkeit zwischen Sein und Nichtsein vor. Als der Chef dieser Einheit mit seiner Gefolgschaft und unseren Reisedokumenten wieder den Bus bestieg, hielt ich überraschenderweise wieder meinen Pass in Händen. Weder wurde ich zur Seite geholt noch verhaftet oder mit irgendeiner Frage konfrontiert. Die Stempel unter dem Visum waren da. Der Bus startete, die arabische Musik im Radio dröhnte und die Reise ging weiter. Ein gewaltiger Geröllhaufen an Anspannung und Angst löste sich in mir. Nichts, absolut gar nichts war passiert. Nun nahm ich dankbar von den Broten meiner Nachbarin, ich hatte tagelang kaum gegessen und verspürte einen unbändigen Hunger. Einige Stunden später kamen wir am Busbahnhof in Amman an, wo mich Maria erleichtert begrüßte. Endlich konnte ich ihr erzählen, was ich in den letzten Tagen durchmachen musste. Wir überlegten, wer dahinterstecken könnte. Ihr Mann war ein sehr einflussreicher Jordanier, auch er versuchte Erkundigungen einzuziehen. Es lag offenbar nichts gegen mich vor. Ich traf den Botschafter in Amman am Tag darauf, wir unterhielten uns intensiv am Balkon, wo es winterlich kalt war. Alle hatten ständig Angst, in den Büros abgehört zu werden. Er erklärte mir, dass gegen mich der Vorwurf erhoben wurde, ich würde für Israel spionieren und Berichte aus dem Büro der Bank absetzen. Der alte, schrullige Herr mit einiger Lebenserfahrung fand meine Entscheidung, nach Jordanien zurückzukommen, richtig, denn offenbar sei an der ganzen Sache doch nichts dran, sonst hätten die Jordanier etwas gegen mich unternommen.

Nun verstand ich, woher der Wind wehte. Ein Artikel, den ich mit Einvernehmen der Bank nach Wien gesendet hatte, war mir zum Verhängnis geworden. Der Geschäftsführer, der die Außenstelle der Bank damals leitete, hatte mich diskreditiert. In seinen Augen war ich offenbar die Kontrolle, welche die Wiener Zentrale gesendet hatte, um vor Ort die Lage zu prüfen. Nur war dies überhaupt nicht der Fall. Ich hatte dieses Praktikum gewählt, um mir einige Monate in Amman finanzieren zu können. Die Ironie des Schicksals wollte, dass ich nach meiner Rückkehr in Wien tatsächlich von einigen hochrangigen Mitarbeitern der Bank zu einem Gespräch eingeladen wurde, um ihnen meine Einschätzung dieses Büros kundzutun. Einige Zeit später wurde diese Außenstelle auch definitiv aufgelöst, so hatte sich die Angst des Vertreters vor mir nachträglich vielleicht doch bestätigt.

Knapp ein Jahr später absolvierte ich die Aufnahmeprüfung für das Außenministerium, das sogenannte „examen préalable". Ich wurde der Abteilung für Afrika und den Nahen Osten zugeteilt. Wir schrieben den März 1990. Von nun an würde ich in unserer Mini-Abteilung, bestehend aus einem Gesandten und zwei Referenten, die Weisungen schreiben. Ich war gewissermaßen die übergeordnete Instanz der österreichischen Botschaft in Damaskus und damit auch jener Person, die mich zuvor wie eine heiße Kartoffel fallen gelassen hatte. Neben den recht umfangreichen Wissensprüfungen wird jeder Kandidat polizeilich durchleuchtet. Nun hatte ich 1989 Demonstrationen für den Libanon organisiert, Unterschriftenlisten gegen die syrische Besatzung gesammelt, war Mitglied von Nichtregierungsorganisationen wie Amnesty International und Greenpeace, die in den Augen der Beamtenschaft im Außenministerium damals noch als zwielichtig galten, war durch den Nahen Osten gereist, in diese

Situation in Damaskus geschlittert und dennoch wurde ich zum diplomatischen Dienst zugelassen. Dies war für mich der rasch erbrachte nachträgliche Beweis, dass diese böse Intrige von vielen anderen Personen nicht hinterfragt wurde, sondern die Denunziation, die auch tödlich verlaufen hätte können, ungefragt übernommen wurde. Ich nahm mir vor, nie auf ein solches Niveau zu sinken. Es gibt Situationen im Leben, an denen man zerbrechen kann, die den Menschen bitter oder zynisch machen. Bloß nicht so werden, sagte ich mir in der Folge immer wieder, wenn ich mit Zynikern und Bücklingen konfrontiert war, auf die ich nun immer häufiger traf.

Am Ballhausplatz im Sommer 1990

In den ersten zwei Jahren meiner Tätigkeit im diplomatischen Dienst wurde ich tatsächlich in meinem Fachgebiet eingesetzt, was ein Privileg war. Anstatt wie üblich alle sechs Monate die Abteilung zu wechseln, führte die Ausnahmesituation des Irakkriegs 1990 zu meinem Verbleib an einem Schreibtisch in der Politischen Sektion. In der Abteilung für den Nahen Osten und Afrika herrschte während der Präsidentschaft von Kurt Waldheim reger Betrieb. Während die westliche Welt den Bundespräsidenten mit seiner zweifelhaften Vergangenheit boykottierte, war die Besuchsdiplomatie aus Staaten wie dem Iran, dem Irak und einigen afrikanischen Ländern sehr intensiv. Ich hatte freie Hand in der Gestaltung der Besuchsmappen und der Gesprächsnotizen, eine Art Sprechblase zu präzisen Anliegen unsererseits oder zur Begehr des Besuchers. Als Ende Juli 1990 eine Delegation unter der Leitung des damaligen Generalsekretärs Thomas Klestil nach Bagdad aufbrach, erlaubte ich mir, in das Dossier eine Seite zur Lage der Menschenrechte, basierend auf Fakten von Amnesty International, im Irak einzufügen. Der Abteilungsleiter rief mich zu sich, um mir mit gereizter Stimme mitzuteilen, dass Menschenrechte nicht Gegenstand der Gespräche seien, vielmehr ginge es um Geschäftsanbahnung. An dieser Reise nahmen einige große österreichische Industriebetriebe teil, die schon im Irak tätig waren oder dort neue Projekte an Land ziehen wollten und die diplomatische Unterstützung gern in Anspruch nahmen. Ich erhob Widerspruch: „Auch für Handlungsreisende könnte die Hintergrundinformation von Nutzen sein." Es war vergeblich, über Menschenrechte wollte kein Vorgesetzter etwas lesen, ich musste die Seite wieder herausnehmen.

Genau zehn Tage später, am 2. August, hörte ich am Weg ins Ministerium in den Frühnachrichten, dass die irakische Armee in Kuwait einmarschiert war. Von diesem Tag an wurde ich angewiesen, täglich über die plötzlich ach so dramatische Menschenrechtslage im Irak zu schreiben. Das Blatt kann sich schnell wenden. Diese Volte ist bezeichnend für die Wankelmütigkeit von Allianzen, vor allem den nahöstlichen. Der Freund von gestern kann der Feind von morgen sein. Saddam Hussein erklärte das Emirat zur 19. Provinz des Iraks. Hintergrund dieser Invasion war zum einen ein Territorialkonflikt, da Kuwait offensichtlich aus einem grenzüberschreitenden Erdölfeld mehr Erdöl abpumpte, als vereinbart war. Zum anderen war der Irak während des Krieges gegen den Iran, den Saddam Hussein 1980 losgetreten hatte, von den Golfstaaten und vom Westen umfassend aufgerüstet worden. Bagdad wurde mit seinem Arsenal deutscher Chemiewaffen, französischer Nukleartechnologie und US-amerikanischer Artillerie und Luftwaffe nun selbst zur Bedrohung für die Nachbarstaaten, die sich zuvor vor dem Export der islamischen Revolution aus dem Iran gefürchtet hatten und in der Allianz mit dem säkularen Irak ihr sicherheitspolitisches Heil suchten. Die irakische Regierung hatte während des achtjährigen Golfkrieges hohe Schulden bei den reichen Petromonarchien angehäuft. Der Erdölpreis war niedrig, alle Rohstoffproduzenten brauchten Geld, um ihre teuren Sozialsysteme am Leben zu erhalten. Dies galt für Kuwait ebenso wie für den Irak oder die damalige Sowjetunion, die mit ihrer Rohstoffabhängigkeit genauso verwundbar war. Trotz allem Größenwahn, der Saddam eigen war, wollte er sich vor dem Einmarsch bei seinen besten Freunden in den USA absichern und kontaktierte die ihm gut bekannte US-Botschafterin April Glaspie in Bagdad. Die Reaktion war, dass die USA hierzu keine Haltung hätten. Doch am Tag des Einmarsches legte Washington im UN-Sicherheitsrat Protest ob dieser „schwere Verletzung des Völkerrechts" ein und begann gegen den Irak Stimmung zu machen. Es sollte den USA auch gelingen, eine große Allianz gegen den Irak zu schmieden. Schon war von einer neuen Ära des internationalen Rechts die Rede, da eine ungewohnte Einigkeit in dem sonst so gespaltenen Gremium des Sicherheitsrates herrschte. Die USA gaben sich als Verteidiger von Recht und Ordnung. Die meisten arabischen Staaten standen hinter Washington, denn Saddam Hussein war fast jedem unheimlich geworden. Präsident war George Herbert Bush, vormals Chef der CIA und Vater von George Walker, der 2003 das unvollendete Werk seines Vaters vollenden sollte, indem er Saddam Hussein stürzte. Die Verschwörungstheorien rund um die vielen möglichen Kriegsgründe von 1991 und 2003 treiben weiter ihre Blüten. Letztlich waren viele niedere Interessen und persönliche Eitelkeiten im Spiel, die den Irak systematisch zerstörten.

Als ich ins Büro kam, herrschte in der hochsommerlichen Ruhe eine gewisse Ratlosigkeit. Diese wich im Laufe des Tages einer allgemeinen Spannung. Um Presseerklärungen zu verfassen und unsere Haltung zu formulieren, die sogenannte „Sprachregelung", wurde zwischen Hochparterre und erstem Stock, dem Ministerbüro, hin und her beratschlagt. In solchen Situationen war der erste Schritt meist, unsere Botschaften in Bern und Stockholm zu kontaktieren, denn was befreundete neutrale Staaten wie die Schweiz oder Schweden unternahmen, daran orientierte sich Österreich. Es war die Zeit vor der mühseligen internen EU-Koordination und vor den elektronischen Akten. Auf den großen, weißen Referatsbögen formulierten in blauer oder grüner Tinte, die den Botschaftern vorbehalten waren, diverse Abteilungsleiter ihre Anmerkungen, drinnen lagen die Aktenvermerke aus grauem Umweltpapier, welche die Sachbearbeiter zur Lage im Irak, in der Region, der dort befindlichen Auslandsösterreicher und so weiter getippt hatten. Um den Aktenlauf zwischen den beiden Seiten des Ballhausplatzes zu beschleunigen, lief ich mit dem Referatsbogen in der Hand zwischen den Büros des Generalsekretärs, des Sektionsleiters, einen Stock hinauf zum Kabinettschef, dann über den Platz in die Hofburg zu Waldheim und wieder retour. Relativ rasch wurde ich zu einem bekannten Gesicht, das insofern für Staunen und Raunen sorgte, als ich dank meiner Arabischkenntnisse gebeten wurde, bei einigen Terminen mit arabischen Diplomaten dabei zu sein. Eine gewisse Hektik begann in dem heißen Sommer um sich zu greifen, hinzu kamen die Telefonate zwischen Waldheim und Saddam Hussein, von denen manche gar erhofften, der Krieg könnte verhindert werden. Zwar war ich erst seit Kurzem in Amt und Würden, doch hatte ich Gelegenheit, so manches Ministergespräch zu protokollieren, informierte die Botschaften der Europäischen Gemeinschaften über die österreichischen Demarchen und war oft bis Mitternacht im Büro. Es war mit Abstand die interessanteste Zeit während meiner neun Jahre im Außenamt. Doch verlor ich diesen weiten Aufgabenbereich an Kollegen, die im Laufe der nachfolgenden Monate aus Kuwait und Bagdad zurückberufen wurden.

War der Alltag im Ministerium etwas verstaubt, hatte sich die Welt indes mehrfach gedreht. Die Informationsbeschaffung, einst zentrale Aufgabe der Diplomatie, schien auf den Kopf gestellt. Der Satellitensender CNN war eben erst in den USA gegründet worden. Die TV-Station zelebrierte die kommenden Monate ihre Sternstunde, denn die 24-Stunden-Live-Berichterstattung aus den Krisengebieten war „die" mediale Innovation. Auch während des späteren Krieges durften die Korrespondenten aus Bagdad berichten. Die Iraker waren mit Drehgenehmigungen stets großzügig. Hatten vorerst nur der Minister und Sektionsleiter ein TV-Gerät im Büro, erhielt auch unsere Abteilung einige Wochen später dieses Privileg. Wir schauten CNN und schrieben unsere täglichen Zusammenfassungen, denn zwischenzeitlich war das Botschaftspersonal aus Bagdad einberufen worden. Ähnlich muss es sich Jahrzehnte zuvor mit dem Telefon verhalten haben. Bismarck meinte angesichts jener Erfindung etwas desperat: „Das ist der Anfang vom Untergang der

Diplomatie." Kaiser Franz Joseph lehnte bis zu seinem Tod solches „Teufelszeug" ab.

Anfang der 1990er-Jahre dominierten Telegramme die Berichterstattung. Meist kamen in vier Durchschlägen die chiffrierten Depeschen, hie und da auch eine Fax-Depesche. Die ganz besonders eifrigen Diplomaten in der Region des Nahen Ostens verfassten oft Abhandlungen, die so lang wie ein Tischläufer waren. Die Inhalte waren teils sehr grotesk. Eine klare Analyse und nützliche Entscheidungsgrundlagen entbehrten die meisten dieser Texte. Wie unterschieden sich diese langen Abhandlungen von den konzisen Telegrammen der britischen und französischen Vertretungen während des Ersten Weltkriegs im Orient, die ich im Zuge der Dissertationsrecherchen durchforstet hatte? Anhand von einem Dutzend Korrespondenzen ließ sich dank präziser Sprache und politischem Willen eine Entscheidungsfindung rekonstruieren.

Zudem erlebte ich immer häufiger, wie am Telefon vieles zwischen Tür und Angel besprochen und beschlossen wurde, ohne auf Papier nachvollziehbare Gründe festzuhalten. Launen und persönliche Eitelkeiten bestimmten den Gesprächsverlauf vielmehr als durchdachte Argumente. Hatte ich als Studentin noch vermutet, hinter jeder Entscheidungsfindung stünden eine klare Chronologie und Gründe, wie nationale Interessen, begriff ich nun immer mehr, wie sehr es in den internationalen Beziehungen menschelt. Alphatiere rivalisierten um papierene Kompetenzen, waren darauf erpicht, möglichst viele Mitarbeiter im Organigramm ihrer Abteilung gleichsam als ihre Herde zu halten. Und so manche Entscheidung ergab sich zufällig, denn mehr als in Sitzungen erfuhr man am Kopiergerät, wo Klatsch, aber auch Nützliches ausgetauscht wurde. Der Ballhausplatz war nicht mehr der Nabel der Welt, das hatte ich bald begriffen. Und doch schauderte es mich bei der Vorstellung, wie es sich hier vor dem Ausbruch des Ersten Weltkriegs zugetragen haben mag. Wohl nicht viel anders. Von diesem Moment an begriff ich, warum wir in den Großen Krieg getaumelt waren, und noch viel mehr, warum Österreich-Ungarn ihn verloren hatte.

Wien wurde allerdings in den nachfolgenden hochsommerlichen Wochen beinahe wieder zu einem Mekka internationaler Diplomatie. Österreich war noch nicht bei den Europäischen Gemeinschaften, Vorläufer der EU, und hatte somit einen gewissen Handlungsspielraum. Waldheim reiste zu Saddam Hussein, ihm taten es in der Folge viele andere Präsidenten gleich, um mit befreiten Geiseln, den jeweiligen Staatsbürgern, heimzufliegen. Hinzu kam der Tod des ehemaligen Bundeskanzlers Bruno Kreisky. Am 29. Juli 1990 verstarb der letzte Staatsmann, der Österreich nach 1945 regierte. Die Beerdigung dieses eigenwilligen Politikers, der seit den frühen 1970er-Jahren intensiv in der Nahost-Diplomatie mitgemischt hatte, indem er u.a. die PLO salonfähig machte, als diese noch auf der Terrorliste der meisten westlichen Staaten stand, wurde zum diplomatischen Gipfeltreffen. Die Trauergemeinde war ein Who's who von Staats- und Regierungschefs aus Ost und West. Fast schien es, als hätte der alte Haudegen Kreisky diesen Zeitpunkt seines Abschieds von der Welt mit Absicht gewählt. Denn rund um den Sarg und die Trauerfeier tauschten sich die Politiker besorgt zur eskalierenden Lage in Nahost aus. Auch PLO-Chef Arafat war zugegen, die Palästinenser standen hinter Saddam Hussein, was zu Massenausweisungen ihrer Landsleute aus den Golfstaaten führte. Die politische Elite erwies dem Europäer Kreisky, der unter den Sozialdemokraten stets die Weltläufigkeit eines Prager Großbürgers ausgestrahlt hatte, die Reverenz. Begräbnisse eignen sich perfekt als Gipfeltreffen. Und dieser letzte Weg Kreiskys, der mit seinen Initiativen, wie der Ansiedlung internationaler Organisationen in den 1970er-Jahren, Österreich aus dem Abseits zurück auf die Weltbühne geführt hatte, war ein Großereignis der Sonderklasse. Der Nahe Osten war der Mittelpunkt aller Gespräche, die Hoffnung war auf eine friedliche, also eine diplomatische Streitschlichtung gerichtet. Denn jeder Kriegsausbruch ist das Versagen von Diplomatie. Und diese scheint im Nahen Osten mit einer tragischen Regelmäßigkeit zu scheitern.

In jenem Sommer überkam viele von uns das Gefühl, es könnte erneut ein Juli 1914 auf uns zukommen, als in Wien jene tragischen

Entscheidungen gefällt wurden, die zum Ausbruch des Großen Krieges führten. Doch man darf Analogien nie überstrapazieren. Jede Zeit hat die ihr eigenen Referenzen und Regeln. Immer mehr deuteten die Ereignisse auf eine militärische Konfrontation hin. Um einen Krieg im juristischen Sinne handelte es sich aber nicht. Denn alle UN-Sicherheitsratsmitglieder hatten für die Resolution gestimmt, die eine Wiederherstellung der Souveränität Kuwaits beinhaltete. Es war eine friedensschaffende Maßnahme des UN-Sicherheitsrates, wie sie das Kapitel VII der UN-Charta vorsieht. Bloß hatte zuvor nie ein solcher Konsens bestanden, er sollte sich nach diesem historischen Fallbeispiel, das seither gerne unterrichtet wird, auch nicht mehr in dem Umfang bilden. Dass es zum Durchbruch des als schwach und unwirksam geschmähten Völkerrechts kommen würde, erwies sich bald als Wunschdenken. Es darf zu denken geben, dass Menschen ums Leben kamen und Eigentum zerstört wurde. Die gesamte nahöstliche Situation im Irak war damit nicht gelöst, sondern sollte sich in der Folge weiter verkomplizieren.

Als Mitte Jänner 1991 die Operation „Wüstensturm" unter Führung der USA begann, war Wien nur mehr Zaungast, wenngleich Österreich während dieser Zeit für zwei Jahre einen nichtständigen Sitz im UN-Sicherheitsrat innehatte und an der Umsetzung der Sanktionen gegen den Irak mitarbeitete. Denn nach dem Krieg war vor dem Krieg, der Irak wurde für mehr als zwölf Jahre unter ein teils absurdes Sanktionsregime gestellt, das die Bevölkerung hart traf. Vorerst aber demonstrierten die USA ihre beeindruckende Lufthoheit und bauten damit am neuen Nimbus. Aus US-Sicht war das „Vietnam-Trauma", also die tiefsitzende Niederlage eines jahrelangen Zermürbungskriegs der 1960er-Jahre überwunden. Man strotzte vor Selbstbewusstsein und militärischer Unverwundbarkeit, was sich in der Folge in der US-Außenpolitik niederschlug. Denn Washington gab die Themen vor, die anderen hatten zu folgen. Mit Diplomatie auf gleicher Augenhöhe hatte dies nichts zu tun. Doch immerhin gelang es den USA, ihre nationalen Interessen zu formulieren, was in den europäischen Staatskanzleien meist nie möglich ist.

Im Vorfeld waren Tausende US-Soldaten in Saudi-Arabien stationiert worden, was sich als fatale Fehlentscheidung erweisen sollte. Die Präsenz der „Ungläubigen", der Hundertschaften an weiblichen Soldaten, sorgte für heftige Irritation in dem Gottesstaat. Die Schaffung des Terrornetzwerks Al-Qaida durch den saudischen Staatsbürger Osama bin Laden, der einer reichen Bauunternehmerfamilie entstammte, war die unmittelbare Reaktion darauf. Im Gründungsdokument der Al-Qaida von 1992 wird die Vertreibung des Hauses Saud und der USA aus der Region gleichermaßen betont. Zwar wurden in den USA zum damaligen Zeitpunkt bereits „interkulturelle Kompetenzen" gelehrt, doch hätte es nur einer Diplomatie mit etwas Gespür für die Lage in der Region bedurft, um einen solchen Fehler und seine verheerenden Folgen zu vermeiden oder zumindest einzudämmen. In der Folge wurde die große Militärbasis der USA für das Haus Saud immer mehr zum unerträglichen Ballast. Bis auf einige Tausend Berater, die für die Bedienung des Waffenmaterials aus den USA erforderlich sind, wurden daraufhin die Truppen in die Vereinigten Arabischen Emirate verlegt.

Die Invasion erfolgte in Kuwait, die irakischen Truppen wurden vertrieben, ein Marsch auf Bagdad stand nicht auf der Agenda. Bush sen. war darauf bedacht, im Rahmen des Mandats des UN-Sicherheitsrates zu handeln, denn der US-Präsident hatte zuvor eine „neue Weltordnung" auf Basis des internationalen Rechts verkündet, was euphorische Analysen in den Völkerrechtsabteilungen der Außenministerien, auch in unserem, nach sich zog. Die Geschichte nahm aber bekanntlich einen anderen Lauf. Das Recht hatte immer mehr das Nachsehen, der 11. September 2001 war hierfür der Wendepunkt schlechthin. Von da an wurden Bürgerrechte systematisch ausgehebelt, und das Völkerrecht wurde im Namen der Terrorbekämpfung völlig aufgeweicht.

In Washington rechnete man im Frühjahr 1991 mit einem inneren Zusammenbruch des irakischen Regimes und ermutigte aus der Ferne unter anderem die Schiiten und Kurden zu Aufständen. Doch die Armee schlug diese brutal nieder. Als es zum Massenexodus der

Kurden in die benachbarte Türkei kam, schlug Ankara im UN-Sicherheitsrat Alarm und drohte mit einer militärischen Aktion, da die Türkei die Sicherheit ihrer Grenzen gefährdet sah. Dahinter stand vor allem die Angst vor einem Kurdenaufstand auf eigenem Staatsgebiet mit unabsehbaren Folgen. Da die Sicherheit des NATO-Mitglieds Türkei von großer Wichtigkeit war, beschlossen die USA gemeinsam mit Großbritannien und Frankreich die Errichtung einer Flugverbotszone im Nordirak. Diese Zone wurde nördlich des elften Breitengrades radikal gezogen und von humanitären Organisationen und vielen Diplomaten als die erste humanitäre Intervention gefeiert. Dahinter standen allerdings handfeste Sicherheitsinteressen der Türkei, nicht die Sorge um das Wohl der Kurden oder der Schutz der Menschenrechte. Die Idee eines solchen Waffenganges als Allheilmittel, um den Menschenrechten zum Durchbruch zu verhelfen, wurde aber in der Folge immer populärer. Man gewinnt beinahe den Eindruck, dass das Wort „humanitäre Intervention" den „Krieg" aus unserem Vokabular verdrängt hat. Diese vermeintliche Moralpolitik läuft letztlich meist auf einen Regimewechsel hinaus. Es handelt sich hierbei um eine Einmischung in innere Angelegenheiten, die nach geltendem Völkerrecht unzulässig ist. Neben dem Balkan ist vor allem die arabische Welt ein Exerzierplatz für diese Interventionen, die letztlich auch den Staat schwächen. Wenn der Irak immer mehr als Staat zerbricht, so hat dies viele Ursachen, die bis in den April 1991 zurückreichen. Mit dem allmählichen Wegfall der regionalen Kontrolle durch die Zentralregierung in Bagdad wurden die Grundlagen für die spätere kurdische Autonomie gelegt. Schon Ende der 1990er-Jahre hörte man im nordirakischen Suleimaniah mehr die kurdische als die arabische Sprache, was zuvor undenkbar gewesen wäre. Dank des Ölschmuggels über alte Pfade durch die Berge wuchs auch der Wohlstand einiger Menschen rasant an.

Das System Hussein gewann jedoch im Frühjahr 1991 im Rest des Landes wieder die Oberhand, es gelang sogar die zerstörte Infrastruktur, wie die Strom- und Wasserversorgung, wieder aufzubauen. Dies schafften die US-Besatzer 2003 nicht, woraus sich einer der vielen

Gründe für die Saddam-Hussein-Nostalgie im Land erklärt. Zwar finanzierten deutsche Kredite neben großzügigen Zuwendungen aus Saudi-Arabien einen großen Teil dieses Waffengangs, doch an sich waren die Europäer Beobachter und nicht Mitspieler. Es brach neuerlich ein US-Zeitalter an, das mit dem Siegeszug der digitalen Revolution „Made in the USA" während der Regierung von Bill Clinton die USA zum Hegemon schlechthin machten. In Europa folgte nach der ersten Euphorie des Falls des Eisernen Vorhangs eine Zeit von Bürgerkriegen und Vertreibungen im zerfallenden Jugoslawien. Nicht die Diplomatie und das internationale Recht setzten sich durch, sondern allmählich begannen schwelende, ethnische Konflikte in Europa und im Nahen Osten den Optimismus von 1990 zu überschatten. Militärische Operationen spielten fortan eine größere Rolle, wie ich 1990 anhand des Mikrokosmos Libanon beobachten konnte.

Mit dem Schiff nach Byblos

Ende August 1990 trat ich allen Widrigkeiten zum Trotz meine lange geplante Reise in den Libanon an. Eine Universität hatte mich Anfang des Jahres zu einem Seminar über Minderheitenschutz eingeladen. Ich war fest entschlossen, dort vorzutragen. Daran gab es aus meiner Sicht nichts zu rütteln, auch all das Kriegsgetrommel im Golf würde mich nicht davon abhalten, obwohl die aufgeregten Berichte von CNN mich nicht kaltließen. Im Büro schloss ich die Akten so ab, dass ein Nachfolger sie jederzeit übernehmen könnte, sollte mir etwas zustoßen. Besuchte die nähere Verwandtschaft, um mich ausgiebig zu verabschieden, und hoffte, vor allem in Beirut nicht Opfer einer Entführung zu werden. Westliche Geiseln waren im Libanon beliebtes politisches Wechselgeld. Daher hoffte ich innig, bloß nicht für eine Ausländerin gehalten zu werden.

Im zypriotischen Hafen von Larnaca schiffte ich mich ein, da damals nur das Schiff übrig blieb, um in den Libanon zu reisen. Wir waren kaum dreißig Passagiere auf dem relativ großen Transporter, der vor allem Lebensmittel und Waren ins kriegsgebeutelte Land brachte. Als das Schiff ablegte, wurden die Einreisepapiere ausgeteilt. Eine junge Frau fragte mich auf Arabisch, welcher Augusttag es war. Ich antwortete ebenso auf Arabisch und sie schrieb weiter, ohne mich wegen meines Akzents zu fragen, woher ich stammte. Dieser kurze Dialog erfüllte mich mit tiefer Freude und stimmte mich fröhlich. Offenbar wirkte ich nicht wie eine Ausländerin. Dank des Völkergemischs, welches die Menschen im Libanon ausmacht, könnte ich ebenso eine Libanesin sein. Es war eine besondere Reise in ein zerrissenes Land, das aber noch immer an der levantinischen Küste sein Dasein zwischen Wahnsinn und Handel führte. Die Reise sollte die ganze Nacht dauern. Als Deckpassagier ohne Kabine saß ich mit einigen jungen Leuten am Bug und wir beobachteten den Sonnenaufgang über dem mächtigen Libanongebirge. Der Nebel lichtete sich und vor uns lag Beirut, vollkommen zerstört, aber immer noch da. Eine Stadt, die so viel Überlebenswillen hat, dass sie mich immer wieder inspiriert. Wir gingen jedoch nicht im Hafen, der nahe der Demarkationslinie der zerteilten Stadt lag, an Land, sondern in Jounieh. Das einstige Fischerdorf war zur heimlichen Hauptstadt des christlich-maronitischen Gebiets aufgestiegen. Hier hatten die Milizen der Falangisten das Sagen, die sich inzwischen mit den Überresten der christlichen Verbände der Armee in den Haaren lagen. Die Milizionäre hatten ihren Landesteil perfekt organisiert, ein Kontrollposten war für die Libanesen, ein weiterer für ausländische Pässe. Dort stellten sich fast alle Passagiere an, denn wie viele andere Libanesen hatten sie zusätzlich die Staatsbürgerschaft eines europäischen, südamerikanischen oder anderen Landes. Fast zehn Millionen Menschen zählt die libanesische Diaspora. Nicht umsonst trägt daher das Außenministerium die Bezeichnung „Ministerium für auswärtige Angelegenheiten und Libanesen in Übersee". So stellte ich mich in dieser Reihe an. Auf die Frage, wo mein libanesischer Pass sei, antwortete ich, dass ich nur einen österreichischen hätte. Der junge Mann blickte auf die Namensbezeichnung, die gut österreichisch den akademischen Titel enthielt. Die Dissertation hatte ich noch nicht vorgelegt, so war ich ein Mag. iur., also Magister iuris. Der Milizionär schmunzelte mit Augenzwinkern und fragte, ob ich ein „Major" in der österreichischen Armee sei. Ich lächelte zurück und dankte ihm für den Stempel. In all dieser grotesken Brutalität des Krieges schwang eine Brise von Flirt und orientalischer Herzlichkeit mit, die mich bis heute zum Staunen bringt. Am Ende dieser improvisierten Zoll- und Passstation wartete doch tatsächlich ein Chauffeur mit meinem Namensschild. Das Telex mit meinen Ankunftsdaten, das ich einem maronitischen Mönch in Paris gesendet hatte, war also angekommen. Wir fuhren nach Byblos, in den nördlichen Teil des christlich kontrollierten Gebiets. Die Küste, die ich bislang nur von Fotos und Erzählungen von zu Hause oder Freunden kannte, war eine verbaute Steinwüste von Hochhäusern im Wildwuchs. Dazwischen verharrte noch die eine oder andere alte Villa, verwüstet und aufgegeben oder von Flüchtlingen übernommen. Die Straßen waren leer, wie auch das Land einen entleerten Eindruck machte. Wer konnte, hatte den Libanon verlassen.

Als ich pünktlich zur Eröffnung der Konferenz erschien, wurde ich von sehr überraschten Gastgebern begrüßt, war ich doch unter den vielen geladenen Gästen aus dem Ausland die Einzige, die tatsächlich gekommen war. Die Tagung fand statt. Draußen detonierten die Granaten, der Strom fiel ständig aus und drinnen unterhielten wir uns über Montesquieu und Nietzsche. Nach den Vorträgen unternahm ich mit den Studierenden viele Ausflüge, wir fuhren in die Berge, träumten und blickten auf das ruhige Mittelmeer. In einer kleinen Bucht liegt Byblos, das durch den Zedernholzhandel in der Antike zu Ruhm und Reichtum gelangte. In dieser Stadt, die Pate für den Namen der Bibel stand, mit ihren vielen Ausgrabungen, wo sich die Zivilisationen seit Jahrtausenden zu treffen schienen, verstand ich den antiken Stadtstaat. Denn als solcher erschien mir dieser Flecken Erde hinter seinen prachtvollen Stadtmauern. Hier befand ich mich in einer kleinen heilen Welt inmitten des geplagten Libanons. Byblos bestand für sich, die Menschen hatten gelernt, sich selbst zu versorgen, von der Landwirtschaft bis zum Schulwesen und Kulturleben.

Der Alltag erweckte den Anschein einer mediterranen Leichtigkeit. Die Buchhandlungen waren täglich geöffnet und boten Literatur in mindestens drei Sprachen an.

Während in Byblos junge Paare die romantische Stimmung am Strand genossen, gelangte man nur mit Risiko nach Beirut. Denn bereits innerhalb dieser Enklave galt es, Kontrollposten zu überwinden, die verfeindete maronitische Kämpfer errichtet hatten.

Was als Stellvertreterkrieg begonnen hatte, entwickelte sich zu einem Bruderkrieg. Die Söhne ein und derselben Familie stellten sich entweder hinter den Milizchef Samir Geagea oder den Interimspräsidenten General Michel Aoun. Die meisten jungen Menschen sahen in Aoun damals einen Politiker neuer Prägung, dem sie vertrauen wollten. Sie verglichen ihn mit dem im Widerstand gegen die deutsche Besatzung kämpfenden Charles de Gaulle, weil er die syrischen Besatzer verjagen wollte. Nach seiner Rückkehr aus dem französischen Exil sollte er ein enger Verbündeter Syriens werden. Doch die Stimmung war in jenen Tagen eine von Befreiung und Unabhängigkeit. Anders als Algerien, das einen hohen Blutzoll in Jahrzehnten seines Unabhängigkeitskriegs gegen Frankreich zu beklagen hatte, bekam der Libanon seine Souveränität 1943 auf dem Silbertablett serviert.

Nun wollte man den Kampf nachholen, ein neuer Patriotismus jenseits von konfessionellen oder familiären Zugehörigkeiten griff für kurze Zeit um sich. 1989 hatte sogar ein großes Sit-in vor dem Präsidentenpalast in Baabda begonnen, doch unter syrischem Artilleriefeuer zog sich der General in den Bunker zurück, die Demonstranten gingen wieder auf die Universität. Als ich Aoun im September 1990 in jenem Untergeschoß irgendwo unter viel Geröll und Zement besuchte, traf ich auf einen beeindruckenden Durchhaltewillen, den die vielen jugendlichen Anhänger des Generals ausstrahlten, und eine stumme Verzweiflung. Die zwei Begegnungen mit Aoun sowie der kleine Orden, den er mir damals im Namen der Freiheit überreichte, gehören zu den besonders surrealen Begebenheiten, die ich in diesem Land erlebte. Drei Wochen später marschierte mit dem Segen der Weltgemeinschaft die syrische Armee mit über 70.000 Truppen

Mit General Michel Aoun, Interimspremier, im September 1990 im Bunker des Präsidentenpalastes in Beirut

neuerlich ein. Der große Nachbar sollte Ordnung schaffen, so der Wunsch einiger westlicher Regierungen, die sich zermürbt vom anarchischen Libanon abwandten. Im Bunker zu Baabda wurden Hunderte junge Menschen, die für Aoun eingetreten waren, verhaftet und verschwanden in syrischen Gefängnissen. Wenn ich die Fotos von damals ansehe, frage ich mich, was aus all diesen fröhlichen, engagierten Jugendlichen geworden ist. Sie wurden für eine politische Sache brutal verheizt, so wie es der Generation meiner Großväter erging, die wie so viele andere vor und nach ihnen von größenwahnsinnigen Rädelsführern als Kanonenfutter missbraucht wurden. Diese ganz persönliche Erfahrung nährte meine Skepsis gegenüber Blendern, die nicht nur im Orient mit einer gewissen Regelmäßigkeit die politische Bühne betreten.

Mit dem Einmarsch der syrischen Armee mussten sämtliche Milizen abrüsten, nur die schiitische Hizbollah, die über Syrien ihren Nachschub aus dem Iran bezog, und einige palästinensische Gruppen waren davon ausgenommen. Die Falangisten, mit denen ich damals in Kontakt stand, verkauften wie so viele andere ihre Arsenale. Als geborene Händler wissen die Levantiner, wie man auch aus einer politischen Niederlage noch ein Geschäft machen kann. Man musste kein Rüstungsexperte sein, um zu erahnen, was sich hier anbahnte. Im Hafen von Jounieh wurden im Oktober die Schiffe mit Waffen beladen, die Kurs auf Dubrovnik in Jugoslawien nahmen. Kroatische Paramilitärs hatten ihre christlichen Freunde besucht und Deals gemacht. Genau neun Monate später, im Juni 1991 begann offiziell der Jugoslawienkrieg, als Kroatien und Slowenien ihre Unabhängigkeit erklärten. Während jener mit Slowenien nur wenige Tage dauerte, nicht zuletzt dank der relativ homogenen Bevölkerung, wurde die Auseinandersetzung in der ehemaligen Teilrepublik Kroatien zum Massaker. Auf die serbische Bevölkerung wollte die Regierung unter Franjo Tudjman keine Rücksicht nehmen, diese Volksgruppe war in der Verfassung schlicht nicht vorgesehen. Was ich aus Beirut kannte, nämlich den Zerfall eines Staates, wenn das Gewaltmonopol schwindet und Privatarmeen an die Stelle der Armee treten, würde ich später in Bosnien und im Kosovo als Déjà-vu neuerlich erleben. Hinzu kam dieses gleichsam globale Phänomen, wie junge Männer in solchen Situationen handeln. Aus einem Niemand kann rasch ein Jemand werden, wenn er mit Sonnenbrille und Gewehr auf der Schulter im Jeep einen Straßenabschnitt kontrolliert. So gelangt er zu Status, Geld, Freundin und Heirat. Testosteron macht Politik, und dies schon seit Jahrtausenden weltweit. Denn unter Ausschaltung des Risikos werfen sie sich für wen auch immer in die Schlacht. Wenn es um Testosteron geht, dann geht es immer um Status. Der Nahe Osten mit seinen vielen zornigen jungen Männern laboriert daran gegenwärtig besonders heftig.

So war der Krieg vom östlichen Mittelmeer an die adriatische Küste gezogen, wo er mitten in Europa einige Jahre wüten sollte, um dann als „eingefrorener Konflikt" unter hohem Aufwand von der Staatengemeinschaft jahrzehntelang verwaltet zu werden. Anstatt Konflikte zu lösen, verlegte sich die Diplomatie immer mehr auf das „Managen" dieser. Ein richtiger Neuanfang, vergleichbar mit jenem auf dem Trümmerfeld Europa nach dem Zweiten Weltkrieg, wurde weder auf dem Balkan noch nach einem der vielen Kriege im Nahen Osten unternommen. Der Dauerkonflikt wurde vielmehr zum Wirtschaftszweig, den sich einige der Konfliktmanager, Kohorten an Nichtregierungsorganisationen und Forscher nicht mehr wegnehmen lassen wollen, sie wären arbeitslos.

Die Welt stolperte zusehends in brisante Gefilde konfessioneller Dispute. Die Religion war auf die Agenda zurückgekehrt, wie der schlaue Romancier und Politiker André Malraux 1947 vorausgesehen hatte. Ihm wird die Aussage zugeordnet: „Das 21. Jahrhundert wird ein religiöses sein oder es wird nichts sein." Sprach man Mitte der 1970er-Jahre von der Balkanisierung des Libanons, titelten nunmehr die Zeitungen die „Libanisierung des Balkans". Was als austauschbarer Begriff erscheint, war in der Realität tatsächlich eine grausame Wiederholung. Jugoslawien und auch die Sowjetunion zerfielen, nur der Libanon wurde nicht libanisiert. Allen Unkenrufern zum Trotz besteht dieses kleine Land weiter.

Mission Wiedereröffnung der Botschaft

Nachdem im Herbst 1990 der 15-jährige Bürgerkrieg im Libanon offiziell für beendet erklärt wurde, begann ein zaghafter Wiederaufbau, den Multimilliardär Rafik Hariri ab 1996 als Premier mit seinem Geldbeutel massiv vorantrieb. Die syrische Armee war zwar im Land, griff aber nicht massiv in den Alltag der Menschen ein, die Okkupation war vor allem an den Straßensperren sichtbar. Wer sich politisch zu stark hinauslehnte, riskierte jedoch eine Konfrontation mit dem großen Nachbarn. Die höhere syrische Offiziersebene naschte über Prozente an Hafenzöllen und bei lukrativen Geschäften mit. Dieser Wohlstand neureicher Militärs schlug sich in geschmacklosen Villen in den Vororten von Damaskus nieder. Ansonsten beäugten sich Libanesen und Syrer eher misstrauisch und voller Verachtung. Es hat Tradition, dass die Libanesen auf die Syrer herabschauen, die sie als Hinterwäldler sehen und nicht selten für Tagelöhnerdienste ausbeuten. Aus syrischer Sicht erscheinen die Libanesen wiederum wie leichtlebige Snobs, die miserabel Arabisch sprechen und nicht genau wissen, wohin sie gehören, in die arabische Welt oder nach Südfrankreich. Die Ressentiments waren immer da, gingen aber stärker von den Libanesen aus, die zwischen Komplexen der Überlegenheit und der Minderwertigkeit schwankten.

Zugleich hatte fortan die syrische Armee in der kleinen Republik noch stärker die militärische und politische Oberhand, da sie oft über Sein oder Nichtsein eines Menschen, einer Firma und einer politischen Reform entschied. Waren die Syrer 1976 von den christlichen Fraktionen zwecks einer Allianz gegen die übermächtig gewordenen palästinensischen Kämpfer gerufen worden, blieben sie auf Basis eines Mandats der Arabischen Liga versprengt im Land. Die syrischen Truppen kontrollierten gewisse Zonen, so die fruchtbare Hochebene der Bekaa, welche jahrelang auch ein wichtiges Anbaugebiet für Drogen war. Ab 1990 hatten die Syrer wieder mehr politischen Einfluss, sie mischten in der Tagespolitik auf allen Ebenen mit. Manchmal diskret über ihre libanesischen Verbündeten, dann wieder kam ein direktes Machtwort aus Damaskus.

Mit den Kindern von Freunden machte ich gerne Hausaufgaben, so bekam ich ein wenig die umstrittenen Bildungsreformen mit, die Syrien durchgesetzt hatte. Der Libanon rühmt sich zu Recht seiner Schulen und Universitäten, doch wurde der Wildwuchs an privaten Institutionen letztlich stärker durch den Staat kontrolliert, was auch Zensur bedeutete. Die vielen Nuancen dieser Reformen verstand ich nicht ganz, doch fürchteten die Libanesen um ihre lieb gewonnenen Freiheiten, die neben der Bildung eine bunte Zeitungs- und Verlagslandschaft bedeutete. Dennoch behauptete sich eine mutige und sehr unabhängige Presse, wie ich sie in keinem anderen arabischen Land wahrnahm. Die Geschäfte begannen bald wieder zu florieren. Leben und leben lassen, so lautet die alte levantinische Devise, der auch die Syrer etwas abgewinnen konnten. Denn alle verdienten daran mit. Jedenfalls schimpften die Libanesen über die Syrer, machten ihre Witze und meinten, dass an dem Tag, an dem die Syrer abzögen, alle ihre Probleme gelöst seien. Dieser Trugschluss war absehbar, denn nicht die Syrer trugen allein die Verantwortung für die Lage im Libanon. Es waren die Libanesen, die vielen Interessengruppen in der Region Tür und Tor geöffnet hatten. So wurde das Land zum Spielball der anderen.

Mit der Jahreswende 1990/91 schwiegen die Kanonen, viele Auslandslibanesen kehrten heim, da optimistische Überlebenskünstler an einen neuen Boom glaubten. Jeder Wiederaufbau ermöglicht Geschäfte und Investitionen. Viele der Heimkehrer brachten die im Exil gewonnene Expertise und neue Lebensstile mit. Junge Menschen, die in Kanada studiert hatten, bauten eine Greenpeace-Sektion auf. Themen wie Natur- und Tierschutz, an sich fremd in der Region, hielten mit den Rückkehrern aus Europa und Nordamerika im Land Einzug. Beirut wollte die Zeit des Terrors, der Autobomben und der Entführungen hinter sich lassen. Es wurde also fleißig erneuert, bloß die erforderliche Versöhnung zwischen den 18 Konfessionen, zwischen den Familien, die ihre politischen Pfründe aufrechterhielten, und zwischen dem Osten und dem Westen von Beirut fand nicht statt.

Es kehrten auch die diplomatischen Vertreter zurück, denn Beirut war schon immer ein wichtiger Horchposten gewesen. Zum einen konnte man in dieser Stadt angesichts der vielen Journalisten, Geschäftsleute und politischen Strömungen, vor allem aber dank der Redefreiheit mehr erfahren als in den meisten anderen arabischen Hauptstädten, zum anderen waren hier die wesentlichen Geheimdienste aktiv. Beim Anschlag auf die US-Botschaft im April 1983 kamen neben vielen Zivilisten prominente Köpfe der CIA ums Leben, was die US-Außenpolitik noch einige Zeit beeinträchtigte, da mit dem Tod der Spione die Expertise fehlte. Trotz verschärfter Sicherheitslage verließen viele Botschaften Beirut nicht. Denn zwischen Theatern, Stränden und urbanem Leben ist die Lebensqualität im Libanon höher als in den Golfstaaten, wo man eingesperrt im Compound, dem Viertel für Ausländer, lebt. Lange bevor die Golfstaaten mit ihren archaischen

Gesellschaften zu den Investitions- und Shoppingdestinationen unserer Tage aufstiegen, spielte der Libanon seine ganz besondere Rolle.

Von Beirut aus liefen in den 1950er-Jahren die wesentlichen Verbindungen nach Osten und Süden. So umfasste der Zuständigkeitsbereich der österreichischen Botschaft in Beirut bis in die 1960er-Jahre fast den gesamten arabischen Raum und reichte bis nach Bagdad und in die Golfregion. Ein ehemaliger Chauffeur zeigte mir einst stolz ein altes Foto von jener Limousine, in welcher er eine Reihe österreichischer Botschafter bis nach Kuwait und weiter südlich gefahren hatte. Im Jahr 1991 war aber die österreichische Botschaft schon seit bald fünf Jahren geschlossen. Die Wirren des Bürgerkriegs, die Ermordung eines Botschaftsangehörigen und wohl auch das nachlassende Interesse der österreichischen Außenpolitik am Nahen Osten hatten zur Rückberufung des diplomatischen Personals geführt. Zwei engagierte Sekretärinnen, Amal Itani und Miriam Makawi, sowie Georges Naameh, der pensionierte Fahrer, hielten die Flagge hoch. Sie kamen jeden Tag ins Büro und bewiesen eine bemerkenswerte Loyalität gegenüber ihrem Arbeitgeber. Der Libanon wurde indes von der österreichischen Botschaft in Damaskus betreut, was die Libanesen nicht besonders freute, denn: „Das ist so, als ob andere Staaten Österreich über ein Konsulat in Berlin verwalteten."

Im Frühjahr 1991 wurde ich von der Personalsektion des Außenamts mit der Mission betraut, die Lage zu erkunden, um eine Grundlage für die Wiedereröffnung der Botschaft zu schaffen. Es war eine intensive Zeit, da ich gleichsam auf eigene Faust und doch im Namen der Republik viel unternehmen konnte. Ich aktivierte meine alten libanesischen Kontakte, die mir Zutritt zu einigen Botschaften, von der britischen bis zur französischen, ermöglichten und besuchte die Botschaft jener Staaten, die in Größe und Wirtschaftskraft mit Österreich vergleichbar waren, wie etwa Belgien oder Finnland. Zudem suchte ich Wirtschaftstreibende auf, die österreichische Firmen vertraten, und führte Sondierungsgespräche in libanesischen Ministerien. Dieses Fact-Finding, wie mein Auftrag offiziell hieß, war interessant und eine Herausforderung, denn das Telefonnetz funktionierte zu diesem Zeitpunkt noch nicht. Die Termine vereinbarten wir, indem der Chauffeur Georges, mein umsichtiger, väterlicher Begleiter, und ich dort anhielten, wo wir am nächsten Tag für ein Gespräch vorbeikommen wollten. Während dieser Fahrten durch die schwer mitgenommene Stadt verstand ich immer besser, wie der Nahe Osten allen Widrigkeiten zum Trotz noch immer funktioniert. Nachbarn wussten Bescheid, ob und wo wer zu Hause war und wie man eine Nachricht hinterlassen könnte. Jedes Viertel hatte so sein „Radio Medina", sein informelles Stadtradio, das beeindruckend effizient war. Auch ohne Telefon- und Stromnetz kamen wir perfekt durch unser intensives Besuchsprogramm. Drei Tage Stromausfall in einer westlichen Stadt und das Chaos würde wüten. Hier ging der Alltag auf seine ganz spezielle Weise normal weiter, auch wenn die Lage rundum einfach absurd war. Die erste Frage, die ich im Libanon ständig hörte und eigentlich bis heute regelmäßig verwende, ist: „Fi kahraba?" – „Gibt es Strom?" Denn nur im Falle eines Ja nützt man den Lift, sonst muss man in den teils zu hoch geratenen Hochhäusern von Beirut einige Stockwerke zu Fuß in Kauf nehmen. Neben dem mehr schlecht als recht funktionierenden staatlichen Stromnetz besitzen die meisten Haushalte Dieselgeneratoren als parallele Energiequellen. Überall dort, wo der Staat versagt, und dies trifft in arabischen Staaten in sehr vielen Bereichen zu, ergreifen die Menschen als Familienverband, als Viertel oder manchmal auch als Mietergemeinschaft die Initiative. Ein individuell bestimmtes Leben zu führen, kann schon aus Gründen der Stromversorgung nicht leicht möglich sein. Innerhalb der Großfamilie lässt sich ein Dieselgenerator schon einfacher unterhalten als in einem Single-Haushalt.

Als ich das erste Mal während des Krieges über die Demarkationslinie fuhr, beeindruckten mich all die Zitronen- und Feigenbäume, die hier üppig wuchsen, Bougainvillen schlangen sich um zerschossene Balkons. Der Krieg und seine Scharfschützen hatten diesen Todesstreifen unbewohnbar gemacht, und die Natur eroberte sich jene Gebiete zurück. Deswegen trug dieser zerstörte Stadtteil auch den Namen „Grüne Linie". Ost und West der lange geteilten Hauptstadt sollten zwar in den frühen 1990er-Jahren wieder verschmelzen, die kleine grüne Lunge wurde abgeholzt, doch viel Misstrauen hat überlebt. In den „muslimischen" Westen oder „christlichen" Osten zu fahren, das wollen einige Libanesen bis heute nicht wirklich. Taxifahrer, die souverän durch die namenlosen Gässchen des einen Stadtteils kurven, sind im anderen verloren. Der unglaubliche Georges mit seinen fast achtzig Jahren fuhr in seinem klapprigen Renault unbeirrt um Zementblöcke und Stacheldraht. Nachts war es besonders gefährlich, da viele Autos in den stockdunklen Straßen mit den vielen Kratern ohne Licht unterwegs waren. Doch Georges gehörte jener Generation an, die noch einen Libanon in seiner Gesamtheit kannte, und so brachte er mich sicher und pünktlich zu unseren Terminen in dieser eigenartigen Stadt, wo die Improvisation bis zur Perfektion alles regelte.

Ein Treffen war beim deutschen Botschafter eingeplant, der in einer Art Festung residierte. Als ich voll jugendlichem Elan mit damals 26 Jahren sein Büro betrat, fragte mich eine müde Erscheinung nach meinen Leibwächtern. Ich zeigte auf Georges, der neben seinem alten Renault im Hof wartete. „Sie sind ohne gepanzerten Wagen und ohne Begleitschutz unterwegs – tu felix Austria", seufzte der hagere Mann. Er zündete sich sogleich die nächste Zigarette an, auch wenn der Aschenbecher bereits überging. Dann berichtete er mir von den vielen Unwägbarkeiten, mit denen er sich herumschlagen musste. Angesichts dessen kam mir meine Mini-Mission, ob wir nun eine österreichische Botschaft eröffneten oder nicht, banal vor. Mit dem Ende der DDR musste die BRD sämtliche Botschaftsgebäude und Residenzen übernehmen oder liquidieren. Die DDR war im Libanon sehr präsent gewesen, da die PLO über intensive Kontakte in Ostberlin verfügte, die ihr logistisch und finanziell so manche Flugzeugentführung ermöglichten. Zudem war man zweimal übersiedelt, um dem schlimmsten Kriegsgeschehen zu entgehen. Das aktuelle Amtsgebäude thronte auf einem der kahlen Steinhänge im christlich kontrollierten Sektor nördlich der Hauptstadt. Und zu allem Überdruss gab es zwei deutsche Geiseln, die zu dem Zeitpunkt bereits drei

Jahre festgehalten wurden. Die Entführer wollten in Deutschland inhaftierte Libanesen freipressen. Unter diesen Umständen deutscher Botschafter zu sein, war wahrlich nicht erstrebenswert. Diese Berufsbranche hat an Glanz und Nimbus eingebüßt. Harte Botschafterposten gab es zweifellos schon immer, doch in den letzten Jahrzehnten ist vor allem die konsularische Arbeit, also die Betreuung in Not geratener Staatsbürger angewachsen. Die politische Arbeit haben viele andere Akteure übernommen. Im vermeintlich globalen Dorf durchquert das Individuum, ob als Tourist oder Terrorist, die Welt. Und das hat auch Folgen für die diplomatische Arbeit.

Für mich bot diese Mission in Eigenregie einen nützlichen Einblick in die engen Handlungsspielräume der Botschaften, in viele gescheiterte Existenzen und vor allen Dingen in die sehr hohen Erwartungen der Libanesen, was denn eine Botschaft für sie alles tun, verändern und lösen müsste. Der Mythos Diplomatie war noch vielerorts vorhanden, doch mit welchen Mitteln und vor allem mit welchem politischen Rückhalt sollte man all dem gerecht werden können? Ich schrieb meinen Bericht und stellte alle Für und Wider dar. Es sollte noch fast zehn Jahre dauern, bis tatsächlich wieder ein in Beirut residierender Botschafter ernannt wurde. Persönlich hätte ich mich nicht um diesen Posten gerissen, vielleicht deshalb, weil ich das Land inzwischen sehr gut kannte. Nach so manchen intensiven Engagements und viel Einsatz für diverse humanitäre Projekte, sie reichten von Stipendienvergaben, Medikamentensammlungen bis zur Hilfe für ein melkitisches Kloster, begann ich ein wenig Abstand zum Nahen Osten zu nehmen. Dies gelang mir während der nachfolgenden 18 Monate, die ich in Paris und in der französischen Provinz an der ENA, der École Nationale d'Administration, verbrachte, sehr gut. Über eine Einladung der Französischen Botschaft in Wien absolvierte ich das Auswahlverfahren für diese „grande école", eine der außeruniversitären Einrichtungen, die jungen französischen Beamten den Weg in die höhere Verwaltung ermöglichen. Charles de Gaulle hatte die ENA nach 1945 initiiert, um neue Eliten zu schaffen und das von NS-Kollaborateuren des Vichy-Régime durchsetzte Verwaltungswesen zu erneuern.

Anstatt mit der verfahrenen Lage im Nahen Osten beschäftigte ich mich mit europäischer Landwirtschaft, wo ich zwischen Schlachthöfen, Fleischmafia und sehr komplexen Budgets zeitweise nahöstliche Erinnerungen witterte. Zudem erarbeiteten wir jene Dossiers, welche die französischen Währungssorgen angesichts der Deutschen Wiedervereinigung enthielten. So beobachtete ich das Drängen von Präsident François Mitterrand auf die Einführung einer europäischen Gemeinschaftswährung, damals noch „Ecu" genannt, aus nächster Nähe. Der Euro war gewissermaßen das Wechselgeld für die Fusion von BRD und DDR. Meine Skepsis gegenüber europäischen Institutionen wuchs mit solchen Erfahrungen. Jene Monate waren auch ein Lehrstück europäischer Politik und Diplomatie. Die ENA mutierte immer mehr zum Rekrutierungspool für Politiker und Manager in den staatsnahen Betrieben. Im Französischen gibt es hierfür das bezeichnende Wort „pantoufler", sprich: die Pantoffeln wechseln, einmal in der Politik, dann im Ölkonzern Total oder in der Atomwirtschaft. Entsprechend wuchs die Kritik am System der Enarchen. Anstelle des republikanischen Prinzips der Meritokratie, also des Aufstiegs aufgrund erbrachter Leistungen, begannen die Kontakte über die Absolventennetzwerke an Gewicht zu gewinnen. Wer die Aufnahmeprüfung besteht und dann in der Notenreihung reüssiert, hat es in Frankreich geschafft. Von da an öffnet der eine dem anderen die Türe, womit meist nicht die befähigten Kandidaten zum Zug kommen. Meiner Ansicht nach liegt darin einer der vielen Gründe für die politischen und wirtschaftlichen Krisen, ob in Frankreich oder andernorts.

Wir waren eine Gruppe von rund vierzig Ausländern, wobei in unserem Jahrgang erstmals junge Beamte aus dem „Osten" waren. Dazu gehörten ebenso interessante Russen wie Rumänen und auch Österreicher. Ziel dieser Stipendien für auswärtige Studierende war auch, eine frankophone und frankophile Gemeinschaft hoher Beamter zu schaffen. Dies gelang zweifellos, denn die ENA durchlaufen zu dürfen, ist ein Privileg, das einem jungen Menschen Einblick in Hierarchien und Verwaltungsprozesse bietet. Ausländer werden

genauso wie ihre französischen Kollegen in sämtliche Dossiers eingebunden. Als Student ist man automatisch Teil der französischen
Administration und untersteht dem Premierminister. Meine Franko-
philie verfestigte sich dadurch nur, auch wenn ich dazwischen immer
wieder an der französischen Bürokratie und der Realitätsferne der
„Kameraden" – so adressierten wir einander in der militärischen Tradition – ein wenig verzweifelte. Die ENA versteht sich als Schule der
Praxis, anhand aktueller Dossiers soll die rechtliche und politische
Entscheidungsfindung erlernt werden, z.b. Konvolute in einer „fiche
de synthèse", einer Kurzfassung wiedergeben. Auf der Strecke bleiben eigenständige Recherche und vor allem kritisches Hinterfragen.
Ich beobachtete dieses Manko auch bei einigen älteren Absolventen.
Zwei ehemalige Mitarbeiter des Kabinetts Mitterrand lernte ich während meines Stage, dem Praktikum an einer Präfektur, näher kennen.
Ségolène Royal und ihr damaliger Lebensgefährte François Hollande
waren die aufsteigenden Sternchen unter den französischen Sozialis-
ten. Mitterrand schickte das Paar in die Provinz, damit sie sich ihre
politischen Sporen erwerben. Die Zusammenarbeit mit Royal war
nicht einfach, mit ihr verkaufte ich, am besten vor laufender Kamera,
am Markt in Niort Ziegenkäse, es war gelebte Kommunalpolitik.
Mitterrand besuchte unsere Region, wohl um seinem Protegé Ségolène Royal den Rücken zu stärken. Eine Ruderpartie durch die mys-
tische Sumpflandschaft unseres Departments der Deux-Sèvres war
angesagt. Plötzlich war ich weit weg von all dem, was bislang meinen
Lebensweg geprägt hatte. Das Einzige, was hier an den Orient erinnerte, war die Schlacht von Poitiers 732, welche die Franken gegen
die Araber gewonnen hatten. Dieser Waffengang wurde später in der
Geschichtsschreibung der Moderne als das Ereignis definiert, das
Europa vor einem umfassenden Einfall der Muslime geschützt hatte.
Es war interessant, wie die Menschen in der französischen Provinz
die Erinnerung an dieses Ereignis hochhielten. Manchmal hatte man
bei den Gesprächen den Eindruck, als wäre der mythische Kampf
zwischen den Franken und Arabern gestern gewesen. Das mag seltsam klingen, aber die Geschichte wiegt nicht nur im Orient oder

auf dem Balkan schwer, auch Westeuropäer haben ihre historischen Obsessionen. Die Probleme der arabischstämmigen Bevölkerung in Frankreich haben sich seither verschärft. Was zuvor mehr Symbol war, ist indes zum Politikum aufgerückt, denn die Islamisierung Frankreichs, wie sie viele Franzosen wahrnehmen, beherrscht gegenwärtig die öffentliche Debatte.

Als erster Rock im Kabinett des Außenministers

Die Zeit an der ENA war trotz aller Mühsal im Erarbeiten von technisch-administrativen Fragen und der vielen kuriosen Begegnungen mit sehr ehrgeizigen Franzosen, für mich eine Art Sauerstoffblase, von der ich später immer wieder zehrte. Bei meiner Rückkehr aus Frankreich erwartete mich in Wien die Bestellung in das Kabinett des Außenministers Alois Mock. Mir wurde erläutert, um welche große Ehre es sich hierbei handelte, da ich die erste weibliche Diplomatin wäre, die im Ministerkabinett arbeiten dürfe. Zwar durfte ich nun manches aus der Nähe der politischen Entscheidung beobachten, auch hier wieder Protokolle schreiben, aber diesmal vorwiegend das Morden in Bosnien betreffend. Denn 1993 wurde der Krieg im zerfallenden Jugoslawien immer dramatischer. Doch wollte ich auch die eine oder andere Analyse verfassen, dem Minister Hilfe in der Entscheidungsfindung geben. Aber all dies war unerwünscht, waren oft parteipolitische Überlegungen ausschlaggebend.

Ein wesentlicher nahöstlicher Kontakt in Wien war trotz nachlassendem Interesse am Orient der Iran. Beinahe im Monatsrhythmus tauchten Delegationen aus der Islamischen Republik auf, die ich bereits aus meiner früheren Tätigkeit in der Nahostabteilung kannte. Es war ihnen sichtlich unangenehm, wenn sie damals in Vorbereitung eines Besuchs mit einer Frau die Details zu besprechen hatten. Waren die Diplomaten des revolutionären Irans anfänglich echte Haudegen von teils zwielichtigem Aussehen, eben jugendliche Revolutionäre oder Militärs, die sich wo auch immer verdient gemacht hatten, so legte der diplomatische Apparat des Irans, der einst eine Auswahl der Fähigsten war, allmählich an Statur und Charisma zu. Außenminister Ali Akhbar Velayati verstand es auf seine nette Art und Weise, die iranischen Interessen geschickt voranzutreiben. Wien war und ist ein wesentliches Tor mit all seinen internationalen Organisationen, wo man über verschiedene Schauplätze wirken kann. Die iranische Botschaft in Wien ist für Teheran traditionell eine besonders wichtige, zumal in der Atombehörde IAEA seit 2002 intensiv über das iranische Atomprogramm beraten wird. Doch in den 1990er-Jahren standen bilaterale Interessen im Vordergrund, die in engen Intervallen oft sehr große iranische Delegationen nach Wien führten. In der Folge war es auch der christlich-islamische Dialog, der zu einer Verdichtung der Kontakte führte. Denn letztlich lief vieles auf eine Achse zwischen dem schiitischen Iran und dem katholischen Vatikan hinaus, da hier etablierte Hierarchien bestehen. So unterhielt man sich über Menschenrechte, weil dies seit der großen UN-Weltkonferenz für Menschenrechte von 1993 zum guten Ton gehörte, und wusste dies mit Geschäftsinteressen in Balance zu bringen. NGOs, die Mitarbeiter von Erdölfirmen in Menschenrechtsthemen berieten und „trainierten", sollten allfällige Fragen klären. Damit stand Wien nicht alleine da. Italien und Deutschland hielten es als wichtige Investoren im Iran ähnlich.

Was mich irritierte, war fehlendes Selbstbewusstsein auf österreichischer Seite, um die eigenen Prinzipien und Interessen zu vertreten. Dahinter stand vielleicht auch der Wunsch, bloß nicht ins Visier von Terroristen zu geraten. Ähnlich hatte man sich zuvor gegenüber bestimmten arabischen Staaten und Bewegungen verhalten. Dennoch wurde Wien Schauplatz einiger Anschläge, z. B. 1975 auf die OPEC. Dieser Anschlag wurde von Libyen finanziert.

Im Falle des Irans rührte keine offizielle Stelle den Finger, als 1989 drei hochrangige kurdische Politiker in Wien von einem iranischen Kommando ermordet wurden. Vielmehr ging man recht tollpatschig vor und forderte erst nach der Ausreise der Attentäter ein Rechtshilfeverfahren. Diplomatische Arbeit ist die Kunst der grauen Zwischentöne, oder, um es auf eine englische Kurzformel zu bringen: „Diplomacy is the ability to tell someone to go to hell in such a way that they will look forward to the trip." Hierfür bedarf es einer guten Menschenkenntnis, relevanter Hintergrundinformationen über das Gegenüber, einer Portion Selbstsicherheit und vor allen Dingen klar formulierter Interessen. Denn ohne solche tappt man oft im Dunklen. Wer mit Iranern einmal verhandelt hat, weiß, wie geschickt diese gelernten Schachspieler darin sind, ihre Ziele klug, mit Beharrlichkeit und vor allem sehr freundlich voranzutreiben. Allein ein Zitat von Immanuel Kant oder Johann Gottfried Herder aus dem Mund eines iranischen Diplomaten versetzte sein Wiener Gegenüber in Entzücken. Sie hätten genauso gut, ein wenig Hafis oder andere persische Autoren in Vorbereitung des Treffens studieren können, dachte ich mir manchmal. Denn sich blenden zu lassen, ist ebenso wenig professionell wie den anderen mit Verachtung zu strafen. Im Umgang mit dem Iran verstrickten sich viele Regierungen in derartige Heiß-Kalt-Bäder. Mit der Rückkehr des Irans auf die internationale Bühne infolge der diskret im Oman seit Februar 2013 geführten Verhandlungen zwischen Unterhändlern aus Washington und Teheran, also Monate vor der Wahl des Klerikers Hassan Rohani zum Präsidenten, lässt sich wieder eine Phase der intensiven Annäherung beobachten.

Mock war vom iranischen Außenminister Ali Akbar Velayati, dem gelernten Kinderarzt, schlicht beeindruckt. Auf seine Weise ist Velayati wohl auch eine Art iranischer Talleyrand, der sehr unterschiedliche Phasen der postrevolutionären Turbulenzen physisch und vor allem politisch überstand. Seit einigen Jahren ist er einflussreicher Berater von Revolutionsführer Ayatollah Ali Khamenei, der nach dem Tod von Ayatollah Khomeini 1989 zum mächtigsten Mann in der Islamischen Republik aufstieg. Persönliche Sympathien können zwischen Politikern viel bewirken, es entsteht rasch die Illusion einer Vertrautheit. Nicht mit Leidenschaft, sondern gelassen sollte der Diplomat schwierige Situationen meistern. Der Franzose Talleyrand empfahl Gleichmut: „Diplomaten regen sich nicht auf, sie machen Notizen."

Was mich in meiner Zeit im Kabinett jenseits der allgegenwärtigen parteipolitischen Interessen immer mehr ernüchterte, war die wachsende Rolle des Pressesprechers. War es zuvor der Kabinettschef oder der Politische Direktor, der den Minister beriet, so war damals eine Machtübernahme durch Personen aus dem Bereich Public Relations im Gange. Was medial seinen Niederschlag fand, schien viel wichtiger als vertrauliche Verhandlungen hinter den Kulissen, welche die Diplomatie ausmachen. Demokratie, der Wunsch nach völliger Transparenz und das sich unter dichtem Zeitdruck wechselseitig beschleunigende Tandem von Politik und Medien lassen kaum ein Verhandeln hinter geschlossenen Türen zu. Wie verhält es sich mit all den Konkurrenten, den transnationalen Akteuren, seien es Konzerne, Medien, Nichtregierungsorganisationen oder internationale Organisationen, die das Monopol der Außenministerien in der Gestaltung internationaler Beziehungen schon seit einigen Jahrzehnten aufweichen?

Diplomatie läuft hierbei Gefahr, immer mehr zum Spektakel, zum bloßen Ereignis einer medialen Eintagsfliege zu verkommen. Um mit einem Konferenzchen in die Schlagzeilen zu gelangen, bedienen Politiker gerne ihre außenpolitische Ader und laden eine hohe Zahl illustrer Gäste zum Gipfel ein, wo kaum Zeit für substanzielle Gespräche bleibt. Ein solcher Zugang steht in klarem Widerspruch zum Kern allen diplomatischen Handelns, der Diskretion. Mit dem Attribut diskret verbindet man vor allem unaufdringliches und zugleich wirksames Handeln im Hintergrund. Diese Aspekte findet man aber kaum unter aktiven Politikern, die alle gerne Außenpolitik für ihr persönliches Fortkommen vermarkten.

Im Laufe des Jahres 1993 bahnte sich in einem norwegischen Landhaus hingegen sehr diskret eine historische Begegnung an. Vertreter der israelischen Regierung unter dem ehemaligen Militär Yitzhak Rabin und eine Delegation der PLO verhandelten erstmals direkt miteinander. Ein kleines, verschwiegenes Team aus norwegischen

Diplomaten und einem universitären Institut ermöglichte dieses streng geheime Konferieren. Es dauerte einige Monate bis die Unterhändler mit einem konkreten Ergebnis an die Öffentlichkeit traten, das die Welt, allen voran die USA, überraschte. Niemand wusste von diesen direkten Gesprächen, die als der Oslo-Friedensprozess bekannt werden sollten, einem detaillierten Plan zur Umsetzung eines Friedens zwischen Israelis und Palästinensern, der Schaffung eines souveränen palästinensischen Staates gemäß einem Zeitplan, der bis 1999 erfüllt werden sollte. Während die USA über viele Umwege Gespräche mit Palästinensern, die nichts mit der PLO zu tun hatten, in Kairo führten, sprachen in der norwegischen Provinz die israelische Regierung und die PLO-Führung bereits direkt miteinander. Dies war ein diplomatischer Coup, der auch dem damaligen norwegischen Außenminister Johan Jørgen Holst zu verdanken war. Zuvor hatten Palästinenser und Israelis offenbar auch versucht, auszuloten, ob Wien eine solche Vermittlerrolle übernehmen wollte. Es soll hierzu keine Bereitschaft gegeben haben, wie darin involvierte Personen bedauerten. Wien war mit dem Balkan und dem EU-Beitritt beschäftigt, der Nahe Osten stand nicht mehr auf der Agenda. So verliert man allmählich jene Reputation, die einst die österreichische Diplomatie ausgemacht hatte, nämlich Verlässlichkeit.

Wir, die Entourage rund um den Minister, waren viel unterwegs, manche Entscheidung irritierte mich und ich wollte aus dieser Oberflächlichkeit wieder heraus. So hatte ich mir Kabinettsarbeit nicht vorgestellt, jeder skeptische Einwand wurde mit dem Hinweis auf „Weisung ist Weisung" abgeschmettert. Als ich aufbegehrte, dass ich gerne wieder etwas konzipieren würde, anstatt hektisch unterwegs zu sein, belächelte man mich nur. So beschloss ich nach der ersten Möglichkeit Ausschau zu halten, das Kabinett wieder zu verlassen und inhaltlich zu arbeiten.

Im Juni 1996 wurde ich von der Personalabteilung mit dem Argument „Du kannst doch Italienisch" nach Spanien versetzt, obwohl ich mich für Damaskus und Budapest beworben hatte, da ich damals Ungarisch lernte und mich eine Mission ins Nachbarland viel mehr interessierte als der Gang nach Iberien. Ich arbeitete zwei Jahre und drei Wochen in Madrid, dann reichte ich meine Demission ein. Nach meinem Austritt sah ich vieles distanzierter und widmete dem Thema „Die Zukunft der Diplomatie" einige Lehrveranstaltungen. Der Brite Sir Harold Nicolson, der 1919 aus dem Foreign Service ausschied, weil er erschüttert war, wie die Diplomatie nach dem Krieg verfallen war, findet in seinem Klassiker „Diplomacy" klare Worte. „The worst kind of diplomats are missionaries, fanatics and lawyers: the best kind are the reasonable and humane sceptics. Thus it is not religion which has been the main formative influence in diplomatic theory; it is common sense." Nicolson wettert gegen Missionare und den Einfluss von Religionen in der Diplomatie, er muss dabei wohl an seine US-amerikanischen Kollegen gedacht haben, die gerne die Welt verändern. Er bringt die wesentliche Eigenschaft, die ein Diplomat in diesem Beruf mitbringen soll, auf den Punkt: den gesunden Menschenverstand. Wer mit Maß die Dinge beurteilt, sich nicht blenden lässt und mit beiden Beinen auf dem Boden bleibt, kann in diesem Fach etwas voranbringen. Doch common sense ist rar geworden. Wer ihn sich leisten will, muss einiges Rückgrat beweisen.

VON
FREIGEISTERN
UND SÖLDNERN

Frei schaffend

Es war ein Sprung ins eiskalte Wasser. Als ich mein Kündigungs-schreiben aus Madrid an das Ministerium schickte, wusste ich nicht, wie es danach beruflich weitergehen würde. Spätestens während mei-ner Zeit im Ministerkabinett wurde mir angesichts parteipolitischer Postenvergabe und fehlender außenpolitischer Strategie klar, dass das Lebensglück nicht darin bestand, eines Tages als Botschafte-rin in Ruhestand zu gehen, während jüngere Kollegen bereits emsig an ihrer Beamtenpension rechneten. So entschied ich mich für den Abgang ohne Netz.

Im kalten Wasser muss man losschwimmen und dies kann sehr belebend sein. Ich verblieb noch zwei Monate an der Botschaft, doch ein Gefühl von Freiheit erfüllte mich. Ich war bereit, bei Null anzu-fangen. Bekanntlich wohnt „jedem Anfang ein Zauber inne, der uns beschützt und der uns hilft zu leben". Auch wenn ich das Gedicht der „Stufen" von Hermann Hesse damals nicht vor Augen hatte, unbe-wusst trieben mich seine Zeilen zum Neubeginn an, denn den läh-menden Komfort als Kulturattaché in Madrid hatte ich abgeschüt-telt. Doch Bewerbungen wurden nicht beantwortet oder freundlich in Evidenz gehalten. Wer braucht schon eine ehemalige Diplomatin? Dank der Vermittlung eines Professors in Beirut erhielt ich eine Lehrverpflichtung und plante einen mehrmonatigen Aufenthalt im Libanon, den ich eine Weile gemieden hatte. Für die Übergangszeit in den Nahen Osten zu ziehen, erschien mir als der ideale Ausweg. Denn in Wien fehlte mir eine Bleibe und ich sah mich nicht im Winter arbeitslos durch die Stadt ziehen. Während viele Libanesen wegen politischen Stillstands wieder einmal emigrierten, wählte ich das chaotische Land für meine Neuorientierung und packte meine Koffer für ein Jahr im Orient.

Rund 48 Stunden vor meiner Abreise aus Spanien veränderte ein Telefonat alles. Ein deutscher Journalist in Madrid, der in die Redaktion der deutschen Tageszeitung „Die Welt" wechselte, hatte mir kurz zuvor geraten, meinen Lebenslauf nach Berlin zu senden. Ein Relaunch, also ein großer Neustart der Zeitung, sollte erfolgen und Korrespondenten würden gesucht. So schrieb ich dem neuen Chefredakteur Mathias Döpfner, um meine Mitarbeit von Beirut aus anzubieten. Ich war gerade dabei, die Wohnung zu räumen, als die Chefredaktion der „Welt" anrief und vorschlug, auf Basis einer Pauschale doch als Österreich-Korrespondentin zu arbeiten. Binnen weniger Stunden organisierte ich mein Leben neu. Einmal in Wien angekommen, fuhr ich in konzentrischen Kreisen um die Stadt und fand am fünften Tag im Grenzland zwischen Niederösterreich und dem Burgenland einen kleinen Ort namens Seibersdorf, der seither mein Zuhause ist. Ich wollte aus finanziellen Gründen aufs Land, aber auch wegen eines lang gehegten Traums des Lebens im Dorf. Am Tag darauf war ich bereits unterwegs nach Berlin, um mich der „Welt" vorzustellen.

Die Reaktionen in Wien auf meinen Wechsel in den Journalismus ließen mich schmunzeln. Es war amüsant, wie manche Ex-Kollegen aus dem Außenamt sich nun intensiv um mich bemühten. Wer mir das Du-Wort entzogen hatte, bot es wieder an. Die meisten waren fest der Überzeugung, dass ich es bloß des Geldes wegen machte. Sie hatten offensichtlich keine Ahnung, was ein freier Journalist verdiente. Doch mit dem Hut der „Welt"-Korrespondentin öffneten sich blitzschnell die Türen. Jetzt war ich nicht mehr der dritte Gartenzwerg von links, der in braver Symmetrie noch mit dem dritten Gartenzwerg von rechts zu reden hatte, sondern traf wen ich wollte auf gleicher Augenhöhe und setzte selbst die Themen. Nun erlebte ich die Mediengeilheit der Politik, die ich im Kabinett des Außenministers mit Schaudern beobachtet hatte, von der anderen Seite. Ich konnte mich des Eifers der Pressesprecher kaum erwehren.

Die vielen Einladungen zu Pressegesprächen lehnte ich oft dankend mit Hinweis ab, dass „dies Berlin kaum interessiert". Rasch musste ich lernen, wichtig von unwichtig zu unterscheiden, den Schreibstil ändern und meine Infrastruktur aufbauen. Doch spürte ich, wie dank neuer intellektueller Herausforderung mit jeder Recherche die kleinen grauen Zellen in Bewegung kamen. Dieses freie und unternehmerische Arbeiten entsprach viel mehr meinem Naturell als das abgesicherte Diplomatendasein, wo es um Systemerhaltung, nicht um Ergebnisse ging.

Als Journalistin zwischen dem Balkan und dem Orient

Es war also reiner Zufall, dass ich Anfang Oktober 1998, nachdem ich erleichtert meinen Diplomatenpass abgegeben hatte, als Korrespondentin für „Die Welt" unterwegs war. Ich hatte keinen blassen Schimmer, was „Springer-Presse" in Deutschland bedeutete, wie stark die Kämpfe zwischen dem Verleger Axel Springer und der Studentenrevolte von 1968 noch nachwirkten. Doch nun stand ich vor dem Axel-Springer-Turm in der Axel-Springer-Straße am ehemaligen Checkpoint Charlie, um Mathias Döpfner zu treffen. Mit seinen knapp 35 Jahren war der hochgewachsene Mann, der mich bei der ersten Begegnung an einen Filmstar aus den deutschen UFA-Studios erinnerte, in gewisser Hinsicht mein neuer Vorgesetzter. Wenige Jahre später war er Vorstandsvorsitzender des größten europäischen Zeitungsverlags, der mit Boulevardpresse von Deutschland bis Rumänien Geld und Politik machte. „Die Welt" sollte als Gegenstück zur „Bild"-Zeitung das gehobene bürgerliche Blatt darstellen. Gegen konservativ hatte ich nichts, doch kannte ich die Zeitung damals nicht. Ich hatte stets die Konkurrenz gelesen. Mein Pech war, dass ich direkt über die Chefredaktion geholt wurde. Ohne journalistische Erfahrung und noch dazu als Österreicherin in Österreich tätig, war ich vielen Kollegen suspekt. Da konnte ich noch so viele Vorschläge unterbreiten, täglich verfügbar sein und Interviews von Simon Wiesenthal über Niki Lauda bis Jörg Haider liefern, besonders freundlich waren die Telefonate vor und nach der Redaktionssitzung nie.

So schrieb ich für „Die Welt" und begriff erst allmählich, wie der Kurs von Axel Springer vieles dominierte beziehungsweise um die Jahrtausendwende eine Renaissance erlebte. Man sah sich als Stimme des bürgerlichen Berlins, das den USA die Treue hielt. Diese Haltung wurde rund um die Vorbereitungen des Irakkriegs von 2003 besonders deutlich. Mit meiner kritischen Berichterstattung zur NATO-Intervention im Kosovo 1999, die ich von Albanien aus und später direkt vor Ort unternahm, sowie meinen eigenständigen nahöstlichen Ansichten musste ich – manchmal täglich – inhaltliche Zwiste mit der Redaktion ausfechten. Allein die Entschärfung der nicht explodierten US-Bomben, welche deutsche Entminungsdienste im Sommer 1999 durchführten und die ich begleiten durfte, war als Geschichte nur halb so interessant wie die fragwürdigen Erfolgsmeldungen, welche die NATO jeden Morgen verkündete, bevor eine russische Vermittlung den Abzug der serbischen Truppen ermöglichte. Erst dann traute sich die NATO in den Kosovo. In Berlin hatte man stets die Linse der „transatlantischen Allianz", einer bedingungslosen Freundschaft zu den USA, und der besonderen Beziehungen zu Israel bei der Betrachtung der Welt eingeschoben. Zu den Unternehmensprinzipien des Springer-Verlags gehört bis heute der Einsatz für das israelische Volk. Derartige Verpflichtungen sind einer objektiven Berichterstattung aus dem Nahen Osten nicht zuträglich. Denn über diesen Konflikt hat fast jeder Leser ohnehin seine vorgefasste Meinung, umso wichtiger sind das Bemühen um Balance und die Darstellung aller relevanten Positionen. Gut informierte nahöstliche Gesprächspartner kannten diese Blattlinie, was wiederum die Arbeit erschwerte. Nur mit viel Einsatz gelang es mir, so manchen misstrauischen Politiker oder Geschäftsmann zu überzeugen, dass ich an Fakten, nicht an Meinungsmache interessiert war.

Springer war in meinen Augen eine Welt für sich, die sich in einer moralischen Sonderstellung glaubte. Dies bekam ich in der

Berichterstattung aus dem Libanon intensiv zu spüren. Differenzierte Darstellungen über einen mutigen syrischen Mittelstand in der Aufbruchstimmung des kurzen Damaszener Frühlings des Sommers 2000, als Baschar al-Assad die Nachfolge seines Vaters nach dreißig Jahren Herrschaft antrat, stießen kaum auf Interesse. Dann eher eine flott geschriebene Story über das Beiruter Nachtleben; dies erschien attraktiver als eine profunde Recherche über das ständig zusammenbrechende Stromnetz, was den Staat schwächte und die Krise in dem zerbrechlichen Land verstärkte. Mit meinem Versuch, die schiitische Partei der Hizbollah jenseits des Etiketts Terrororganisation zu erklären, scheiterte ich kläglich. In den Augen vieler Redakteure, die sich damals schon „Content Administrators", also Inhaltsverwalter, nennen mussten, war die Hizbollah bloß ein wilder Haufen von Selbstmordattentätern, jegliche Berücksichtigung ihrer Rolle als parlamentarische Partei war unerwünscht. Ich lieferte Exklusiv-Interviews mit OPEC-Generalsekretären – noch lange bevor bekannte britische Journalisten einen Termin hatten – und ärgerte mich dann über dümmliche Überschriften oder das lange Hinauszögern bis zur Publikation. Letzteres ist das allgemeine Dilemma des freien Mitarbeiters, der sich weit weg von der Redaktion befindet.

Parallel arbeitete ich rund drei Jahre für „Die Presse" in Wien als Slowenien-Korrespondentin, wobei ich das Land alle paar Wochen für zwei Tage aufsuchte. Dank der überschaubaren Größe der Hauptstadt Ljubljana ließen sich bis zu acht Treffen pro Tag unterbringen. Das slowenische Außenamt vergab bereits um sieben Uhr morgens Termine; nicht umsonst werden die Slowenen „die Schweizer des Balkans" genannt. Ein ehemaliger Kollege in der österreichischen Botschaft in Slowenien half mir beim Knüpfen vieler Kontakte. Eines meiner ersten Interviews führte ich dank ihm mit dem damaligen Staatspräsidenten Milan Kučan, der in der zerfallenden Bundesrepublik Jugoslawien ein hochrangiger Politiker gewesen war. Kučan verkörperte trotz seiner unspektakulären Parteikarriere die alte jugoslawische Größe. Er war ein gerissener Fuchs, von dem man viel erfahren konnte. Bereits nach wenigen Minuten unseres Gesprächs meinte er lächelnd: „Sie sind aber kein richtiger Journalist, so wie Sie Ihre Fragen stellen, das ist ja mehr eine Unterhaltung." Ich wusste nicht, wie ein richtiger Journalist zu fragen hatte, sondern versuchte einfach gut vorbereitet und respektvoll das Gespräch zu führen. Kučan schätzte den Zugang. Und so interviewte, respektive unterhielt ich mich in den kommenden beiden Jahren mit sehr vielen Politikern, fast ausschließlich Männern, zwischen dem Balkan und dem Nahen Osten. Es war jedes Mal interessant, die Atmosphäre eines solchen Gesprächs in höchster Konzentration aller Beteiligten zu spüren. Der Politiker gab sein Bestes, um als Mann der Tat aufzutreten, die Journalistin hoffte mit ihren Fragen auf möglichst neue, noch nie gehörte Aussagen. In dieser Spannung entsteht ein ganz besonderes Knistern. Als ich im November 1999 den Chef der schiitischen Amal-Partei und Parlamentspräsidenten Nabih Berri traf, sprühte dieser vor Charme und Gastfreundschaft eines abgeklärten Patriarchen, auch wenn er seit bald dreißig Jahren die Strippen im Libanon auf oft sehr brutale Art und Weise zieht. Ähnlich verhielt es sich mit den Erdölministern auf OPEC-Konferenzen, mit hohen Funktionären im iranischen Außenministerium oder mit politischen Beratern in Amman und Ankara, die im Hintergrund still wirkten. Die Selbstinszenierung beherrschen die geborenen politischen Tiere gut, sie wissen genau, wie sie welchem Journalisten gegenübertreten. Denn die Chemie zwischen Interviewtem und Fragendem entscheidet, ob das Gespräch ertragreich verläuft. Dank vertrauenswürdiger Vermittler und der arabischen Sprache gelang es mir binnen Kurzem, einige sehr hochrangige Gesprächspartner zu treffen. Während der TV-Journalist eine interessante und brisante Aussage vor laufender Kamera benötigt, tat ich mir als Schreibende leichter, zumal ich Informationen aus Hintergrundgesprächen einfließen lassen konnte. Als ich in späteren Jahren Gelegenheit hatte, im Rahmen einer Dokumentation über die UN-Truppen im Libanon fürs Fernsehen zu arbeiten, war immer klar, dass ich viele Zitate nur jenseits von Mikrofon und Kamera erhalten konnte.

Manches Detail aus Gesprächen mit Mitarbeitern der OPEC, zum Beispiel mit dem späteren libyschen Premierminister und Erdölminister Shukri Ghanem, behielt ich vorerst für mich. Ghanem war in seiner Eigenschaft als Chefökonom der OPEC im Interview großzügig mit seinen Aussagen und nahm sich meist kein Blatt vor den Mund. Er verstand es gleichermaßen, nach innen die OPEC ironisch zu beurteilen, wie ihre Interessen nach außen geschickt zu vertreten. Sein kritisches Buch „OPEC – Rise and Fall of an Exclusive Club" gewährt einen aufschlussreichen Einblick in die Mechanismen der Organisation. Als die USA und andere Staaten Anfang 2004 die Sanktionen gegen Libyen aufhoben, war Ghanem ein wesentlicher Vermittler. Es waren britische Diplomaten, die auch im Interesse von US-Ölkonzernen mit Ghanem den Neustart für 2004 aushandelten. Eines der Gegengeschäfte war die Beendigung des Chemiewaffenprogramms. Libyen war vor allem wegen des Vorwurfs, das Attentat von Lockerbie vom Dezember 1988 zu verantworten, von der Staatengemeinschaft – mit Ausnahme Österreichs – fast 15 Jahre isoliert worden. Die Spuren zu den Hintermännern des Terrorakts führten vielleicht nach Damaskus, wie einige hochrangige Nachrichtendienstmitarbeiter einer Kommission im US-Kongress im Dezember 2013 erklärten. Demnach könnte eine radikale Palästinensergruppe auf Weisung und Rechnung des Irans Rache für den US-Abschuss eines iranischen Zivilflugzeugs vom August 1988 verübt haben. Viele Fragen sind weiterhin offen, da möglicherweise bestimmte Regierungen nie eine umfassende Aufklärung wünschten. Seit meiner Begegnung mit radikalen Palästinensern in der österreichischen Botschaft in Damaskus im Dezember 1988 hatte ich das eigenartige Gefühl, dass die Täter nicht aus Libyen angereist waren, um eine Bombe auf die Pan-Am-Maschine unterwegs von Frankfurt nach New York zu bringen. Libyen leistete schließlich Entschädigungszahlungen, wenngleich es die Schuld immer abstritt. Ghanem verglich diese Geldleistung mit dem Erkaufen von Frieden, um nicht noch mehr Geld zu verlieren.

Für den Gaddafi-Clan war Ghanem der ideale Unterhändler, der die libysche Erdölproduktion nach dem Ende des Embargos modernisierte und mit westlichen Investoren neue Verträge aushandelte, die sich für Libyen als äußerst vorteilhaft erwiesen. Jahre später, im Frühjahr 2012, bezahlte er wohl sein Wissen um den Verbleib der verschwundenen Milliarden und libyschen Spenden, ob in französischen oder anderen Wahlkämpfen in Europa, mit dem Leben, als er in Wien tot in der Alten Donau gefunden wurde. Ghanem habe ich als jovialen Überlebenskünstler mit einer Prise italienischem Dolce Vita in Erinnerung, wie es vielen Libyern aus den Küstenstädten eigen ist. Er war der international ausgebildete und levantinisch biegsame Charmeur und Macher, der es immer wieder aufs Neue verstand, sich mit Diktator Muammar al-Gaddafi und seinen machtgierigen Söhnen zu arrangieren, um das Land auf Kurs zu bringen. Zugleich war er meiner Beobachtung nach ein Spieler, der wie ein Kind Grenzen auslotete und die anderen Mitspieler manchmal unterschätzte. An einer genauen Aufklärung der Umstände seines Todes hatten weder die Angehörigen noch die österreichischen Behörden Interesse. Dass er in die Donau gestolpert sei, erscheint mir ebenso wenig schlüssig wie die These des Freitodes.

„Du bist eine diskrete Frau, daher unterhalte ich mich gerne mit dir", sagte Amin Gemayel, der ehemalige Präsident des Libanon vor vielen Jahren zu mir. Dass ich der Diplomatie den Rücken zuwandte, wo mir die Diskretion als wesentliches Attribut in den zwischenstaatlichen Beziehungen fehlte, verstand er nur bedingt. Seit 1989 treffe ich ihn regelmäßig für einen Gedankenaustausch und wegen unserer Leidenschaft für Pferde. Wir sind meist unterschiedlicher politischer Meinung, doch hat dies der wechselseitigen Wertschätzung noch nie geschadet. Was mich bei vielen dieser Interviews mehr interessierte als die Verwertung einer Antwort, war, das Gegenüber zu begreifen, seinen Blick auf ein Thema zu verstehen und damit neue Einsichten für die Gesamtbetrachtung zu gewinnen. Gerade in der Begegnung mit Menschen aus dem Nahen Osten lernte ich immer mehr, mit Maß zwischen den Zeilen zu lesen und zu hören.

*Mit dem ehemaligen
Präsidenten des Libanons,
Amin Gemayel,
in Bickfaya im Juli 2013*

In den Vorzimmern orientalischer Patriarchen, ob der weltlichen oder geistlichen, stehen lange Sesselreihen. Hier hält der Gastgeber Hof und lässt die Klienten kommen, die wegen einer politischen Allianz, für ein Familienmitglied oder ein Geschäft vorsprechen. Das Palavern und lange Besprechen, bis ein Konsens erreicht ist, der das Gesicht aller wahrt, übte schon der Sultan mit seinem Diwan. Was in unseren Breiten als Sofa bekannt ist, war im Osmanischen Reich und davor in den arabischen Dynastien das Beratungsgremium. Diese stete Konsenssuche ist eine arabische Tugend, die sich klar vom westlichen Prinzip unterscheidet, demzufolge 51 Prozent die restlichen 49 Prozent überstimmen und den Sieg davontragen. Als Gaddafi noch nicht in seinen Machtwahn abgeglitten war, hielt er in den 1970er-Jahren zu ebendiesem Thema flammende Reden. Wenn ich an tagelange Koordinationssitzungen in den Europäischen Räten in Brüssel denke, dann mutet der traditionelle Zugang zur Entscheidungsfindung, den die Orientalen über das Zerreden ohne Zeitdruck im Genuss von gutem Kaffee und angenehmen Umgangsformen pflegen, gleichsam modern an.

Dass ich einige Jahre mit gewisser Regelmäßigkeit parallel aus Österreich, dem Libanon und Slowenien berichtete, verwunderte viele. Wenn zeitgleich Krisen ausbrachen, konnte es anstrengend werden. Doch es bestehen tiefe Gemeinsamkeiten in der Kleinheit der Länder und ihrer Gesellschaften, denn egal ob slawisch, arabisch oder die Melange der Österreicher, die Geografie bestimmt auch das Denken. Und kleine Gesellschaften zeichnen sich oft durch sehr persönliche Beziehungen aus, was sie für Außenstehende fast undurchschaubar macht. Chefredakteure und Politiker kennen einander: Ihre Frauen sitzen beim selben Friseur und die Kinder in derselben Schule. Man möchte in Kleinstaaten einander nicht allzu hart anpacken. Ich stieß während meiner Arbeit an Reportagen aus Slowenien, Österreich und dem Libanon oft auf dieses Phänomen der Verfilzung beziehungsweise der Harmoniesucht. Lange Reisen und umfassend recherchierte Artikel waren damals noch möglich, denn der Springer-Verlag hatte für die neue Ausrichtung der „Welt" ein großes Budget zur Verfügung gestellt. Werbeeinnahmen flossen stetig, es war die Zeit der Internetaufsteiger, die Mobiltelefonie ersteigerte Lizenzen zu hohen Preisen und alles schien auf unendliches Wachstum ausgerichtet. Die Zeitung war dick und voller Beilagen. Im Sommer 2000 gestaltete ich einen Sonderteil über den Libanon und war neben den Texten auch für den Anzeigenteil verantwortlich. So begriff ich, wie teuer eine solche Einschaltung war und welche Rolle die Inserate in der inhaltlichen Ausrichtung teils spielten. Die Artikel hatte ich bald geschrieben, die Unterschrift der Unternehmer für eine Anzeige zu erhalten, war hingegen viel mühsamer.

Nach einem ersten Rausch des leichten Geldes, der die Medienbranche euphorisch stimmte, sollte bald der Absturz auf Raten folgen. Ich erlebte mehrere Krisen in der Branche der Printmedien und damit den ganz persönlichen täglichen Überlebenskampf. Was auf die Digitalisierung und die Online-Gratisausgaben folgte, sich mit der Zusammenlegung von Redaktionen und mehreren Kündigungswellen später noch verschärfen würde, war im Herbst 2000 schon ein wenig zu erahnen. Mehr als einmal wusste ich nicht, ob ich mir ein Zugticket oder einen Einkauf noch leisten konnte. Im Springer-Verlag wurde die Luft immer dicker, die Nerven lagen bei jeder Einsparung blank. Von den wenigen Texten, die ich noch unter viel Aufwand platzierte, konnte ich ohnehin nicht leben. Dann lieber ganz auf die Zusammenarbeit verzichten. Manche Ressortleiter sah ich wenige Jahre später in TV-Debatten wieder. Eines hatte ich im Außenministerium des kleinen Österreichs und im Libanon mit seinem noch kleineren politischen Kosmos gelernt: freundlich bleiben, denn man trifft einander immer wieder.

Was ist eine Recherche wert

Fortan würde ich jede Recherche selbst vorfinanzieren und versuchen, die Kosten aus dem Verkauf der Texte wieder hereinzuarbeiten. Ich lebte immer mehr vom Unterricht an Universitäten und von Vortragstätigkeiten, denn die Redaktionen war selten bereit, über das Zeilenhonorar hinauszugehen. Nun liegt aber ein großer Unterschied zwischen einem Feuilleton-Beitrag, den ich ebenso gerne verfasste, und einem Interview mit einem iranischen oder syrischen Politiker. Um einen Gesprächstermin zu erhalten, korrespondierte ich oft wochenlang. Wären da nicht langjährige persönliche Kontakte gewesen, so hätten einige dieser Termine wahrscheinlich gar nicht stattfinden können. Denn in einer Gesellschaft, in der vor allem Angst herrscht, ist die Chance zu einem hochrangigen Milizchef oder Politiker vorgelassen zu werden, nicht immer gewährt. Vertrauen ist eben ein wesentliches Gut, dass sich nicht kaufen lässt und bei Verlust schwer wieder zu erlangen ist. Gerade die Führungsebene der Hizbollah, ist infolge zahlreicher Anschläge durch hohes Misstrauen geprägt. So gelang es mir, den spirituellen Führer Ayatollah Fadlallah und auch den Generalsekretär Hassan Nasrallah jeweils zu einem direkten Gespräch zu treffen, was ein hoher logistischer und persönlicher Aufwand war.

*Mit dem spirituellen Führer der Hizbollah, Ayatollah Mohammed H. Fadlallah,
im Juni 2004 in Beirut*

Für die Interviews, die sehr interessante Zusammentreffen waren,
erhielt ich jeweils das Zeilenhonorar, also rund 200 Euro. Wenn ich
nicht zeitgleich in Beirut unterrichtet hätte, wäre mit dem Netto-
Erlös nicht einmal ein Flug finanzierbar gewesen. Oft frage ich mich,
wie derart überhaupt noch eine Recherche möglich ist, ohne sich
selbst ständig zu verschulden. Indem ich viele Projekte gleichzeitig
wahrnehme, für Artikel und Studien parallel arbeite und unterrichte,
kann ich mir den freien Journalismus erst finanziell leisten. Ich habe
nichts gegen sehr intensives Arbeiten, doch bedaure ich immer wieder das Unverständnis der Redaktionen, wenn man seine eigenen
Kosten hereinarbeiten muss.

Solche Treffen ohne Dolmetscher wahrzunehmen, ist nicht nur von
finanziellem Vorteil, denn manche subtile Feinheit geht auch in der
besten Übersetzung verloren, zudem kann man nachhaken und damit
den Gesprächsverlauf besser lenken. Während der 2010 verstorbene
Fadlallah den abgeklärten Alten mimte, der sich in erster Linie um das
Seelenheil seiner Schäfchen zu kümmern schien, und mit Selbstironie

das politische Chaos kommentierte, wirkt Nasrallah mehr als Internationalist. Das politische Programm der Partei Gottes, wie Hizbollah übersetzt heißt, enthält trotz der zentralen Rolle des Islams einiges an marxistischem Gedankengut. Denn Nasrallah sieht seine Mission – ebenso wie die Revolutionsgarden des Irans – in der „Befreiung aller Unterdrückten dieser Erde". Im zeitgenössischen politischen Islam tritt der muslimische Umma-Gedanke deutlich hervor, wonach nicht die territoriale Bindung, sondern die Zugehörigkeit zur Glaubensgemeinschaft entscheidend ist. Die Umma umfasst die Gläubigen, wo immer sie sich befinden, ob in der Diaspora in Europa, in Beirut oder im Irak. Das Satellitenfernsehen ermöglichte bald die technische Brücke zwischen den Gläubigen. Al-Manar, „der Leuchtturm", ist der Name der TV-Station der Hizbollah, über die Nasrallahs TV-Ansprachen voller Eloquenz und Provokation die arabische Welt bis hinein in die Wohnzimmer in der europäischen Diaspora bewegten. Die Umbrüche infolge der arabischen Revolutionen seit Beginn 2011 erfassen auch die Hizbollah. Nasrallah ist in den Augen vieler Muslime nicht mehr der strahlende arabische Held, der Israel die Stirn bietet, sondern vielmehr der Gardist der syrischen Regierung, die Tausende Hizbollah-Kämpfer gegen die sunnitischen Muslimbrüder unterstützt.

War der Libanon bereits in den 1980er-Jahren ein Aufmarschgebiet für Gotteskrieger aller Art, hat sich dieses Phänomen seither vom Irak bis nach Syrien verbreitet. Der Begriff Umma wird oft fälschlich mit Nation übersetzt, bedeutet aber viel mehr Gemeinschaft, denn einzig das Glaubensband verbindet, nicht eine Staatsbürgerschaft. Dies erklärt auch das transnationale Selbstverständnis politischer Bewegungen wie der Hizbollah, die sich als internationalistisch verstehen. Mit Nasrallah sprach ich im Februar 2004 am Rande einer Konferenz. Auf dem Weg zu ihm im südlichen Beirut wechselten wir mehrfach Autos, Gebäude und Eskorte. Es war ein außergewöhnliches Zusammentreffen mit einem der meist gesuchten Männer, für das ich in der Folge von israelischer Seite heftig attackiert wurde, andere wiederum bemühten sich, mit mir in Kontakt zu treten. Letztere verweise ich stets darauf, dass ich publiziere und öffentlich vortrage, aber kein Interesse an sonstigen nicht öffentlichen Aktivitäten verfolge. Ich spürte bei diesem Selfmademan aus einfachen Verhältnissen einen bemerkenswerten politischen Instinkt sowie einen erfrischenden Kontrast zu den libanesischen Feudalbaronen, die ihre Ämter innerhalb der Familie vererben. Von allen libanesischen Politikern, die ich in den letzten 25 Jahren interviewte, ist er mit Abstand der originellste Kopf. Selten konnte ich einem exzellenten Arabisch so gut folgen wie jenem Nasrallahs, der ein Meister wortreicher Zweideutigkeit und eindeutiger Aktion ist. Als ich im Sommer 2013 einen Hizbollah-Abgeordneten im Parlament in Beirut für einen Gedankenaustausch traf, meinte der einstige Militante, dass wir gegenwärtig das Ende der islamistischen Bewegungen erleben. Die vielen innermuslimischen Kämpfe, nicht nur das seit über einem Jahrzehnt anhaltende tägliche Gemetzel zwischen Schiiten und Sunniten, reißen immer tiefere Gräben innerhalb der islamischen Welt. Nicht mit einer Silbe sprach er von Israel, was bezeichnend für die Situation im Nahen Osten infolge der revolutionären Umbrüche ist. Die arabische Welt ist mit sich selbst und ihrer Zerrissenheit beschäftigt.

Die vielen innerislamischen Glaubenskriege

Die Auseinandersetzung zwischen den beiden islamischen Strömungen, den Sunniten und Schiiten, die ich im Laufe der Jahrzehnte aufmerksam beobachtete, spiegelt sich klar in der Rolle der schiitischen Hizbollah wider. In ihrem Kampf gegen Israel, der zuletzt 2006 zu Waffengängen führte, genießt die Hizbollah große Achtung in der arabischen Welt. Zugleich ist sie eine Art Filiale des Irans. Teheran kümmerte sich schon immer um die schiitischen Gemeinden am östlichen Mittelmeer, dies war in den Zeiten des Schahs vor der islamischen Republik nicht anders. Der Iran sieht sich unabhängig von der jeweiligen Regierung traditionell als Imperium, das nicht nur am Persischen Golf seine Macht entfalten möchte. Mit der seit Jahren wachsenden Konfrontation zwischen dem nicht arabischen Iran, wo die Mehrheit

der Muslime Schiiten sind, und den sunnitischen arabischen Golfstaaten, allen voran Saudi-Arabien, wird die Hizbollah verstärkt zum
Feindbild der reichen Ölförderstaaten. Die Schiiten stellen weltweit
etwa zehn Prozent der Muslime, die große Mehrheit ist sunnitisch.

Die Spaltung geht auf einen Nachfolgestreit in der Familie nach
dem Tod des Propheten Mohammed 632 unserer Zeitrechnung zurück. Die Schiiten fügten der letzten Offenbarung durch den Propheten noch weitere Elemente, vor allem aber Propheten und Heilige
hinzu. In den Augen der Sunniten sind sie Glaubensabtrünnige, die
es zu bekämpfen gilt. Sie werden von einigen Sunniten sogar abschätzig „Knochenanbeter" genannt, da sie neben Mekka noch viele andere Zentren der Pilgerschaft kennen, wo die von Sunniten getöteten
schiitischen Märtyrer verehrt werden. Diese tiefe Glaubensspaltung,
auf Arabisch „fitna", begann in der islamischen Geschichte schon viel
früher als die vielen Spaltungen der Christenheit, ob nun der Zerfall in Ost- und Westkirche, also Orthodoxie versus Katholizismus,
oder die vielen Schismen infolge der Reformation, vom katholischen
Massaker an den Katharern im Mittelalter ganz zu schweigen. In all
diesen Konfrontationen geht es letztlich um Interpretation, um die
Suche nach der einen absoluten Wahrheit, die jeder für sich bean-
sprucht. Gegenwärtig spielt sich ein grausames Blutbad im Namen
dieser Spaltungen ab, das die Gemetzel von Pakistan über den Irak
bis nach Syrien und in den Libanon bestimmt. Diskutiert man mit
einigen Sunniten, dann hört man immer wieder, diese Kluft zwischen den Muslimen habe der Westen verursacht, sie sei von außen
auferlegt und nicht hausgemacht. Verschwörungstheorien blühen im
Orient ebenso wie auf dem Balkan. Man kann die USA zwar vieler
schrecklicher Taten in der Region bezichtigen, doch haben auch die
europäischen Kolonialmächte im Orient ein Chaos von Grenzen hinterlassen und heutzutage wissen wiederum die Russen die Araber für
sich zu instrumentalisieren. Deshalb ist es Unsinn, die USA oder wen
auch immer für die sunnitisch-schiitische Spaltung verantwortlich
zu machen. Denn als der Zwist um die Erbfolge in der Familie des
Propheten anfing, sollten noch 1200 Jahre bis zur Gründung der USA

vergehen. Dieser Reflex zeigt aber leider den Hang zur Opferrolle in der arabischen Welt. Auch dies mag letztlich mit der Macht des Schicksals zu tun haben. Fatalismus hilft ein wenig beim Ertragen des Alltags in dieser Weltregion, zugleich lähmen Gottesfurcht und falscher Respekt vor verhassten Autoritäten die Gesellschaft. Als junge Menschen Anfang 2011 den Arabischen Frühling mit ihren Protesten gegen Korruption und dem Ruf nach Gerechtigkeit einläuteten, widersetzte sich eine Generation auch gegen die überlieferte Pflicht des „maktoub", also sich dem Schicksal zu fügen, weil alles schon geschrieben steht. Es waren junge Säkulare, die den Aufstand lostraten, sie wurden dann von Islamisten abgelöst. Seit 2012 toben heftige Machtkämpfe von Tunesien bis in die Türkei, wobei es darum geht, welche Rolle der Religion und der Armee zukommen soll.

Mich beeindrucken die Courage und die wachsende Zahl jener Menschen, die sich der religiösen Bevormundung trotz Krieg und Todesangst widersetzen, ob nun im Gezi-Park von Istanbul oder in vielen syrischen Dörfern. Auch in Israel geht angesichts einer wachsenden religiösen Bevölkerungsmehrheit, die mehr vom Staat bezieht, als sie für den Staat leistet, der nicht religiöse Mittelstand auf die Straße. Es herrscht in vielen nahöstlichen Staaten ein Unbehagen angesichts der Macht der Bärtigen, die mit ihrer hohen Geburtenrate immer einflussreicher werden. Jeder vierte Schulanfänger in Israel stammt aus einer ultra-orthodoxen Familie, hinzu kommen noch die vielen Kinder der national-religiösen Siedler. Nicht nur politisch, sondern auch demografisch verändert sich die Gesellschaft mit der Rückkehr der Religion auf die Tagesagenda.

Die Seele nicht verkaufen

Meine eigenständige Arbeitsweise zog die Aufmerksamkeit einiger Institutionen auf mich, aber von diesen wollte ich jedenfalls nichts wissen. Eine junge Dame mit sehr guten Manieren, die als Diplomatin für die Delegation eines großen westlichen Landes bei den

UN-Organisationen in Wien tätig war, versuchte konsequent Kontakt mit mir aufzunehmen. Mich irritierte manches an ihrem intensiven Interesse. Als sie mir kurz vor einer Reise in den Iran ein Paket von Berichten der Botschaft ihres Landes überreichen wollte, wies ich dies sehr bestimmt zurück, indem ich ihr klarmachte, dass ich meine Arbeit stets veröffentliche und ihr im Gegenzug sicherlich nicht Berichte exklusiv zur Verfügung stelle. Nun eröffnete sie mir endlich, dass die Behörden ihres Landes großes Interesse an meiner „Beratung" hätten. „Das nennt sich also heute Beratung", entgegnete ich etwas sarkastisch, für mich hatte dies einen anderen Namen. „Warum interessiert ihr euch ausgerechnet für mich, wenn ihr über so viele exzellent ausgebildete Experten in eurer Zentrale verfügt", fragte ich dann doch neugierig. Die junge Dame, die selbst Arabistik studiert hatte und offenbar nur pro forma an der diplomatischen Vertretung akkreditiert war, vorwiegend aber Mitarbeiter für ihren Dienst rekrutieren sollte, gab mir folgende Antwort: „Weil Sie realistisch analysieren und die richtigen Schlussfolgerungen ziehen." Nun war ich zwar überrascht, dass sie ausgerechnet mich benötigten, um mehr von der Wirklichkeit zu verstehen, weil ich herumreiste und mir ein eigenes Bild machte. Doch ich lehnte dankend jedes Angebot ab. Ich hatte kein Interesse für irgendeinen Dienst dieser Kategorie tätig zu werden, wollte meine Ungebundenheit und Kontakte nicht aufs Spiel setzen.

Trotzig hielt ich an meiner Überzeugung fest, weiterhin auf eigene Rechnung und persönliches finanzielles Risiko zu arbeiten und nicht meine Seele an einen Auftraggeber zu verkaufen – unabhängig von der Branche. Denn wir leben schon seit Jahrzehnten in einer Tyrannei der Kommunikation, wie sie Ignacio Ramonet, der frühere Herausgeber der „Monde diplomatique", bezeichnete. An die Stelle der eigenständigen Recherche ist die durch Kommunikationsexperten aufbereitete Informationspolitik getreten. Zwischen dem Journalisten und dem PR-Agenten liegen Welten, doch sie gehen bedenklich in einem Einheitsbrei ineinander über. Es sind zunehmend existenzielle Sorgen, welche engagierte Journalisten zwecks ordentlicher Recherche in immer schwierigere Situationen treiben. Dies zeigt sich in den Biografien vieler Journalisten im Irak und in Afghanistan. Als ab 2004 die Entführungen in Bagdad massiv zunahmen, waren oftmals Korrespondentinnen die Opfer. Warum waren diese meist jungen Frauen aus Großbritannien, Italien oder Frankreich in Krisengebiete gezogen, um von dort aus für mehrere Redaktionen zu berichten? Sie konnten von ihrer journalistischen Arbeit anderswo nicht mehr leben, lautet die Antwort. Allein Exklusivbeiträge aus Kriegsgebieten ermöglichten ihnen ein gewisses Einkommen, jedoch um den Preis von Leben und Freiheit. Seriöse Berichterstattung aus schwierigen Ländern wird zunehmend zur Existenzfrage, von der Exotik früherer Tage ist nichts mehr übrig geblieben. Die einen wollen aus Überzeugung von der Front berichten, für die anderen bildet sie zeitweise die Möglichkeit, als Freelancer wirtschaftlich zu überleben.

Der Mut der Journalisten von Algerien bis in den Iran

Anders stellt sich die Situation von Journalisten dar, die in repressiven Ländern leben und arbeiten, weil es ihre Heimat ist. Für die kurze Zeit des Arabischen Frühlings 2011 zeichnete sich in all dem Chaos eine neue Pressefreiheit ab, die bemerkenswerte Sendungen, TV-Debatten und Artikel zur Folge hatte. Nun schlägt ein totalitärer Staat wieder zu und macht sie mundtot. Mutige Journalisten, die mit spitzer Feder trotz aller Einschüchterung ihre Kritik zwischen den Zeilen so kundtun, dass die Lektüre allein ein sprachlicher Hochgenuss ist, lernte ich 2004 in Algerien kennen. Ein ehemaliger Kollege aus dem Außenamt, der als tüchtiger Botschafter interessante Kontakte pflegte, ermöglichte mir einige sehr hilfreiche Begegnungen. Ich nahm an Redaktionssitzungen einer algerischen Tageszeitung teil und staunte ob der beharrlichen Recherchen, welche diese bemerkenswerten Frauen und Männer in dem kriegsgebeutelten Land für einen objektiven Journalismus auf sich nahmen. Die Präzision ihrer Sprache und diese würdevolle Haltung gegenüber ihrem Beruf, der Hunderte Kollegen das Leben, die Flucht oder die Verstümmelung gekostet hatte, versetzten mich in tiefes Staunen. Von 1990 bis 1999 dauerte offiziell der algerische Bürgerkrieg zwischen aufständischen Islamisten und der Regierung, der Hunderttausenden Menschen das Leben kostete.

Wie weit waren diese Journalisten vom banalen Infotainment, also der Mischung von Information und Entertainment um der Quote willen, in unseren Breiten entfernt. Sie arbeiteten gegen die Zensur der Behörden und gegen die eigene Schere im Kopf und schufen dabei kluge Texte mit feiner Klinge, die zeitlose Essays sind. In den 1990er-Jahren führte Algerien in der grausamen Statistik verfolgter und getöteter Journalisten, die es gewagt hatten, Fakten über den schmutzigen Krieg, den sich die Armee und die Islamisten auf dem Rücken der Zivilbevölkerung lieferten, zu recherchieren. Sie lebten ständig mit dem Tod im Nacken, mussten Einschüchterung, Todesdrohungen am Telefon und vor allem die Schicksale ermordeter Kollegen ertragen. Allein als Frau unverschleiert durch Algier zu gehen und dann womöglich noch an einen Arbeitsplatz in einer Zeitung, bezahlte manche aufrechte Journalistin mit ihrem Leben, indem sie mit Säure überschüttet oder niedergestochen wurde. Ein Redakteur, dessen Französisch einen Klang und ein Niveau hatte, wie man es in Paris vielleicht nur mehr in der Académie française hört, erklärte mir damals vor zehn Jahren, woher er die Kraft zum Weitermachen nahm: „Georges Moustaki gibt jedes Jahr ein Konzert in Algier, egal wie gefährlich die politische Lage dazwischen war, seine Auftritte sind für viele von uns die Sauerstoffblase." Der französische Chansonsänger stammte aus einer jüdischen Familie aus Alexandria in Ägypten. Er wusste, wovon er sprach und sang, wenn er sich mit den Algeriern menschlich und kulturell solidarisierte. Moustaki zählte wie Dalida oder der Algerier Enrico Macias und viele andere zu jenen kosmopolitischen Mittelmeer-Menschen, die diese arabisch-jüdisch-französisch-italienisch-armenische Welt hervorgebracht hatte.

Mit ihren Liedern lernte ich eine poetische französische Sprache kennen, die mir ebenso wie das Arabische zum Schlüssel in der Levante wurde. Hierbei kommt mir auch folgende Anekdote in den Sinn, die sich im Herbst 1991 in Frankreich zutrug, als ich mit meinem Stage, dem Praktikum an der Präfektur, begonnen hatte. Ich war eben an der École Nationale d'Administration (ENA), der Pariser Kaderschmiede, aufgenommen worden. Die Enarchen, die Absolventen dieser Institution, sind ein kurioser Menschenschlag, der sich mir erst allmählich erschloss. Einer fragte arrogant, ob ich denn an der Sorbonne Französisch studiert hätte, bevor ich mich auf die ENA vorbereitete. „Nein, ich habe all mein Französisch mit arabischen Freunden gelernt", antwortete ich, ohne mir des Schreckens bewusst zu sein, den ich damit unter den etwas abgehobenen jungen Pariser Beamten auslöste. „An der Uni belegte ich unter anderem Hebräisch", legte ich noch nach. Damit war die Verwirrung perfekt. Die frankophonen Journalisten von Marokko bis in den Libanon beherrschen ein meisterliches Französisch, das ich in Frankreich vermisse. So lernte ich Französisch mit den Arabern.

Mit großem Respekt für ihren Mut erinnere ich mich der Begegnung mit Kollegen in Syrien und im Libanon, die Satire-Magazine herausgaben, ihre Worte, ihre Kamera und ihren Zeichenstift tapfer für mehr Bürgerlichkeit in ihren Ländern einsetzten. Einer war Samir Kassir, der im Juni 2005 in seinem Wagen in Beirut mit 46 Jahren ums Leben kam, da eine Autobombe den kritischen Kopf zerfetzte. Er gehörte zu jenen, die sich den Mund nicht verbieten ließen – schlicht ein Vorbild. Wir hatten einander 2002 in einer Ski-Station im Libanon kennengelernt, er war ein klarer Denker mit viel Humor, der mit wenigen Worten einen Sachverhalt klar auf den Punkt brachte. An keine der vielen politischen Strömungen biederte er sich an, seine Kritik traf alle gleichermaßen. Ihm widmete ich vor einigen Jahren ein Buch zum Verhältnis von Orient und Okzident, da sein gewaltvoller Tod mich tief erschütterte. So viele andere unbekannte Aufrechte haben ihren Einsatz für die Pressefreiheit mit dem Leben bezahlt. Kurz vor dem Ende der Amtszeit des iranischen Präsidenten Khatami 2005 war die

Bloggerszene im Iran die viertgrößte weltweit. Diese Internetpublikationen in Form öffentlich geführter Tagebücher sind als Augenzeugenberichte aufschlussreich, sie fielen aber im Iran bald neuen Repressionen zum Opfer. Und dennoch überlebten auch in den schwierigsten Zeiten kleine Inseln des journalistischen und kulturellen Widerstands.

Ich besuchte Teheran im Dezember 2012, als die Stimmung infolge des Drucks der Sanktionen und der bitteren Wirtschaftslage besonders niedergeschlagen war. Meine Gastgeber, selbst Kunstschaffende, nahmen mich in ein privates Kino mit. Öffentliche Kinos existieren kaum. Im Zuge der Revolutionswirren wurden Hunderte zerstört oder gesperrt. In einer großzügig angelegten Villa im Norden der Stadt begaben wir uns in das untere Stockwerk, wo sich ein großer Saal befand. Anstelle enger Sesselreihen standen gemütliche Drehsessel, dazwischen Tische mit Getränken. Die Leinwand hatte die Maße eines kleinen Kinos. Der iranische Filmregisseur Abbas Kiarostami war für die Premiere seines neuen Films anwesend. Mit seinen dunklen Sonnenbrillen, seinem Markenzeichen, stand er in einer Debatte zum Film Rede und Antwort, der in Japan spielte und Prostitution unter Studentinnen, aber indirekt auch die iranische Malaise zur Geschlechtermoral aufgriff. Wir waren rund fünfzig Gäste, die meisten kannten einander, es wurde Persisch ebenso wie Englisch, Französisch oder Hindi gesprochen. Die Stimmung war bemerkenswert entspannt angesichts des permanenten Drucks, den all diese Menschen in ihrem beruflichen und privaten Alltag zwischen Staus, Smog, politischer Repression und Inflation auszuhalten haben. Kiarostami ist ein Privilegierter dank seines internationalen Ansehens und finanzieller Sicherheit. In die Politik mischt er sich nicht ein. Doch viele andere iranische Filmschaffende, Dokumentarfilmer und Kameraleute erfinden sich auf mutige Weise immer wieder neu. Sie bauen Nischen, drehen an kleinen gesellschaftlichen Schrauben und halten für ihre tapferen Aussagen und ihre Werke den Kopf hin. Ich habe bei solchen Erlebnissen im Iran oft den Eindruck, dass hier ein langer Vormärz auf orientalisch stattfindet, der ein ganz besonderes Biedermeier zur Folge haben wird. Leben die

Orientalen ohnehin meist intensiver in ihren eigenen vier Wänden als die Menschen im Westen, so verlangen die besonderen Verhältnisse der Repression ähnlich wie in Europa vor dem Ausbruch der Revolutionen von 1848 einen noch stärkeren Rückzug in Haus und Hof. So entstehen wie einst in den bürgerlichen Salons in Mitteleuropa auch hier Kultur und vor allem viele politische Debatten.

Von der Haus- und Hofberichterstattung zum Weblog

Was im Iran im Sommer 2009 begann, nämlich eine neuerliche Erhebung gegen das korrupte Establishment, fand mit dem Arabischen Frühling 2011 eine Fortsetzung. Weblogs und selbst gedrehte Videos wurden von vielen TV-Stationen und Print-Redaktionen einmal mit Vorsicht, dann wieder voller Euphorie übernommen, doch die Quellen zu überprüfen, wurde immer schwieriger. Diese neue Form eines Journalismus wächst jedoch weiter, da sie in Zeiten reduzierter Korrespondentennetze und nachlassendem Interesse des jeweiligen Publikums Gratisquellen ermöglicht. Bedenklich erscheint, dass neben der Unmöglichkeit, diese zu überprüfen, die Instrumentalisierung gewisser Bilddokumente für politische Interessen nicht zu unterschätzen ist. Die Gefahr eines „digitalen Flächenbrands", wie die offizielle Bezeichnung lautet, lauert daher im Netz vielerorts.

Auch der arabische Satellitensender Al Jazeera, der 1996 im Golfstaat Katar gegründet wurde, hat den Glanz seiner einstigen exzellenten Berichterstattung abgelegt. Dieser Sender revolutionierte in den letzten 15 Jahren die traditionelle Haus- und Hofberichterstattung, die sich auf Audienzen des jeweiligen Machthabers reduzierte. Neben einer arabischen Redaktion wurde bald eine englischsprachige geschaffen, die dank exzellenter Mitarbeiter einen neuen journalistischen Stil einführte. Talkshows mit israelischen Analysten, kritische Reportagen und Dokumentationen zu Korruption, wobei Katar stets ausgenommen wurde, wirbelten einigen Staub in der arabischen Welt auf. Der mächtige Nachbar Saudi-Arabien reagierte mit dem Konkurrenzsender Al-Arabiya. Zunächst wurde Al-Jazeera vom Westen als „Sprachrohr der Terroristen" verdammt, da der Sender Videos von Osama bin Laden ausstrahlte. Im Frühjahr 2011 wurde Al-Jazeera über das Internet auch im Weißen Haus geschaut, denn via Satellit bestand keine Verbindung. Al-Jazeera wurde zum wesentlichen TV-Beobachter der Umbrüche von Tunesien über Libyen bis Ägypten. Die Führungsebene der Redaktionen wurde dann im Sommer 2011 ausgewechselt und dem Herrscher und Sponsor, Emir Hamid bin Chalifa al-Thani, direkt unterstellt. In der Folge wurde Al-Jazeera zusehends zu einem sehr einseitigen TV-Kanal, der offenbar einen bestimmten politischen Kurs verfolgte und sich vor allem der Verbreitung salafistischen Gedankenguts verschrieb. Hier spielen die TV-Prediger eine gefährliche Rolle, sie rufen ähnlich wie die Priester im europäischen Mittelalter junge Männer zur Teilnahme am Glaubenskrieg gegen die Ungläubigen auf. Die Salafisten sehen sich als die wahren Nachfolger des Propheten, da sie sich an den „salaf", den Vorgängern, orientieren. Der Aufstieg des kleinen Emirats Katar zur Regionalmacht, die überall mitmischt, ist neben all dem Geld für Extremisten, Stiftungen und nicht zuletzt Investitionen in wichtige westliche Konzerne, auch der Strahlkraft seines TV-Senders zu verdanken. Als ich mich im Frühjahr 2012 für eine Tagung in Katar aufhielt, gab sich der rund 60-jährige Emir Al-Thani noch sehr zuversichtlich, dank seines jugendlichen Alters neben über 80-jährigen Mitgliedern des saudischen Herrscherhauses sein Land als wesentliche politische Macht in der Region zu etablieren. Er rühmte sich geradezu seiner Gesundheit und forderte einen Marsch der Muslime in Richtung Jerusalem, um dort zu beten. Im Juni 2013 kam es gleichsam über Nacht „aus gesundheitlichen Gründen" zu einer Hofübergabe an seinen Sohn, die gesamte Regierung wurde ausgewechselt. Dieser Regimewechsel erfolgte meines Erachtens auf Druck der USA, die den politisch und medial so umtriebigen Emir in die Schranken wiesen. Al-Jazeera wurde indes in einigen arabischen Staaten zum Staatsfeind erklärt, da der Sender beschuldigt wird,

Extremisten zum Bürgerkrieg aufzustacheln. Ägypten, Libyen und Syrien haben den Sender teils verboten. Der Abstieg des einst soliden ersten arabischen TV-Senders, der professionell arbeitete, war schnell und tragisch. Dabei bedürfte es solcher TV-Kanäle, um ein Gegengewicht zu einer medialen westlichen Dominanz zu schaffen. Deren politisierende Rolle erlebte ich als TV-Kommentatorin rund um die Vorbereitungen des Krieges gegen den Irak im Frühjahr 2003.

Die vielen Experten der Ferndiagnose und die Zerstörung des Iraks

Um eine fachliche Einschätzung gebeten zu werden, freut den Menschen. Denn er verspürt, dass sein Studieren der Geschichte, Grübeln über einen Konflikt und jahrelanges Ergründen der Zusammenhänge nicht vergeblich waren. Wenn es gelingt, einem größeren Publikum einen aktuellen Sachverhalt zu erklären, und daraufhin erfreuliche Rückmeldungen kommen, dann ist dies eine schöne Sache. Ein häufiges Echo lautet: „Sie nennen die Dinge klar beim Namen." Worauf ich entgegnen darf, dass ich glücklicherweise all das sagen kann, wofür ich meine, Argumente zu haben. Als Freischaffende ohne Vorgesetzte oder Anbindung an eine Institution muss ich bei meiner Antwort im Interview nicht überlegen, ob ich „auf Linie" bin. Diese Unabhängigkeit lässt mich rasch Stellung beziehen. Wesentlich sind regelmäßige Kontakte in die Region, um einen Sachverhalt sehr kurzfristig überprüfen zu können. Selbst im akademischen Leben hätte ich nicht diese Freiheit; gerade in der Wissenschaft gibt es handfeste politische und wirtschaftliche Interessenten, die Mitarbeiter zurückpfeifen. Hinzu kommen Neid und Grabenkämpfe jener Kollegen, die nicht medial wahrgenommen werden. Letztlich ist es leichter, eine Expertise im eigenen Namen öffentlich kundzutun. Frei zu schaffen ist ein Privileg, dessen ich mir im Laufe der Jahre und in politisch brisanten Zeiten immer mehr bewusst wurde. Wirtschaftliche Unabhängigkeit ist die Voraussetzung geistiger Freiheit.

Mediale Aufmerksamkeit hilft und ermutigt bei der Arbeit zweifellos. Doch rund um die Vorbereitungen zum Irakkrieg und kurz nach der Invasion der USA und ihrer Verbündeten erlebte ich einiges Verstörendes. Die US-Botschaft in Wien ebenso wie die Vertreter ihrer Verbündeten, vor allem der neuen NATO-Mitglieder in Osteuropa, wurden nicht müde, diesen Waffengang als „gerechten Krieg" und Terrorbekämpfung darzustellen. Experten wurden aus den USA, Tschechien, Großbritannien eingeflogen, man übertraf sich in seltsamen PowerPoint-Präsentationen, wie es auch US-Außenminister Colin Powell im UN-Sicherheitsrat tat, um alle Hebel für einen Krieg, wenn möglich mit Rückendeckung der UNO, in Bewegung zu setzen. Oft fuhr ich niedergeschlagen von TV-Diskussionen nach Hause. Ich hatte zwar wie Tausende andere konsequent gegen den Krieg argumentiert, doch die Propagandamaschine war lauter. Allein Frankreich und Deutschland waren die Stimmen der Vernunft in dieser Drohkulisse, die auf allen TV-Kanälen immer lauter wurden. Ein befreundeter französischer Militärattaché meinte: „Wir haben unsere Erfahrungen aus Algerien und wissen, dass das nicht so glattgeht und auch französische Soldaten schwere Kriegsverbrechen begehen können." Wie Recht sollte er behalten, als die Bilder grausamer Folterungen von Irakern durch britische und US-amerikanische Soldaten im April 2004 um die Welt gingen. Während die USA die Folterer als „einzelne schwarze Schafe" abtun wollten, stand ein System dahinter, das die Regierung deckte, wie in der Folge bekannt werden sollte. Auch hierzu hatte ich so manche unangenehme Debatte mit Vertretern der US-Botschaft auszufechten. So wurde ich sogar mit dem brutalen Vorwurf, „Pressesprecherin der Terroristen" zu sein, konfrontiert.

Deutsche Diplomaten und französische Regierungsmitglieder wurden von den USA auf eine Art und Weise öffentlich niedergemacht, die tief blicken ließ. Gutes Benehmen ist ein wesentliches Attribut allen diplomatischen Handelns, doch unter US-Diplomaten ist es keine Tugend. Vulgäre Kraftausdrücke sind Teil des Vokabulars. Die Enthüllungen von WikiLeaks im Dezember 2010 brachten

US-Depeschen an die Öffentlichkeit, deren Inhalte teils mehr an Sprüche rüder Rowdys als an Botschafter erinnern. Das Axiom aller US-Politik lautete nach dem 11. September einmal mehr: „Wer nicht mit uns ist, ist gegen uns." Unter diesem Titel, übrigens ein Zitat aus den Paulus-Briefen im Neuen Testament, wurden regelrechte Propagandakonferenzen an Universitäten und Instituten aller Art veranstaltet. Bedauerlicherweise ließen sich genug Menschen hierfür instrumentalisieren, besonders intensiv erlebte ich dies bei Nahost-Tagungen in Prag, wo der Blick durch die US-Brille Debatten und Studien beherrschte.

Den Irakkrieg 1991 hatte ich als Diplomatin miterlebt, die unselige Fortsetzung des „unfinished business", wie die US-Regierung es nannte, beobachtete ich diesmal als unabhängige Expertin, die gegen den Krieg anschrieb. Unweit von meinem Zuhause und Büro wurden im Forschungszentrum Seibersdorf für die Atombehörde IAEA jene Staubtücher auf radioaktives Material untersucht, die der unermüdliche UN-Beauftragte Hans Blix mit seinem Team aus dem Irak mitgebracht hatte. Es ging um Beweismaterial für oder gegen den Krieg. Sogar in den Palästen von Saddam Hussein wurde damit gewischt, so als ob der zum Monster hochstilisierte Diktator dort seine ganz persönliche Nuklear-Anreicherung durchführte. Die Atombehörde hatte in den Jahren zuvor versagt, da Bagdad ein geheimes Atomprogramm unter den Augen der Inspektoren dieser Organisation betrieben hatte. Blix war IAEA-Generaldirektor gewesen und setzte sich nunmehr mit aller Kraft dafür ein, dass seine Behörde auf Basis des beschlossenen Mandats des UN-Sicherheitsrats die Mission vollenden konnte. Der Irak war unter solch umfassende internationale Aufsicht gestellt worden wie kein Land zuvor.

Es war ein Wettlauf gegen die Zeit, denn man hatte den Eindruck, dass einige Regierungen die Untersuchungsergebnisse der UN-Ermittler gar nicht abwarten wollten, ob der Irak nun über Massenvernichtungswaffen verfügte oder nicht. Im Sommer 2004 mussten die USA offiziell zugeben, dass es im Irak keinen Hinweis auf solche Waffen gab. Die US-Besatzungsbehörden suchten nach der Invasion noch einige Monate intensiv, doch sie wurden nicht fündig. Ein Teil des Lügengebäudes war damit brüchig, andere Vorwürfe – wie etwa Kontakte zur Al-Qaida – erwiesen sich ebenso als unzutreffend. Ein wesentlicher Kriegstreiber, der damalige britische Premier Tony Blair, ist weiterhin überzeugt, mit diesem Krieg Gottes Willen erfüllt zu haben. Pikanterweise ist Blair seit über zehn Jahren zudem Sondergesandter für den Nahen Osten. Ähnlich argumentierte der damalige US-Präsident George Bush. Anstatt jeden Morgen vor der Kabinettssitzung die Bibel zu lesen, hätten diese Politiker die Berichte der IAEA gründlich studieren sollen. Ebenso hatten die Nachrichtendienste CIA und MI6 ihre Regierungen informiert, dass der Irak nicht über solche Arsenale verfügte, denn die von der UNO in den 1990er-Jahren erzwungene Abrüstung zeitigte Resultate.

Geistige Söldner und Privatarmeen

Aber seit den Anschlägen vom 11. September 2001 war es bereits beschlossene Sache, wie man zahlreichen Memoiren von US-Entscheidungsträgern später entnahm, den Irak zu bombardieren. Handlanger in diesem dreckigen Spiel war ein Teil der irakischen Diaspora in Washington, der die US-Regierung geradezu hörig schien. Diese Exil-Iraker verfolgten ihre eigene politische Agenda einer Machtübernahme und hatten leichtes Spiel mit ihrer Desinformation. Ein wesentlicher Kriegsgrund war aber der Rohstoffreichtum des Landes. Die Aussicht auf neue Ölförderlizenzen reizte viele Konzerne bei dem Kriegsgang mitzumachen. Die nationale irakische Erdölfirma INOC sollte demnach liberalisiert, das heißt, zerschlagen werden. So schlossen sich auch die Japaner, die Spanier und Italiener beziehungsweise ihre wichtigen Energiekonzerne freudig dem Kriegsbündnis an. Mastermind war Paul Wolfowitz, der als Dekan der Privatuniversität Johns Hopkins mit seinen Studenten Planspiele zum irakischen Ölgeschäft und einem Krieg im Lande machte. Dann wurde er die Nummer zwei im Pentagon, dem

US-Verteidigungsministerium. In den 1990er-Jahren wollte sich Bill Clinton nicht zu einer Intervention hinreißen lassen, für die Wolfowitz systematisch warb. Um das Jahr 2000 plädierten sogar viele US-Firmen für eine Aufhebung der Irak-Sanktionen, die Löcher wie ein Schweizer Käse hatten. In Beirut piaffierten westliche Firmen voller Ungeduld, die nur darauf warteten, im Irak wieder das große Geschäft zu machen. So erklärte mir damals der Vertreter einer großen deutschen Bank, dass sie nicht wegen des Libanons das Büro dort unterhielten, sondern ausschließlich für zukünftige Projekte mit dem Irak. Ein Winzer aus der Bekaa-Ebene, dessen Weinbau-Betrieb ich gerne besuchte, lebte vom Rotwein-Export in den Irak. Von Beirut aus zogen alle paar Monate moderne Karawanen mit Jeeps nach Bagdad, um an Fachmessen teilzunehmen. Der internationale Flugverkehr war dem Embargo zum Opfer gefallen. Diese Geschäftsmänner rechneten mit einer allmählichen Normalisierung, nicht aber mit einem Krieg und der massiven Zerstörung des Iraks.

Das Land kannte ich von kurzen Aufenthalten, einige der Akteure indirekt. Der Irak ist mit Jordanien nicht nur über die Haschemiten und viele weitere Stämme, sondern auch mental eng verbunden. Die Iraker werden manchmal als die Preußen unter den Arabern bezeichnet, sind sie doch ernster und disziplinierter als die leichtlebigen Cousins an den Küsten des Mittelmeers. Doch das historisch so bedeutsame Zweistromland ist mit seinen alten Städten Ur und Babylon viel urbaner als der kleine Nachbar in der Wüste. Von Ur aus soll Abraham einst in sein gelobtes Land aufgebrochen sein. Der Irak war unter der Dynastie der Abbasiden Zentrum der arabischen Kultur und dank der Berührung mit der persischen Zivilisation auch stets die Brücke zwischen diesen Welten, die sich zunächst befruchteten, jedoch im 20. Jahrhundert wieder bekriegten. Zugleich verlor das Land unter der Diktatur von Saddam Hussein seit 1978 seinen Wohlstand. Die einst offene bürgerliche Gesellschaft war teils emigriert, teils versuchte sie schlicht den Alltag zu meistern. Man musste bloß ein wenig Logik und historische Grundkenntnisse einsetzen, um zu erahnen, dass neben all dem Blutvergießen und dem Flüchtlingselend auch der zerbrechliche Irak zerfallen könnte. Diese arabischen Nationalstaaten sind unmittelbare Ergebnisse des Ersten Weltkriegs. Es war die britisch-französische Neuordnung der Landkarten im Sinne der Erdölinteressen der Siegermächte, die den Irak und seine Nachbarn prägte. Auch wenn sich seit der Unabhängigkeit ein starkes Nationalbewusstsein herausgebildet hatte und ein städtischer Mittelstand quer durch alle Ethnien entstand, die Macht der Stämme blieb, die Fragmentierung entlang religiöser Linien wuchs. Was Saddam Hussein praktizierte, nämlich ein perfides „Divide et Impera"-Spiel, um die Stämme unter Kontrolle beziehungsweise die Stammesführer mit viel finanzieller Zuwendung gefügig zu halten, übernahmen ab 2006 die US-Besatzer. Sie zahlten und schmierten, um so das Land zu befrieden und auf die Macht der alten Notabeln zu setzen. Einen Kardinalfehler begangen die USA mit der Auflösung der irakischen Armee beim Einmarsch im April 2003.

Es war unbegreiflich, wer hier welche Entscheidungen traf. Im Zuge der vielen Diskussionen traf ich auf die sogenannten „Arab experts", etwa jene von der US-Militärakademie Westpoint oder des Außenministeriums. Die meisten von ihnen waren noch nie im Nahen Osten gewesen. Sie wussten schlicht nicht, wovon sie sprachen. „Es gibt im Irak drei große Organisationen: Schiiten, Kurden und Araber", eröffnete ein hochrangiger Vertreter von Westpoint einen Vortrag an der Diplomatischen Akademie in Wien. Mit martialischer Musik unterlegte PowerPoint-Präsentationen zeigten Stützpunkte von Terroristen im Irak und alle lauschten aufmerksam den Ausführungen eines jungen „Research Fellow" aus Washington. Es war ernüchternd und bedrückend, denn den Blutzoll für diesen Ausbund an Ignoranz bezahlen bis heute die Iraker. Erschien mir bereits in Studientagen in Washington das Niveau nahöstlicher Expertise schwach, war es nun ein Stück weiter gesunken. Was mich noch mehr bestürzte, war das unkritische Abnicken dieses Krieges durch Personen in Österreich, die sich sonst lautstark für friedliche Lösungen engagierten. Frei nach dem Motto „Wenn damit die Demokratie in den Irak gebracht wird" fanden sich ein Grünen-Chef, Vorzeige-Promi-Intellektuelle und Chefredakteure mit dem Krieg gut ab. Als am frühen Morgen des 20. März 2003 der Angriff auf den Irak begann, heulte ich eine Weile neben dem Radiogerät. Danach fehlten mir oft die Tränen angesichts der Horrormeldungen, die bis zu diesem Tag anhalten. Saddam Hussein, der sein Land 25 Jahre brutal unterdrückte, hatte nicht ganz Unrecht, als er kurz vor dem Angriff die USA als die „neuen Mongolen" bezeichnete.

Bevor die Artillerie ausrückte, wurden aber Kohorten von Experten in und außerhalb der USA als geistige Söldner in TV-Debatten und Diskussionsrunden ausgesendet. Die meisten unter ihnen waren Mitarbeiter von Thinktanks, die eine wachsende und dubiose Rolle spielen, denn sie bestimmen oftmals die Ausrichtung der politischen Agenda. Der Vorwurf an die Medien als gleichsam Letztverantwortliche für jedes Drama greift nicht. Das Spiel mit den Informationen ist ein Stück komplexer und hat mit dem Aufstieg diverser Institute im Kommunikationsbereich eine neue Dynamik erlangt, die im Kosovo-Krieg 1999 und dann im Fall des Iraks 2003 sehr deutlich wurde. Der Sammelbegriff „Denkfabriken" wurde erst in den letzten Jahrzehnten konsequent für Institute verwendet, die gleichsam für das „Nachdenken" über aktuelle oder zukünftige Problemstellungen nationaler oder internationaler Politik und Wirtschaft sowie das „Ausdenken" von Lösungen für die viel zitierten Szenarien bezahlt werden. Solche Prozesse der Grundlagenforschung fanden ursprünglich innerhalb von Ministerien, Firmen oder Hochschulen statt. Was mich bei Begegnungen mit dieser Branche stets erstaunt, sind die geringe Reisetätigkeit vieler dieser Experten, mangelnde Sprachkenntnisse und die Distanz zu den Ländern, die sie bearbeiten. Während Diplomaten – Konsularbeamte oft in noch viel größerem Umfang – im jeweiligen Staat den Alltag leben, tendieren die Experten der Thinktanks zur Ferndiagnose.

Trotz solcher Ärgernisse genoss ich immer mehr mein selbstbestimmtes Leben als Freigeist. Bei einem Abendessen, das ein italienischer Botschafter in Wien gab, war mein Tischnachbar ein französischer Diplomat, der etwas jünger war als ich. Er nahm sich selbst recht ernst und eröffnete unsere Konversation mit folgender bedeutsamer Frage: „Für welche Botschaft arbeitet Ihr Gemahl?" Ich antwortete nur: „Ich bin nicht verheiratet." Wir schrieben das Jahr 2008. Daraufhin setzte er fort: „Und an welcher Botschaft sind Sie tätig?" Worauf meine knappe Reaktion war: „Ich bin keine Diplomatin." Der eifrige Franzose beharrte: „Für welche internationale Organisation arbeiten Sie?" „Keine", war meine noch kürzere Auskunft. Ich widmete mich lieber der Vorspeise. Nach einiger Funkstille meldete sich der emsige, aber nicht besonders geschliffene Tischherr wieder: „Was machen Sie denn dann im Leben?" Auf Französisch klang seine Neugier noch bizarrer, so als könnte man nur innerhalb von Botschaften und internationalen Organisationen existieren. Indem ich ihm diesmal tief in die bebrillten Augen blickte, erklärte ich: „Je suis freelance." – Ich bin freischaffend. Ungläubig sah er mich an und bemerkte nur etwas abfällig: „Kann man davon leben?" Indem ich genüsslich am Champagnerglas nippte, sagte ich: „Überhaupt nicht, aber deswegen, Monsieur, esse ich heute Abend hier."

Ein benachbarter Bauer von 92 Jahren, mit dem ich mich gerne unterhielt, sprach mich immer wieder auf die Berichterstattung rund um den Irak im Frühjahr 2003 an. Besagter Mann namens Karl Laufer verfügte über einige Jahre Volksschulbildung aus den 1920er-Jahren und hatte den Zweiten Weltkrieg an vielen Fronten erlebt. Im Gegensatz zu hochrangigen Völkerrechtsexperten, die meinten, diesen Waffengang legitimieren zu können, indem sie sich auf die medial verbreiteten Fakten beriefen, zeigte sich dieser einfache Mann tief skeptisch: „Was ich in den Nachrichten sehe, erinnert mich an die Wochenschau meiner Jugend." Er hatte seinen gesunden Menschenverstand erhalten, während so viele Zeitgenossen sich als leicht verführbar erwiesen, obwohl Bildung und Informationsmöglichkeiten einige Gelegenheiten für kritisches Denken ermöglichten.

Als Lehrende zwischen Orient und Okzident

Die freischaffende Existenz wäre mir in den letzten 15 Jahren nicht gelungen, wenn ich mir nicht mehrere Standbeine aufgebaut hätte. Halte ich ein mehrtägiges Blockseminar in Beirut, wo ich an mehreren Universitäten, zum Beispiel der frankophonen St. Joseph tätig bin, dann verbinde ich dies oft mit intensiven Gesprächen, um Material für Texte oder für ein Buch zu sammeln. Im kleinen Libanon bestehen über vierzig Privatuniversitäten von meist sehr fragwürdigem Niveau. Der Bildungsmarkt mit seiner zahlenden Kundschaft ist kein orientalisches Phänomen. Einen ähnlichen Handel mit Diplomen erlebte ich auf US-amerikanischen Universitäten und den vielen seltsamen Privatuniversitäten im Kosovo, wo ich in Priština im Auftrag der Diplomatischen Akademie Wien drei Seminare hielt. Im letzten ließ ich alle Teilnehmer durchfallen, denn weder sprachlich noch intellektuell waren sie für einen Abschluss befähigt. Der Mitarbeiter einer internationalen Organisation, dem wesentlichen Arbeitgeber im Balkan, sagte damals zu mir: „Seien Sie froh, dass Sie hier nicht leben. Denn das Einschlagen von Fensterscheiben wäre noch die kleinste Rache."

Amerikanische Universitäten wurden in den letzten zwanzig Jahren in Ost- und Südosteuropa immer populärer, in der Wiener Niederlassung einer solchen US-Universität unterrichtete ich einige Jahre. Die Studierenden kamen zum überwiegenden Teil aus sehr wohlhabenden Familien Südosteuropas, fuhren mit ihren Jeeps vor und betrachteten den Lehrenden oftmals als Personal. Da ich mit vielen Entwicklungen in der Studienleitung nicht einverstanden war und mir auch hier erlaubte, schlechtere Noten zu geben oder einige durchfallen zu lassen, was lange Korrespondenzen erforderte, stellte ich schließlich meine Mitarbeit ein. Denn ich sehe in Studierenden stets eine junge Kollegenschaft, mit der ich alle gewonnene Einsicht gerne teile, nicht aber eine zahlende Kundschaft. Im Zuge des Sturzes von Muammar al-Gaddafi in Libyen im Frühjahr 2011 wurde endlich auch bekannt, dass die London School of Economics (LSE) seinem

Sohn Seif al-Gaddafi 2009 ein Doktorat für den Gegenwert einer libyschen Spende von 1,5 Mio. Pfund verkauft hatte. Ihr Spitzname wurde daher folgerichtig „Libyan School of Economics".

Über eine lange ehrwürdige angelsächsische Tradition verfügen die beiden großen Amerikanischen Universitäten von Beirut und Kairo. Die AUB, American University of Beirut, ist aus dem protestantischen College 1866 hervorgegangen. Ob französisch und katholisch oder doch protestantisch und englisch – das war stets ein wilder Richtungsstreit in wohlhabenden Familien, die es sich leisten konnten, ihre Kinder für völlig überhöhte Studiengebühren an der AUB oder AUC lernen zu lassen. Der Campus von Beirut mit seinem herrlichen Park, der direkt an den Strand führte, wo besonders reiche Kids einst zu Mittag Wasserski fahren gingen, profitierte vom 11. September. Denn viele arabische Studenten zogen es nun vor, im Libanon ein Studium zu absolvieren, anstatt Visa-Hürden und Schikanen in den USA auf sich zu nehmen. Immer, wenn in Beirut oder Kairo eine Demonstration gegen die USA stattfand, ob nun wegen der Palästinafrage oder aus einem anderen Grund, gingen diese meist von den Studierenden dieser amerikanischen Unis aus. Das Niveau sank wie vielerorts beträchtlich. Von dem offenen und hohen Debattenniveau, das hier einst herrschte, spürte ich in den Lehrveranstaltungen, die ich einige Male hielt, nichts mehr. Wer sich die AUB leisten kann, verfügt noch ein wenig über die Garantie, Arbeit zu finden, zumindest im Unternehmen der Familie. Doch Hunderttausende Uni-Absolventen sind in den arabischen Ländern ohne Aussicht auf Arbeit und Status. Gut erinnere ich mich der Klagen junger Männer, die ich unterrichtete, die mir schon vor zwanzig Jahren erklärten, dass sie sich keine Heirat und keine Wohnung leisten könnten, sei es, weil sie zu wenig oder gar nichts verdienten. Mit dem Ausbruch der Revolten im Jänner 2011 dachte ich immer wieder an diese Gespräche und begann dann die Recherche für mein Buch „Testosteron Macht Politik", worin ich so manche Beobachtung aus dieser Lehrerfahrung einbrachte. Die wirtschaftlichen und sozialen Missstände haben sich seither nur verschärft.

Anfang 2004 trat dann das UNDP, eine UN-Organisation für Entwicklung, über die Diplomatische Akademie an mich heran, den möglichen Lehrplan für den Aufbau einer solchen in Afghanistan zu entwerfen. Zwei Tage saß ich an dem Konzept, das mich grundsätzlich ansprach. Die angekündigte Honorierung wäre fürstlich ausgefallen, wobei ich für zwei mehrwöchige Aufenthalte nach Kabul hätte reisen sollen. Ich lehnte aber ab. Das UNDP kontaktierte mich noch einige Male, da sie offenbar dringend dieses Projekt umsetzen wollten. Ich lehnte abermals mit dem Hinweis ab, dass ich erstens der Meinung sei, dass mehr Grundschulen anstatt einer Diplomatenschule, die dann wiederum den Anverwandten von Warlords offen stünde, erforderlich seien. Zweitens betonte ich, kein Paschtu zu können und kein Interesse zu haben, in Kabul zu verschwinden, um in einem orangefarbenen Overall in einer Höhle angekettet in einem Video wieder aufzutauchen. Das Honorar hätte zwar viele meiner finanziellen Sorgen gelöst, doch hierfür wollte ich nicht alles riskieren. In einigen nahöstlichen Staaten kenne ich mich aus, kann die Risiken einschätzen und verfüge über Gewährsleute, die mir im Fall der Fälle helfen könnten. Dies alles traf auf Afghanistan nicht zu.

Die unterschiedlichen Unterrichtserfahrungen vor sehr diversen Auditorien ermöglichten mir so manches Seminar aufzubauen, das Querschnitte zwischen meinen Erfahrungen im Nahen Osten und auf dem Balkan zog. Es war stets eine besondere Übung, eine internationale Konferenz zu simulieren, in welcher die Teilnehmer Delegationen zu spielen hatten und sich argumentativ auf ihre Rolle vorbereiteten. Wenn eine engagierte bosnische Muslimin den israelischen Premier Scharon auf einsamen Posten spielte, junge US-Amerikaner wiederum die palästinensische Hamas repräsentierten und dank besserer Vorbereitung gar die von einem Deutschen gespielte PLO gegen die Wand redeten, dann mussten wir alle manchmal in der Hitze der Wortgefechte dennoch laut loslachen. So aberwitzig und zugleich real war das Spiel mit Geschichte, Religion, Völkerrecht und Eitelkeiten. Gerne wählte ich Balkanthemen für arabische

Studenten. Eine Mazedonien-Konferenz, die ich im Herbst 2002 mit einer Gruppe in Beirut durchspielte, sorgte für eine große Debatte unter den Teilnehmern. Denn der dramatische Sprachenstreit in Mazedonien, wo es um viele alte und neue Konflikte zwischen Slawen und Nichtslawen sowie um die neu aufgeflammte Albanienfrage ging, gab vielen Libanesen zu denken. Einige meinten gar, die Probleme im Libanon seien vergleichsweise kleiner, denn zumindest könnten alle Arabisch und man könnte die Menschen nicht aufgrund ihres Namens ethnisch zuordnen. So entkamen manche ihrem nahöstlichen Froschteich, da sie erkannten, dass es auch noch andere Probleme auf dieser Welt gibt.

Von Ethnopsychiatern und der Inflation interreligiöser Dialoge

Dank dieser Lehrtätigkeit konnte ich an einigen interessanten, aber auch kuriosen Tagungen teilnehmen, eine solche war ein Seminar der türkischen Gesellschaft für Ethnopsychiatrie, an dessen Vorbereitungen ich mitwirkte, dessen Verlauf mich aber dann nur mehr in ungläubiges Staunen versetzte. Es lassen sich offenbar mit den seltsamsten Ideen wissenschaftliche Geschäfte machen. Oder ist das Versagen aller konventionellen Vermittlungsversuche der Grund dafür, dass neue Institutionen entstehen, um einen neuerlichen Anlauf in einer friedlichen Lösungssuche zu machen?

Seit dem Beginn der psychoanalytischen Bewegung wurden Erkenntnisse über das Unbewusste für ein erweitertes Verständnis kultureller Phänomene eingesetzt. Auch die Ethnologen wurden auf die Psychoanalyse aufmerksam und man begann wechselseitig voneinander zu lernen. Der Ursprung der Ethnopsychoanalyse liegt in den 1950er-Jahren in Zürich beim Psychoanalytiker Paul Parin, den ich zu diesem Thema einmal interviewen durfte. Die Anwendung der Psychoanalyse mache es demnach möglich, das Wechselspiel zwischen dem Individuum mit seinem bewussten und unbewussten

Seelenleben, seiner Kultur und dem Gesellschaftsgefüge zu beschreiben. Die nachfolgende Idee, psychologische Expertise in politische Verhandlungen einzubinden, fand in den 1970er-Jahren bei einigen Entscheidungsträgern Zuspruch.

Ein wesentlicher Förderer dieser Strömung ist der frühere US-Präsident Jimmy Carter. Anfänglich unterstützte die Carter-Stiftung diese interdisziplinäre Zusammenarbeit von Politikern, Diplomaten, Militärs, Psychologen und Ethnologen. Der Ethnopsychiater Vamik Volkan, der sich unter anderem mit der tiefenpsychologischen Dimension des Zypernkonflikts befasst, war gemeinsam mit dem US-Politiker Harold Saunders einer der Mitbegründer dieser Kooperation. Volkan geht sogar so weit, vom „Versagen der Diplomatie" zu sprechen, indem er den Bedarf an Ethnologen und Psychologen vor allem für so komplexe Missionen wie jene im Nahen Osten aufzeigt.

Die „neuen Kriege", also die Rückkehr der eigentlich alten Religionskriege, stellen Regierungen und Internationale Organisationen vor völlig neue Sachverhalte. Die Vordenker dieser Ethnopsychiatrie, die zwischenzeitlich eine rege Konferenztätigkeit entwickelt haben, plädieren dafür, Konflikte nicht bloß aus der traditionellen sicherheitspolitischen Perspektive, sondern auch auf einer psychologischen Ebene zu untersuchen. Konfliktgegner über Instrumente einer Gruppentherapie beispielsweise einander näher zu bringen, sind zweifellos interessante Ansätze. Doch in welchem Umfang haben sie beigetragen, Kriege einer Verhandlungslösung zuzuführen? Zweifellos würde manch verzweifelter Sondergesandte für den Nahen Osten alle Konfliktparteien lieber auf die Couch legen, als an den Verhandlungstisch zu setzen. Doch inwieweit helfen tiefenpsychologische Erkenntnisse nun tatsächlich, um einen Grenzkonflikt, eine Statusfrage, die Anerkennung eines Nachbarn etc. zu regeln?

Eine psychologische Untersuchung, die neben der realpolitischen Einschätzung einer Krise auch die zur Debatte stehenden, tieferliegenden Mentalitäten und Kulturen der Konfliktparteien erklären und in eine Lösungssuche einbauen kann, begann sich in den 1980er-Jahren durchzusetzen. Findige Beratungsfirmen, die in der „Track

II diplomacy", also außerhalb der offiziellen Schiene auf Ebene der Zivilgesellschaft, vermehrt als Vermittler für Konflikte wirken, bieten Seminare zur Ethnopsychiatrie vom Balkan bis Sri Lanka an. Ihre Erfolge sind mäßig. Dass die Großgruppenpsychologie in internationalen Beziehungen eine Rolle spielt und mit den rechtlichen, wirtschaftlichen und militärischen Fragen der realen Welt verknüpft ist, diese Einsicht gewann in den letzten zwanzig Jahren an Bedeutung. Mit dem Ende des Kalten Krieges wurde angesichts der neuen alten ethnischen Konflikte in Europa und andernorts die unsichtbare Macht der sogenannten Großgruppenidentitäten deutlicher. Der Zerfall Jugoslawiens lieferte viele interessante Anschauungsbeispiele für die Rückkehr religiöser und ethnischer Identitäten. Um diese zu verstehen, bildeten sich Foren inoffizieller Diplomatie auf wissenschaftlicher Ebene systematischer heraus. Die zu diesem Thema publizierten Untersuchungen sind zahlreich, doch zeigt sich immer wieder die Notwendigkeit umfassender Geschichtsbildung.

Seit den 1990er-Jahren gewannen im Lichte der Debatte eines „Kulturkampfes" zwischen den Zivilisationen die interreligiösen Dialoge an Zuspruch. Einige Regierungen, unter anderem die iranische und auch die österreichische, hefteten diese Dialoge geradezu an ihre außenpolitischen Fahnen. Kritisch betrachtet hat das kostenintensive diplomatische Engagement im Nahen Osten sicher nicht die gewünschten Ergebnisse gezeigt. Viele Regierungen, NGOs und auch internationale Organisationen verlegten sich immer mehr auf die Konferenzen und Ausbildungen im Dialog zwischen den Zivilisationen. Es ist eine traurige Ironie der Geschichte, dass ausgerechnet das Jahr 2001 von der UNO zum Jahr des Dialogs zwischen den Zivilisationen erklärt worden war. In jenem Jahr fanden die Anschläge vom 11. September statt, die eine Serie von militärischen Interventionen des Westens in muslimischen Staaten zur Folge hatten. Der Wiener Kardinal Christoph Schönborn hielt auf Einladung der iranischen Regierung eine Rede an der Universität von Teheran. Grund der Begegnung war, dass der iranische Klerus von seinem katholischen Gegenüber lernen wollte, wie man dank eines inneren

Reformprozesses – wobei man an das Zweite Vatikanische Konzil dachte – in der Gegenwart ankommen könnte.

Dieser Dialog endete ebenso ohne solide Ergebnisse wie die vielen anderen Großkonferenzen, die seither zu diesem Thema geführt wurden. Ich durfte einige dieser Veranstaltungen als Referentin oder Beobachterin erleben und hegte wachsende Zweifel. Kann ein interreligiöser Dialog dazu beitragen, handfeste Territorialkonflikte, Flüchtlingsfragen oder Wasserrechte zu lösen, wie sie den Israel-Palästina-Konflikt beherrschen? Religiöse Würdenträger, Wohlfahrtsorganisationen aller Art, sie mögen für eine Atmosphäre respektvoller Begegnung auf Augenhöhe sorgen, doch die Lösungen zu Krieg und Frieden können letztlich nur die politischen Vertreter der Konfliktparteien erarbeiten und rechtlich abschließen. Und diese Lösungssuche sollte stets von Vernunft und Pragmatismus, nicht aber mit religiösem Eifer betrieben werden. Die Intuition, das Bauchgefühl, spielt ebenso eine Rolle in der Entscheidungsfindung. Tatsächlich sind aber die vom britischen Diplomaten Harold Nicolson trefflich beschriebenen Missionare in den Krisenzonen unterwegs.

Probiert wurde im Nahen Osten in den letzten achtzig Jahren der diplomatischen Vermittlung fast alles, wenn man bis an die Peel Commission des Britischen Parlaments 1937 zurückdenkt, die auch schon einforderte, was bis heute für den Palästinakonflikt gültig ist: „Einstellung aller Kampfhandlungen, Einstellung aller Siedlungstätigkeit." Ebenso wurden all diese Dialoge und schönen Initiativen auf zivilgesellschaftlicher Ebene bemüht, doch daraus ist vor allem ein weitreichender Geschäftszweig entstanden, der den betroffenen Menschen nicht sehr viel brachte. Mit den vielen neuen Stellvertreterkriegen und der wachsenden Armut in den arabischen Staaten seit Beginn der Revolutionen von 2011 weiß eigentlich niemand, wo man heute den Hebel ansetzen soll, um eine friedliche Lösung zu ermöglichen.

Was diese Konflikte neben den vielen nationalen und religiösen Dimensionen so brisant macht, ist die Energiefrage. Der Rohstoffreichtum dieser Länder wurde immer mehr zu ihrem Fluch. Dies gilt ganz besonders für den Irak. Aufgrund der Berichterstattung über die OPEC-Konferenzen in Wien arbeitete ich mich immer tiefer in die Energiepolitik ein. Einer ersten großen Lehrveranstaltung folgten einige Artikel, dann ein Buch. Das Energiethema begann meine Arbeit zu dominieren. Und ich verstand manche nahöstliche Entwicklung immer klarer, wenn ich eine Brille aufsetzte, die ich Erdölmarkt nannte.

EMOTIONALE
ENERGIEPOLITIK

Es ist nicht „unser" Öl

Betrachtet man die Welt durch die Brille „Erdölmarkt", erklären sich die Entwicklungen im Nahen Osten im Namen der Rohstoffbegierden und damit im Lichte der Allianzen zwischen östlichen Produzenten und westlichen Importeuren. Dies gilt für die Zeit nach 1920, als die Region im Ölabkommen von San Remo erstmals anhand von Pipelines aufgeteilt wurde, und in noch viel stärkerem Umfang für unser kriegerisches Jahrhundert. Denn die Militärinterventionen des Westens in Afghanistan 2001, im Irak 2003, in Libyen 2011 sowie die ambivalente Unterstützung von Extremisten in Syrien durch einige westliche Regierungen haben Kriege losgetreten, die fortdauern. Und fast alle diese Interventionen lassen sich mit Energieinteressen erklären. Jene Menschen, die gegen den Irak-Krieg protestierten, indem sie „no blood for oil" skandierten, sollten Recht behalten. Es ging um den Zugang zu Erdöl von hoher Qualität, das sich besonders gut für die Herstellung von Treibstoff eignet. Dies gilt jedenfalls für den Irak und Libyen, wo die Vergabe von Förderlizenzen, Neugestaltung von Verträgen bis hin zur Zerschlagung des nationalen Erdölkonzerns für die Beteiligung am Feldzug entscheidend waren. Denn Spanien, Japan, Tschechien und Italien sowie eine Reihe weiterer Staaten marschierten unter anderem deshalb mit, weil sich ihre Ölkonzerne den Zuschlag neuer Konzessionen erhofften. Syrien und Afghanistan sind neben Rohstoffvorkommen als Transitländer für Pipelines bedeutsam.

Die Gründe für den Ausbruch der arabischen Revolutionen sind vielfältig, vor allem zogen die zornigen jungen Männer auf die Straßen, ob 2011 gegen den säkularen Mubarak oder 2013 gegen den

Islamisten Mursi, weil sie über die sozialen Zustände und die Repression wütend waren. Ohne Arbeit können sie sich keine Heirat leisten und damit keinen Status schaffen. Auch die reichen Golfstaaten wie Saudi-Arabien mit der weltweit höchsten Geburtenrate, sind gegen Aufstände zorniger junger Männer wie im wirtschaftlich schwachen Ägypten nicht immun. Zudem weiß niemand, wie sich die Zeit nach König Abdallah präsentiert, der auf die neunzig Jahre zugeht und 2012 zwei Kronprinzen im zarten Alter von jeweils rund achtzig verlor. Auch wenn in Saudi-Arabien ein menschenverachtendes fundamentalistisches Regime herrscht, das seinen Ölreichtum unter anderem zur Finanzierung zweifelhafter islamischer Stiftungen vom Balkan bis nach Westafrika verwendet, so gilt das Königreich als treuer Verbündeter des Westens. In Zeiten des Kalten Krieges war diese Theokratie ein Bollwerk gegen den arabischen Nationalismus, den die USA gerne mit Kommunismus gleichsetzten. Gegenwärtig ist das Verhältnis eher getrübt, da Saudi-Arabien mit der unklaren Haltung der USA im Nahen Osten seit einigen Jahren unzufrieden ist. Doch diese Fissuren haben offensichtlich dem Bündnis keinen Abbruch getan. Ahmed Zaki Yamani, einst prominenter saudischer Ölminister, ging gar so weit, Ölallianzen solider als katholische Ehen zu bezeichnen. Diese Analogie ist nicht ironisch gemeint, denn allein an den engen Beziehungen zwischen dem Weißen Haus und dem Haus Saud, die seit 1944, dem Beginn der Arbeit der US-Ölfirma Aramco, bis in die Gegenwart hinein viele Turbulenzen überdauert haben, lässt sich ablesen, wie tief und gleichsam unauflösbar diese Verbindungen sein können. Auch wenn 15 der 19 Attentäter des 11. September saudische Staatsbürger waren und die Spuren zahlreicher militanter Bewegungen nach Saudi-Arabien führen, das größte Waffengeschäft aller Zeiten, nämlich im Umfang von 60 Mrd. US-Dollar, schlossen die USA vor einigen Jahren mit den Saudis ab.

Die geopolitische Bedeutung dieser erdölreichen Region bestimmt seit dem Beginn des Erdölzeitalters, das ich mit dem Ersten Weltkrieg und der damals erforderlichen Mobilität ansetzen würde, Bündnisse und Kriegsgründe. Niemand wäre 1991 für das kleine Emirat Kuwait

in den Krieg gegen den Irak gezogen, wenn das Land nicht über
entsprechende Ölreserven verfügt hätte beziehungsweise jene der
Nachbarstaaten ebenso gefährdet gewesen wären. Immerhin lagern
rund 70 Prozent der derzeit bekannten konventionellen Erdölquellen
in dieser strategischen Ellipse, die sich von der Arabischen Halbinsel
über den Persischen Golf Richtung Kaspisches Becken zieht. Wo Erdöl
gefördert wird, findet sich meist auch Erdgas. Letzteres galt lange als
unerwünschtes Nebenprodukt. Stieß man bei Ölförderungen auf eine
Erdgasblase wurde sie abgefackelt, zumal es für das Abpumpen des
wertvollen Erdgases vielerorts an Technik und Infrastruktur fehlte.
In den 1970er-Jahren wurde Erdgas zum eigenständigen Energieträger
von wachsender Bedeutung. Dank eines Verflüssigungsverfahrens,
dem sogenannten LNG, wurde der an Pipelines regional gebundene
Energieträger zum global gehandelten Gut, das sich in der Preisbildung
vom Erdöl nunmehr abgekoppelt hat. Einer der Gründe für die wachsende Nutzung von Erdgas liegt in den niedrigeren Emissionen, weshalb vor allem die aufsteigenden asiatischen Industriemächte danach
trachten, von der schmutzigen Kohle auf Erdgas umzusteigen. Der Iran
ist besonders reich an hochqualitativem Erdgas. Wenn das Land auf die
internationale Bühne zurückkehrt, werden nach Jahren der Isolation
die internationalen Konzerne dort wieder tätig werden wollen.

Warum der Nahe Osten
noch nicht zu vergessen ist

Spricht man von konventionellem Erdöl und Erdgas, geht es um
relativ leicht förderbares und damit vergleichbares kostengünstiges
Erdöl und Erdgas. Denn ein Feld, das in Produktion ist, kann auf
Jahrzehnte hinaus sprudeln. Die hohen Investitionskosten amorti-
sieren sich je nach geologischen Bedingungen, Qualität und Preisniveau binnen eines überschaubaren Zeitraums. Anders verhält
es sich mit den unkonventionellen Energieträgern. Hierzu zählen Schiefergas, Ölsande und diverse Sedimenteinlagerungen von

Kohlenwasserstoffen. Seit einigen Jahren geistert der Begriff der „shale gas revolution" von den USA ausgehend durch die weltweite Energiedebatte. Einige vermeinen darin die Lösung für die „westliche Energiesicherheit" zu erkennen. Offizielle Stellen in den USA gehen so weit, die USA gar als Exporteur von Gas zu sehen. Präziser müsste man sagen, dass die USA neuerlich zu einem wichtigen Produzenten und Exporteur fossiler Energie würden. Denn 1945 versorgte die US-Ölproduktion rund 90 Prozent des Ölbedarfs ihrer Alliierten, danach drosselte man die eigenen Förderprojekte und kaufte lieber billiges arabisches Öl, indem die Förderländer zugleich Absatzmärkte und Verbündete wurden. Inzwischen werden die Stimmen immer lauter, dass man dank eigener Energieproduktion den Nahen Osten nicht mehr benötige. Andere sehen die mittelfristigen Perspektiven dieser unkonventionellen Energieträger kritischer und können darin keine „Schiefergasrevolution" erkennen. Zu Letzteren gehöre ich. Mein Hauptargument betrifft die Produktionskosten, die bei sinkenden Erdölpreisen im konventionellen Bereich den Sektor unrentabel machen könnten.

„Fracking", eine Kombination von horizontalem Bohrverfahren und chemischem Sprengen des Gesteins, gilt einigen als Lösung aller Energieprobleme. Neben den bedenklichen ökologischen Folgen dieser sehr aufwendigen Produktion erscheinen mir die geologischen und wirtschaftlichen Unsicherheiten problematisch. Oft vertrete ich eine Einzelmeinung auf Energiekongressen, wenn ich meine Skepsis äußere, doch viele Referenten müssen vorgegebene Meinungen verkaufen beziehungsweise folgen sie bestimmten Interessengruppen, ohne den Fakten auf den Grund zu gehen. Ein Feld mag einige Monate gute Ergebnisse liefern, doch die Erschöpfungsrate kann sehr rasch eintreten, wie die nachlassenden Bohrergebnisse in vielen nordamerikanischen Projekten zeigen. Zum anderen müssen ständig neue Investitionen getätigt werden, um weitere Bohrtürme zu errichten, denn die Bohrungen verschieben sich laufend über große Flächen, da horizontal und nicht vertikal gefördert wird. Das Interesse vieler Konzerne an der unkonventionellen Exploration bleibt trotz vieler

Fehlinvestitionen aufrecht, denn zum einen können sie durch die statistische Verbuchung dieser Reserven ihren eigenen Börsenwert verbessern, zum anderen setzen sie auf den „Befreiungsschlag" von der nahöstlichen Abhängigkeit.

Der Erdölmarkt wird nicht nur von Angebot und Nachfrage bestimmt, sondern es geht um viel Geld, Macht und es schwingen starke Emotionen mit. Die US-Ölbarone brachten es schon um 1900 auf den Punkt, wenn sie von „big oil – big money" sprachen. Im Namen des Erdöls wurden und werden Regierungen ausgewechselt und Kriege geführt sowie relativ billiger Wohlstand geschaffen. Bei den nahöstlichen Produzenten ist die Erinnerung an das Kartell der „Seven Sisters" noch sehr präsent, also an jenen Zusammenschluss von sieben meist angelsächsischen Ölkonzernen (BP, Exxon, Shell, Mobil, Cherron, Texaco, Gulf), die bis zu den Verstaatlichungen ab den späten 1960er-Jahren vom „upstream" bis zum „downstream", also von der Förderung über die Raffinierung bis zum Vertrieb, alles kontrollierten. Ihre Konzessionen betrafen meist das gesamte Land und waren auf Jahrzehnte umfassender Exploration ausgerichtet. Über einen Aufteilungsschlüssel wurden die Förderländer mit einer Quote am Erlös ihres wesentlichen Exportgutes beteiligt, doch sie hatten kein Mitspracherecht bei der Produktionsgestaltung. Dass die Förderländer über ihre eigenen Bodenschätze selbst bestimmen sollten, ergab sich allmählich aus einem völkerrechtlichen Umdenken im Zuge der Entkolonialisierung. Fortan sollten alle Staaten die „permanente Souveränität über ihre natürlichen Ressourcen" haben, wie eine Resolution der UN-Generalversammlung 1962 forderte.

Es dauerte eine ganze Weile, bis die Konzerne zu begreifen verstanden, dass sie nach den Verstaatlichungen als Kunden und nicht mehr als Eigentümer der Ölquellen auftreten mussten. Doch ich treffe oft auf Positionen, die, gelinde gesagt, kurios sind. Im Jahre 2004 unterrichtete ich „Geopolitik strategischer Rohstoffe" für eine Gruppe junger US-Studenten, die an der Diplomatischen Akademie in Wien zu Gast war. Als ich auf das Thema der nationalen Kontrolle durch die Produktionsländer zu sprechen kam, erhob sich unter den

Mittzwanzigern reger Widerspruch, indem sie meinten: „But that's our oil." Ich erlaubte mir, sie zu korrigieren, dass es das Erdöl des jeweiligen Staates sei, das dieser verkaufen kann, wem er will. Dies war kein Einzelfall, wie ich bei Energiekongressen immer wieder mit Staunen feststellte. Es herrscht auch unter Rohstoffanalysten in westlichen Banken die Überzeugung, der Westen hätte eine Hand auf dieser, seiner wesentlichen Energiequelle, die für den Transport unabdingbar ist. Schließlich verbrennen wir über 60 Prozent der täglich fast 90 Millionen Fass an gefördertem Rohöl für unsere Fortbewegung. Das Bild vom „bösen Scheich", der gierig die Zapfsäule umklammert, geistert bei jeder Preisspirale durch die Gazetten. Indes spricht sich auch unter europäischen Autofahrern herum, dass mehr als die Hälfte ihrer Tankrechnung aus Steuern besteht, wovon ihr Fiskus, nicht aber die Ölproduzenten profitieren.

Die Entwicklung des Rohölpreises der letzten vierzig Jahre ist ein jedenfalls aufschlussreicher Spiegel von Krieg und Frieden im Nahen Osten. Die wesentlichen Preissprünge der 1970er-Jahre waren eng mit politischen Wendepunkten im Nahen Osten, wie dem Oktoberkrieg 1973 und der Revolution im Iran 1979, verbunden. Ebenso trieben geopolitische Faktoren die Preise zwischen 2004 und 2011 immer wieder nach oben. Die Sorge um Angebotsverknappung im Falle eines Krieges im Nahen Osten führt regelmäßig zu Preisanstiegen. Es geht im Erdölgeschäft nicht bloß um einen Eigentumstitel wie eine Konzession, sondern um den physischen Zugang zu den Fördergebieten. Dies wiederum erklärt, warum Militärpräsenz und Waffengeschäfte Teil langfristiger Lieferabkommen sind. Im Persischen Golf lösten die USA in den 1950er-Jahren die Briten ab, die mit der Unabhängigkeit Indiens und anderer Kolonien ihre Vormachtstellung abgaben. Gegenwärtig zeigen asiatische Staaten in der Region nicht nur wirtschaftliche, sondern vermehrt auch politische Flagge. Entlang der Verlegung von Pipelines und der Errichtung von Terminals lässt sich einmal mehr ablesen, wie sich die Einflusszonen im Nahen Osten verschieben.

Während westliche Ölkonzerne teilweise ihre Projekte zurückfahren, rücken asiatische stärker nach. Diese Entwicklung besteht seit mehr als einem Jahrzehnt, denn vor allem im Irak dominieren heute asiatische Firmen, wo zuvor westliche Konzerne das große Geld witterten. Allein folgende Zahl illustriert, wie sich die politischen und unternehmerischen Gewichtungen verschieben. Bis 1994 war die Volksrepublik China dank ihrer nationalen Erdölproduktion Selbstversorger, stieg aber Ende der Nullerjahre zum zweitwichtigsten Importeur auf und überholte im Oktober 2013 die USA als weltweit erster Ölimporteur. Die OPEC-Staaten produzieren vor allem für den asiatischen Markt, der nicht nur aufgrund der wachsenden Wirtschaft, sondern auch in demografischer Hinsicht immer wichtiger wird. „Wir interessieren uns für Indien mit seiner jungen Gesellschaft noch viel mehr als für China, wo die Überalterung droht", erklärte mir schon 2006 ein hochrangiger saudischer Manager im Konzern Saudi Aramco, wie sich der vormalige Aramco-Konzern seit der Verstaatlichung Anfang der 1970er-Jahre nennt. Das kommunistische China und die saudische Theokratie nahmen erst 1992 diplomatische Beziehungen auf, und doch blühen Besuchsdiplomatie und Geschäfte trotz der ideologischen Gräben. Das Interesse an Energie und Geld macht die Menschen offenbar sehr pragmatisch. Dieser verstärkte Osthandel hat auch für andere Bereiche der Wirtschaft Folgen. Denn wo vormals europäische und US-amerikanische Firmen dominierten, melden sich vermehrt Konzerne aus Südkorea, so in der Informationstechnologie aber auch im Bau von Atomkraftwerken. Interessiert verfolgte ich die Hektik Präsident Nicolas Sarkozys und französischer Diplomaten im Jahre 2009, als sie alles daransetzten, einen Auftrag für den französischen Nuklearkonzern AREVA in den Vereinigten Arabischen Emiraten im Umfang von 20 Mrd. US-Dollar zu erhalten, und ihn dann an südkoreanische Bieter verloren. Japan war im arabischen Raum schon immer präsent und großzügig, wenn es um Entwicklungszusammenarbeit ging. Die U-Bahn von Kairo, vorerst die einzige Metro auf dem afrikanischen Kontinent, und viele Museen der Stadt wurden von japanischen Firmen gebaut und großteils finanziert. Pipelines, Frachter und Airlines drehen nach Osten. Wenn man in den Hotellobbys und Flughäfen in Doha oder

Abu Dhabi um sich blickt, dann sieht man auch hier vermehrt asiatische Unternehmer mit ihren arabischen Gastgebern ins Gespräch vertieft. Aus vielen Gründen scheinen bei Auftragsvergaben westliche Energiekonzerne den Kürzeren zu ziehen. Einer ergibt sich aus der permanenten Einmischung des Westens in innere Angelegenheiten, denn asiatische Investoren schreiben ihren Partnern keine politischen oder gesellschaftlichen Modelle vor. Ein anderer Grund liegt in der Nachfrage, die viel stärker aus dem Osten denn aus dem Westen erfolgt. Und was das Preisniveau anbelangt, so zahlen asiatische Kunden genauso viel oder auch mehr als britische oder andere westliche Erdöl- und Erdgaskunden. Doch jenseits von Zahlen dominiert Machtpolitik den Energiemarkt.

Das hochpolitische Erdölgeschäft

Es ist kein russisches Einzelphänomen, wo zwischen dem Kreml und den großen Energiekonzernen des Landes, vor allem Gazprom, enge Beziehungen bestehen. Ähnlich handhaben es viele europäische Staaten und zweifellos die USA, wo Politiker oftmals in Ölkonzerne wechseln. Es sind die Energiekonzerne, welche die Vorgaben zur Gestaltung einer Energiepolitik machen. Das stellte ich bei Gesprächen in China ebenso fest wie innerhalb der EU. Die Materie Energiepolitik wird meist von mehreren Ressorts mitbetreut, von einer politisch bestimmten Energiestrategie kann man, von einigen Staaten wie den USA und Japan abgesehen, in den meisten Ländern kaum sprechen. Hierfür fehlen die Struktur, der politische Wille und vor allem auch die Sensibilität für die Materie. Da es aber meist um viel Geld und Einfluss geht, mischt die Politik mit wie sie kann, aber nicht unbedingt mit Expertise. Im Englischen bedeutet das Wort „power" bezeichnenderweise nicht nur Macht, sondern auch Energieleistung. Dass abgehalfterte Politiker in Aufsichtsräte von Energiekonzernen wechseln und Berater für Pipelines werden, auch wenn sie weder über das notwendige Studium noch sonstige relevante

Berufserfahrung verfügen, erstaunt. In meinen Augen erklärt es aber auch, warum dann einige dieser Großprojekte scheitern, wie zum Beispiel „Nabucco" der OMV. Die Energiebranche ist eine männlich dominierte, wie ich mit Schmunzeln immer wieder feststelle. Inspirierend empfinde ich die Begegnungen mit den alten erfahrenen Wölfen, die vor allem in den texanischen Ölfirmen tätig sind und die tatsächlich in ihren Firmen groß wurden und das Geschäft von der Pike auf lernten. Sie können viele Entwicklungen einschätzen und verstehen die größeren Zusammenhänge. Anders verhält es sich mit den eitlen jungen Damen und Herren aus Investmentfonds oder großen Beratungsgesellschaften, die bedeutende Beträge verschieben und die Welt durch den Computerbildschirm betrachten, doch mit ihren Entscheidungen oft fehlgehen, weil ihnen schlicht die „Nase" für das Geschäft fehlt.

Wenngleich sich BP offiziell nicht mehr „British Petroleum", sondern mit einem grünen Mäntelchen versehen „Beyond Petroleum" nennt, so mischen Schaltstellen britischer Politik ordentlich im Konzern mit beziehungsweise meldet BP seine Wünsche entsprechend bei der Regierung an. Besonders deutlich wurde dies bei der Wende der Briten und der USA gegenüber Libyen. Das Land war bis Ende 2003 eine Art Paria, der boykottiert wurde. Grund war die lange Liste an Vorwürfen terroristischer Verbindungen von Diktator Muammar al-Gaddafi, wobei der Anschlag von Lockerbie 1988 wohl zu Unrecht dem Libyer vorgeworfen wurde. Doch nicht zuletzt warb BP intensiv bei der britischen Regierung, die Beziehungen zu dem rohstoffreichen Land mit seiner perfekten Anbindung an den europäischen Markt zu normalisieren. Auf diesen Druck hin wurde der – vielleicht zu Unrecht – verurteilte Attentäter von Lockerbie 2004 begnadigt und nach Libyen entlassen. Die Rohöl-Lagerstätten in der Nordsee, dank deren sich Großbritannien teils selbst versorgen konnte, gingen zur Neige. BP engagierte sich daher diskret und erfolgreich für einen Schwenk der Briten gegenüber Libyen.

Der österreichische Energiekonzern OMV hatte seinerseits während der gesamten Embargozeit Libyen nicht verlassen und trotzte derart auch dem Druck der USA, die eine völlige wirtschaftliche Isolation des Landes anstrebten und dies mit völkerrechtlich bedenklichen Mitteln. Bundeskanzler Bruno Kreisky meinte wohl etwas blauäugig den zornigen jungen Gaddafi salonfähig machen zu können, der sich 1969 mit 28 Jahren an die Macht geputscht hatte. Besondere Beziehungen zu den Gaddafis unterhielt in der Folge auch der FPÖ-Chef Jörg Haider, womit eine enge Einbindung österreichischer Unternehmen an das Land einherging. Libyen zerfällt seit der NATO-Intervention im Frühjahr 2011, alte Stammesfehden werden wieder ausgefochten, von Testosteron getriebene junge Kämpfer entführen Politiker und terrorisieren die Städte und Interessen diverser anderer arabischer Staaten wie Katar polarisieren die Bevölkerung. Nun verlassen auch unverbesserliche Optimisten das Land mit dem leicht förderbaren Rohöl. Ob das Land sich spaltet, die Vertreter der autonomen Provinz Cyrenaika ihre Kontrolle über wichtige Raffinerien und Landesteile festigen oder einige der klügeren Köpfe unter den aus dem Exil zurückgekehrten Libyern ihr Land zusammenhalten können und aus dem Chaos führen, ist schwer absehbar.

Doch am Beispiel Libyen zeigte sich ebenso klar wie im Fall des Iraks, dass die Rohstoffbegierden im Umgang mit dem Land immer an vorderster Stelle standen. Frankreichs Präsident Nicolas Sarkozy, der sich von Gaddafi noch seinen Wahlkampf finanzieren ließ, startete die Luftangriffe auf Libyen im März 2011 gemeinsam mit Großbritannien. Die zuvor vom UN-Sicherheitsrat beschlossenen humanitären Korridore wurden so binnen Stunden in eine Operation für einen Regimewechsel umgedreht. Und dies sehr zum Missfallen einiger anderer Nationen, auch wenn das gealterte „enfant terrible" Gaddafi eigentlich allen seit Jahrzehnten ein Dorn im Auge war. Sarkozy sicherte für den französischen Konzern Total gleich zu Beginn dieser Intervention, welche dann die NATO zu Ende führen musste, besondere Förderlizenzen. Der geheime Handel wurde im Herbst 2011 während der Pariser Beratungen zur Zukunft Libyens bekannt.

Was mir bei jedem Fallbeispiel, ob aus der Geschichte oder im turbulenten aktuellen Geschehen, immer klarer wurde, sind die vielen historisch bedingten und damit psychologischen Facetten im Erdölgeschäft. Es geht um tiefsitzende Ängste, Vorurteile und viele Begierden, letztlich um sehr viel Geld und Macht. Hieß es bereits in den 1930er-Jahren, als die USA ein wesentlicher Erdölproduzent waren, dass das Öl-Business viel zu wichtig sei, als es bloß den Ölbaronen zu überlassen, mischt die Politik auch heute einmal subtil, dann wieder unter Einsatz von Gewalt stets in der Branche mit. Die Geschichte zwischen dem Nahen Osten und den westlichen Ölimporteuren, die ihren Wohlstand zu einem guten Teil dem billigen arabischen Erdöl nach 1945 verdanken, ist eine von großen Brüchen. Ein wesentliches Datum, um welches bis heute die Debatten und viele Vorurteile kreisen, ist der Herbst 1973, als die arabischen Mitgliedsländer des erst 1960 gegründeten Forums OPEC ihre Exporte an einige westliche Staaten einstellten.

Die verzerrten Bilder der OPEC

Als die OPEC 1960 in Bagdad von fünf Ländern gegründet wurde, drang dieser Zusammenschluss von Ölproduzenten zwecks „Stabilität und Kooperation", wie die Devise im OPEC-Logo lautet, kaum an die Weltöffentlichkeit. Saudi-Arabien, Iran, Irak, Venezuela und Kuwait wollten die allmächtigen multinationalen Ölkonzerne, die „Seven Sisters", für mehr Konsultation in Förderfragen gewinnen. Zu abhängig waren diese jungen Länder von den „Royalties", den stark schwankenden Quoten, die die Firmen an die Staaten aus ihren Erlösen abführten. Die Förderstaaten hatten die Bedeutung ihres wesentlichen Bodenschatzes und auch seine Endlichkeit begriffen. Sie wollten mit der Gründung der OPEC einen Gegenpol zur quasi kolonialen Bevormundung durch die multinationalen Konzerne schaffen. Firmen wie Aramco bildeten aufgrund ihrer weitreichenden Konzessionen eine Art „Staat im Staate". Die Förderstaaten forderten mehr Mitsprache. Als diese nicht gewährt wurde, gelang es zu Beginn der 1970er-Jahre einem OPEC-Mitglied nach dem anderen die Ölfirmen

zu nationalisieren. Seither ist der „upstream", der eigentliche Förder-
bereich, in Händen der Regierungen. Um Verarbeitung und Vertrieb,
den „downstream", nehmen neben den Staatsfirmen auch die internationalen Konzerne wahr. Die Erinnerung an die Kolonien, die ihre
Fortsetzung in Gestalt der „Seven Sisters" fanden, und die aktuelle
kriegerische Rolle des Westens in der islamischen Welt bestimmen
stark das Ölgeschäft. Nur auf den Geschäftsetagen wird dies mangels historischen Denkens und eines anderen Zeitbegriffes oft genug
ignoriert. „Oil makes and breaks nations", heißt es in der Branche.
Ganz zu Recht, denn die Geopolitik bleibt wesentlicher Faktor im
Energiesektor, sowohl für die Preisbildung als auch für die Schaffung
der erforderlichen Allianzen.

Auf westlicher Seite muss sich die Erinnerung an den Einsatz der
sogenannten Öl-Waffe ins Gedächtnis eingegraben haben. Denn im
Herbst 1973 schien aufgrund gestoppter Erdöllieferungen die westliche Welt in weiten Teilen stillzustehen. Grund war die erstmals offene
Unterstützung der USA für Israel während des Oktoberkriegs 1973,
der Israel am falschen Fuß erwischte. Syrien und Ägypten planten
einen koordinierten Angriff auf Israel, um Rache für die Niederlage
und die großen Gebietsverluste im Juni 1967, dem Sechstagekrieg, zu
nehmen. Die arabischen Armeen waren die ersten Tage erfolgreich
auf dem Vormarsch und Israel erlitt hohe Verluste. Hinzu kam ein
gewaltiger Treibstoffmangel, der schon für einen General Rommel
1942 im Afrika-Feldzug fatal war. Die USA griffen aktiv zugunsten Israels ein, und der Versuch, dies geheim zu halten, misslang.
Infolge des Ölembargos und nicht vorhandener Lagerreserven auf
westlicher Seite stieg der Weltmarktpreis für Erdöl damals innerhalb
von drei Wochen um das Vierfache, nämlich von drei US-Dollar
pro Fass, was rund 159 Litern entspricht, auf zwölf US-Dollar. Der
Wertverlust des US-Dollars infolge der Inflation war in den 1980er-
Jahren stark. Da der weltweite Rohstoffhandel in dieser Währung
abgewickelt wird, importierten die Rohstoffproduzenten gleichsam
die Inflation. Die Wirtschaft brach ein, viele Fluglinien meldeten
Konkurs an. Mein Vater war wie Tausende andere Piloten eine Zeit

Gespräch mit dem OPEC-Generalsekretär A. S. El-Badri in Wien im Oktober 2013

lang arbeitslos. Zudem erinnere ich mich gut der langen Gesichter der Erwachsenen, wenn wir zur Tankstelle fuhren. Man muss sich eine solche Vervierfachung des Preises in der heutigen Situation vorstellen.

Die Ereignisse von 1973 wirken umfassend nach. Ich stelle dies immer wieder fest, wenn ich mit den Rohstoffanalysten, vor allem in deutschen Landesbanken, aber auch mit Wirtschaftsredaktionen zu tun habe. Das Bild der bösen Ölscheichs, die dem armen Westen an den Kragen wollen, hat sich tief ins kollektive Unbewusste eingegraben. Karikaturen sagen oftmals mehr als lange Analysen und derer gibt es zahlreiche zum Thema, die auch gerne anlassbezogen aktualisiert werden. So beschuldigten einige westliche Regierungschefs im Sommer 2008 die OPEC, die Weltwirtschaft zu schwächen, als der Preis binnen Monaten auf 148 US-Dollar pro Fass stieg. Ich erinnere mich gut einer Pressekonferenz am Wiener Sitz der OPEC, wo der Generalsekretär El-Badri trocken meinte, dass der Erdölmarkt nicht mehr zu verstehen sei.

Auch wenn die OPEC ausreichend produzierte, die „Wall Street Refiners" oder auch der „Papierölmarkt" nimmt über die

Terminkontrakte, die zur Risikostreuung für den Ölprodukthandel entwickelt wurden und nunmehr den Rohölmarkt beherrschen, entscheidenden Einfluss. Mit dem offiziellen Ausbruch der Finanzkrise im Spätsommer 2008 brachen sämtliche Rohstoffmärkte ein, der Ölpreis ging bis November auf rund 40 US-Dollar herunter, obwohl die OPEC die Produktion drosselte. Die Märkte schienen keiner Logik, sondern nur mehr Ängsten und düsteren Erwartungen zu folgen.

Von der Warte der Produzenten aus betrachtet ist das Bild des Westens das eines gierigen Kriegstreibers, der es vor allem auf das Erdöl abgesehen hat. Angesichts der langen Liste von Interventionen in ölreiche arabische Staaten verwundert dies nicht. Neben der Erinnerung an die „Seven Sisters" und den vielen tiefen Missverständnissen zwischen Orient und Okzident schwingen meines Erachtens auch bewusst kultivierte religiöse Stimmungen mit. Unsere Welt ist heute weniger säkular als in der Gründungszeit der OPEC. Und dies spürt man auch in bestimmten Sitzungsphasen beziehungsweise in der neuen Generation so mancher Entscheidungsträger. Im Warten auf die Entscheidung der Minister in langen Nächten am Wiener Sitz der OPEC hatte ich oft das Unbehagen, dass hier sehr unterschiedliche Mentalitäten aufeinanderprallten: auf der einen Seite der ungeduldige Westen, die Nachrichtenagenturen, Analysten, Investoren, die jede Mimik der OPEC-Minister interpretieren wollten, auf der anderen Seite die gewisse Arroganz der gleichsam allmächtigen Minister, die sich andere Zeitbegriffe vorbehalten, wenn es um ihre Konsenssuche geht. Denn oft wartete man bis in die frühen Morgenstunden, bevor zwischen den Gesprächen in den Hotelsuiten und den Telefonaten in die jeweiligen Hauptstädte die Weisung des Monarchen und letztlich die Entscheidung zu einer gemeinsamen Förderquote gefunden war. Der russische Präsident Vladimir Putin versteht es als exzellenter Kenner dieser Materie, die er im Gegensatz zu seinen europäischen Amtskollegen tatsächlich studiert hat, auf dieser Klaviatur der Emotionen zwischen Ost und West zu spielen. Im Jahr 2002 merkte er bei einer Tagung an, dass „russisches Gas christliches Gas sei".

Faszination Energie

Mehr aus wirtschaftlicher Not denn aus einer plötzlichen Leidenschaft für das schmutzige Geschäft des Erdöls entwickelte ich seit 2001 als Autodidaktin eine Expertise zur Geopolitik dieses strategischen Energieträgers. Es entstanden Lehrveranstaltungen, Vorträge und einige Publikationen rund um die Erdölwirtschaft. Mein wesentlicher Zugang war einer, der auf dem Interesse für die Geschichte der Region fußte.

Während einige Analysten sich nur auf ihre Graphen und Produktionszahlen, Entwicklung von Angebot und Nachfrage konzentrieren, ignorieren sie die wechselseitige Wahrnehmung von Produzenten und Konsumenten. Hier geht es auch um die zuvor beschriebenen Emotionen und alten Komplexe, die sich kaum in Zahlen fassen lassen. Die Psychologie entscheidet oft genauso über Vertragsabschlüsse, Förderquoten und vieles andere, was den Erdölmarkt bewegt. Am Rande der OPEC-Ministertreffen, die einige Jahre lang aufgrund der unklaren Marktsituation fast alle paar Monate in Wien stattfanden, konnte ich vor allem zuhören, um allmählich meine eigenen Einschätzungen zu erstellen. Innerhalb der OPEC tausche ich mich gerne über aktuelle Entwicklungen aus. Daneben lernte ich bei meinen Reisen in den Iran, nach Algerien und Zentralasien viel über Erdgas, Pipelines und vor allem eines: die wichtigeren Akteure von den unwichtigen zu unterscheiden.

Betrachtete man mich anfänglich noch etwas verwundert als den „independent analyst", riefen mich in der Folge immer mehr Veranstalter an. Denn im Gegensatz zu anderen Referenten am Podium muss ich keine Linie, keine Technologie oder sonst etwas verkaufen. Ich versuche eine unabhängige Diagnose aufgrund von Fakten zu erstellen. Die Wiener Landesverteidigungsakademie und die Militärakademie in Wiener Neustadt interessierten sich bereits zu einem frühen Zeitpunkt für meine Arbeit und das Thema Energie. Der pragmatische Zugang, den militärwissenschaftliche Einrichtungen pflegen, liegt mir. Im Vordergrund stehen der konkrete Sachverhalt und die Problemlösungen. Hierüber tausche ich mich gerne mit Praktikern aus, ob sie aus dem Militär kommen, unternehmerisch oder in der Forschung tätig sind. Andernorts gab es bis 2006 kaum Echo auf meine Vorschläge für Lehrveranstaltungen. Das sollte sich mit der Erdgaskrise zwischen Russland und der Ukraine zum damaligen Jahreswechsel infolge eines Disputs um Preise und Transitgebühren ändern. Die Unterbrechungen in der Erdgasversorgung eines Teils von Europa 2006 und 2009 sorgten für eine gewisse Unruhe. Hinzu trat die Erdölpreisspirale, die sich wegen hoher asiatischer Nachfrage und Unsicherheit in Produktionsländern, aber auch wegen eines gewissen Rohstoffbooms nach oben drehte. Ab dem Zeitpunkt überschlugen sich europäische Regierungen und internationale Organisationen mit Konferenzen im Namen der Energiesicherheit.

Einige Jahre später, nach Verkünden ehrgeiziger Strategien, ob auf nationaler oder europäischer Ebene, diversen Energiewenden und öffentlicher Sensibilität für Klimawandel und Energiepreise, deutet die Bilanz auf absolute Unsicherheit auf allen Ebenen. Niemand weiß, ob die dominanten fossilen Energieträger wie Erdöl und Erdgas weiterwachsen, weil der Umstieg auf erneuerbare an zu vielen technischen und finanziellen Unwägbarkeiten scheitert. Die EU steckt sich hierbei ehrgeizige Ziele, die gleichermaßen von der rechtlich verbindlichen Eindämmung des Klimawandels durch Kürzung der Emissionen und der Diversifizierung des Energiemix geprägt sind. Es geht letztlich um eine Verringerung der Abhängigkeiten von fossilen Energieträgern und von Förderstaaten, die aufgrund ihrer Dominanz die politische und letztlich diplomatische Handlungsfähigkeit ihrer Kunden einschränken könnten.

Dieser Wunsch nach mehr Diversifizierung ist relativ alt. Winston Churchill stellte bereits zu Beginn des 20. Jahrhunderts fest: „Liberty lies in variety and in variety alone." Die westlichen Energieimporteure begannen die Essenz dieser Einsicht des britischen Staatsmannes im Zuge der Erdölkrisen der 1970er-Jahre zu begreifen. Doch es bedurfte noch einiger weiterer Preissprünge und der Erdgaskrise zwischen der Russischen Föderation und der Ukraine 2006, um allmählich ernsthafter über Diversifizierung und auch eine gemeinsame europäische Energiepolitik nachzudenken. Energiepolitik ist ebenso wie Außenpolitik Kern jener staatlichen Souveränität, die kein Land freiwillig aufgeben wird. Tatsächlich gestaltet aber jeder europäische Staat seine Energiepolitik im Alleingang.

Der Erste Weltkrieg ist noch nicht zu Ende

Das rohstoffarme Europa optierte einige Jahrhunderte für die Kolonialisierung, die vom amerikanischen Kontinent über Afrika bis nach Asien reichte, um seine Industrie zu versorgen. Das Erdöl rückte ins Interesse der Europäer, als im Zuge des Großen Krieges – wie Zeitgenossen den Ersten Weltkrieg nannten – die strategische Bedeutung der Mobilität zusehends deutlicher wurde. Denn anstelle der Kavallerie zogen die ersten Panzer ins Feld und kaum ein Jahrzehnt nach den ersten Flugversuchen fanden bereits Luftschlachten am Himmel über Europa statt. Es war auch der U-Boot-Krieg, der 1917 den Kriegseintritt der USA bewirkte. Für all diese militärische Mobilität war Erdöl unabdingbar. Dies erkannten nach 1918 sowohl die Verlierer als auch die Gewinner. Daher wuchs auch das Interesse am physischen Zugang zu den damals bekannten Erdölfeldern, die im nördlichen Mesopotamien, Teil des heutigen Iraks, vermutet wurden. Die Aufteilung der nahöstlichen Konkursmasse des Osmanischen Reiches erfolgte im Namen ebendieser Rohstoffbegierden der Briten und Franzosen mit dem Erdölabkommen von San Remo im April 1920. Die Schaffung der Mandate war eine Neuauflage der kolonialen Verwaltung, diesmal aber subtiler im Stile einer „Übertragung der Vormundschaft über Völker, die sich selbst nicht zu leiten vermögen, an die fortgeschrittenen Nationen". In den Augen der Menschen war es aber ein „Verrat des Westens", der bis heute in den Hinterköpfen fest verankert ist.

Die politischen Grenzen folgten Pipelines, die von Mosul im Nordirak nach Haifa im Mandatsgebiet Palästina verlegt wurden.

Am Anfang stand also das Erdölinteresse. So wie der Irak und Syrien entlang von Pipelines entstanden, so könnten diese jungen Staaten mit alter Geschichte infolge von Rohstoffinteressen auch wieder zerfallen. Das Chaos, das seit 2003 den Irak prägt und seit 2011 zu einer bedrohlichen Fragmentierung Syriens führt, provoziert eventuell eine Neuordnung der Karten, wie wir es in Europa auf dem Balkan erlebten. Diverse Denkfabriken lassen immer öfter mit einer Revision der Landkarten aufhorchen. Ich habe den Eindruck, dass einige Regierungen sich weiterhin das Recht anmaßen, in die inneren Verhältnisse der erdölreichen Staaten einzugreifen und Regierungen auszuwechseln, als ob am Reißbrett alles möglich und völkerrechtlich zulässig wäre. Die Welt hat sich seit dem Erdölabkommen von San Remo verändert, der Nahe Osten ist gegenwärtig beinahe ein großes Kriegsgebiet. Und die Verwundbarkeit der Energieimporteure ist noch um einiges heftiger, als dies während des Embargos von 1973 der Fall war. Angesichts all der kriegerischen Veränderungen, deren Ausgang noch völlig ungewiss ist, vertrete ich die These, dass der Erste Weltkrieg noch nicht zu Ende ist: Die Folgen in Gestalt umstrittener Staatsgrenzen sind gegenwärtig wieder auf der weltpolitischen Tagesordnung, zumal einigen Staaten wie Syrien und dem Irak, aber auch Libyen der fortschreitende Zerfall droht. Zudem schiebt sich die Kurdenfrage neuerlich ins Schlaglicht. Wurde den heute rund 40 Millionen Kurden seitens der Siegermächte im Vertrag von Sèvres 1920 noch ein zusammenhängendes autonomes Gebiet zugesagt, war dieses im Vertrag von Lausanne 1923 wiederum von der Landkarte verschwunden. Die Kurden sind seither auf vier Staaten in der Region verteilt und gelten als das größte Volk ohne Staat. Im Irak genossen die Kurden im Gegensatz zur Türkei, wo der viel größere Teil des kurdischen Volkes lebt, stets kulturelle und soziale Rechte als Volksgruppe. Die kurdische Autonomie verfestigte sich im Irak seit 1991, als die USA, Großbritannien und Frankreich eine Flugverbotszone etablierten. Die Region Kurdistan, wie dieser Teil des Nordiraks bereits seit 1970 offiziell heißt, verhält sich gerade im Erdölhandel bereits wie ein souveräner Staat, indem die kurdische

Regionalregierung sehr zum Ärgernis des Erdölministeriums in Bagdad ihre eigenen Förderverträge mit internationalen Erdölfirmen aushandelt. Indem die irakischen Regierungsinstanzen umgangen werden, tragen diese Verträge gewissermaßen auch zur Schwächung des ohnehin fragilen Staates bei.

Der Zerfall des Iraks wird im Gegensatz zur Implosion Jugoslawiens noch viel dramatischer erfolgen, zumal es um den Zugang zu den wohl zweitgrößten Erdölreserven geht, die außerdem von hoher Qualität sind und sich im Vergleich zu den sogenannten unkonventionellen Reserven, wie Schiefergas und Ölsande, weitaus kostengünstiger fördern lassen. Indes setzt sich das Sterben der Menschen im Irak und in Syrien in unvorstellbarem Ausmaß fort. Die vielen selbst ernannten Befreiungsfronten, Kalifate und vor allem die massive finanzielle und politische Unterstützung dieser Kriegstreiber durch Staaten wie Katar, die Türkei, den Iran und Saudi-Arabien heizen die mittlerweile undurchschaubaren Stellvertreterkriege an. Neben Regierungen halten sich auch reiche Geschäftsleute gleichsam ihre Milizen in den Kriegsgebieten, die junge militante Kämpfer aus Europa anlocken.

Wie schon in den 1980er-Jahren im Libanon habe ich auch nun angesichts der Tragödien in Syrien und im Irak den Eindruck, dass eine Art Dreißigjähriger Krieg in der Region herrscht, der sich in Europa mit den ersten Aufständen der Protestanten im 16. Jahrhundert durch die erste Hälfte des 17. Jahrhunderts zog. Auch die Kriege im Nahen Osten ziehen sich teils schon durch das gesamte 20. Jahrhundert, unterbrochen von Waffenpausen, internationalen Friedenstruppen und der Intervention der Großmächte. Zugleich ticken viele weitere Zeitbomben, die neben den innerreligiösen Machtkämpfen sowie den Rivalitäten der Regionalmächte die Bühne beherrschen – wie der Zugang zu den Rohstoffen und die wachsenden Auseinandersetzungen zwischen Säkularen und Religiösen, die sich in die Türkei, nach Ägypten und auch in die israelische Gesellschaft hineinziehen.

Fast hat man den Eindruck, dass wir auf einer Zeitreise zurück in die Vergangenheit sind, nur unter viel gefährlicheren Vorzeichen, als dies vor und nach 1914 der Fall war. Unsere heutige Welt ist interdependenter und damit verwundbarer, als sie es zu irgendeinem Zeitpunkt in der Vergangenheit war. Der Erste Weltkrieg zieht sich also hin und ist als Wendepunkt nicht zu unterschätzen. Im Schatten dieser Turbulenzen wollen viele Firmen und Regierungen sich aus der Region zurückziehen, doch vergessen sie dabei, dass sich die Energieversorgung eventuell neu gestalten lässt. Viel schwieriger wird der Umgang mit all dem menschlichen Elend sein, das die Kriege, die einige westliche Regierungen in die Region trugen, hervorgebracht hat. Einer der wenigen noch funktionierenden Staaten ist der Iran, der offensichtlich als das geopolitische Gegengewicht zu den zerfallenden Ländern wie Syrien und Irak wieder aufgebaut werden soll.

Von Persien zum Iran

Als die Revolution vom Februar 1979 aus dem Kaiserreich die Islamische Republik Iran machte, flohen viele Iraner in die USA oder befanden sich bereits dort, weil sie ihren Zweitwohnsitz in Kalifornien oder Washington hatten. Mit dem Sturm auf die US-Botschaft in Teheran hatten es die Iraner nicht leicht in den USA. Eine iranische Freundin antwortete auf die Frage, woher sie komme, stets mit: „Ich bin Perserin", worauf sie keine weiteren Ärgernisse zu erwarten hatte. Doch woher kommt nun der Name Iran?

Der Vorschlag, den offiziellen Staatsnamen von Persien auf Iran zu ändern, stammte wohl aus Berlin, wo 1933 die NSDAP mit der Wahl von Adolf Hitler an die Macht gekommen war. Denn Shah Reza Pahlewi beschloss 1935 per Dekret die neue Bezeichnung, die semantisch auf die Arier zurückgeht. Die Iraner sehen sich als Nachkommen jener Arier, die Teile Indiens und des Irans besiedelten. Den Begriff „Persien" verwendeten hingegen griechische Historiker seit der Antike, denn das Wort ist griechischen Ursprungs. Es war auch das persönliche Naheverhältnis zwischen dem Shah und der deutschen Regierung, die in dem Land einen perfekten Verbündeten gegen britische und sowjetische Interessen in der Region sah, das ihm zum Verhängnis wurde. Denn die Alliierten besetzten bereits 1941 das Land und teilten es in drei Zonen. Ich treffe immer wieder auf britische Diplomaten, die das Wort „Iran" nicht in den Mund nehmen, sondern konsequent von „Persia" sprechen. Ihnen ist diese Namensänderung offenbar bis heute zuwider. Ob Iran oder Persien, ob unter einem Shah, Ayatollah oder einer Militärdiktatur, dieses Land versteht sich jedenfalls als Imperium, wie mir Viktor al-Kik, ein Iranexperte in Beirut, schon vor Jahren erklärte. Nur wer sein iranisches Gegenüber entsprechend respektvoll behandelt, kommt daher in einer Verhandlung weiter.

Als ich im Dezember 2012 wieder eine Woche in Teheran unterwegs war, erlebte ich eine tiefe Niedergeschlagenheit auch unter jenen Gesprächspartnern, die ich zuvor als regelrechte Berufsoptimisten kennengelernt hatte. Die Wirtschaftskrise hatte sich infolge der Sanktionen, die jegliche Banktransaktionen in das Land oder hinaus unterbanden, für die gesamte Bevölkerung verschärft. „Wir riskieren demnächst den Erstickungstod", sagten mir immer wieder Freunde, die, meist in liberalen Berufen tätig, nicht mehr wussten, wie sie den Alltag meistern sollten. Andererseits traf ich auch Unternehmensberater, die von vollen Auftragsbüchern schwärmten, da viele US-Unternehmen Marktstudien anforderten. Ihnen war klar, dass die USA und der Iran in einen Dialog treten würden. Das Interesse an diesem großen iranischen Absatzmarkt lockte nämlich viele US-Firmen. Allein die Tatsache, dass Coca-Cola, die Handelsmarke der USA schlechthin, über die größte Abfüllanlage im Iran verfügt, illustriert dieses Paradoxon von wechselseitigen Verbalattacken, wer denn nun der größere Satan oder Verbrecher sei.

Es besteht eine ganz besondere Hassliebe zwischen dem Iran und den USA, die 1979 nach der Besetzung der US-Botschaft in Teheran alle Beziehungen abbrachen. Den Sturz des Schahs verhinderten die USA nicht. Im Gegenteil, sie suchten pragmatisch mit den neuen Machthabern das Gespräch, verstanden aber nicht, dass die Ideologie einer islamischen Revolution, wie sie Ayatollah Khomeini seit den

1960er-Jahren ohnehin für alle nachlesbar publiziert hatte, einen Dritten Weg suchte. Weder Ost noch West lautete der Slogan, den die Demonstranten im Februar 1979 skandierten. Als der Mob von Studenten im November dann Richtung US-Botschaft marschierte, war es bis kurz vor Angriff auf die Botschaft nicht klar, ob denn nun die sowjetische oder doch die US-amerikanische Vertretung gestürmt werden sollte. Diese Anekdote erzählte mir ein Iraner, der in den Anfangstagen der Revolution eine kurze diplomatische Karriere machte. Die Geschichte der letzten 35 Jahre im Nahen Osten wäre wohl anders verlaufen, wenn es zur Geiselnahme russischer und nicht US-amerikanischer Diplomaten gekommen wäre. Gegenwärtig ist das weitläufige Botschaftsgelände noch ein Museum der Islamischen Revolution. Es würde mich aber nicht erstaunen, wenn in naher Zukunft hier wieder die US-Flagge gehisst wird. Denn Interesse an einer Rückkehr des Irans auf die Bühne der Weltpolitik besteht nicht nur aus wirtschaftlichen Gründen. Vielmehr ist der Iran gegenwärtig der einzige funktionierende Staat in der Region und könnte als Gegengewicht zu den zerfallenden Staaten stabilisierend wirken. Zwar war in den letzten zehn Jahren ständig die Rede von imminenter Kriegsgefahr, doch rechnete ich persönlich zu keinem Zeitpunkt mit einem solchen Angriff, von welcher Seite auch immer, denn weder hatte das israelische Militär noch jenes der USA einen solchen Plan. Vielmehr waren die Politiker lauter als ihre Generalstäbe, die Zurückhaltung einmahnten.

Die Erinnerung an US-Interventionen ist im Gedächtnis der Menschen fest verankert. Als es 1951 unter dem demokratisch gewählten Premier Mohammed Mossadegh zur Verstaatlichung der Anglo-Persian Oil Company kam, deren Konzessionen bis 1993 liefen, wurde in den USA das kommunistische Feindbild sogleich bedient. Doch Mossadegh war vor allem ein iranischer Nationalist, zudem aus altem Adel im Gegensatz zu Shah Mohammed Pahlewi, dessen Vater als Kosake in der Armee diente, 1925 die alte Dynastie der Kadscharen vom Thron stürzte und indes nach Rom ins Exil gegangen war. Die CIA startete die Operation Ajax, um einen Putsch gegen

Mossadegh zu provozieren und den Shah wieder auf den Thron zu hieven. Der Emporkömmling als Monarch wurde in weiterer Folge zum willfährigen Instrument von US-Interessen am Persischen Golf beziehungsweise nannte man ihn in Washington auch stolz „our policeman". Die Nachrichtendienste der USA, Israels und des Irans kooperierten bis 1979 sehr intensiv. Von diesem Geschichtskapitel rund um den Sturz von Mossadegh wissen im Iran Generationen von Kindern, daraus erklärt sich wohl unter anderem die tiefe Skepsis gegenüber den USA.

In Washington war die Frage des Umgangs mit dem Iran auch ein Tauziehen zwischen dem Außenministerium und dem Verteidigungsministerium, das unter Donald Rumsfeld bis zu dessen Abberufung Ende 2006 auf Konfrontationskurs zum Iran ging. Im US-Außenministerium hingegen suchte man den Kontakt zu iranischen Gesprächspartnern, ob in Geheimkontakten im Dezember 2005 oder offiziell auf Botschafterebene im Irak im Frühjahr 2007. Die Aufbereitung dieses Terrains lag zweifellos auch in den Händen der europäischen Diplomaten. Erste große Hürden in diesem Verhandlungsprozess entstanden im Herbst 2005, als der neu gewählte iranische Staatspräsident Mahmud Ahmadinedschad das iranische Verhandlungsteam auswechselte, iranische Diplomaten unter dem Vorwurf, einen prowestlichen Kurs zu vertreten, abberief und schließlich aus dem iranischen Atomdossier erfolgreich eine Frage der nationalen Ehre machte. Für die Iraner und auch für das britische Außenministerium stand aber zu einem relativ frühen Zeitpunkt fest, dass ein Durchbruch nur dann zu erzielen wäre, wenn der Iran und die USA bilateral verhandelten. Im Zuge der ansteigenden diplomatischen Spannungen im UN-Sicherheitsrat und angesichts der Verbalattacken aus Washington seit Anfang 2006 gewann man den Eindruck, dass der Iran mit seinem Kurs, auf Zeit zu setzen und nicht auf die Verhandlungen einzugehen, am stärkeren Ast saß. Auf europäischer Seite brachen bei aller demonstrierten Einigkeit doch regelmäßig die Gräben auf, während Paris immer wieder versuchte, über die bilaterale Schiene mit dem Iran zu verhandeln, agierte London wiederum als Pressesprecher der USA. Im Februar 2013 begannen dann schließlich im Oman Geheimverhandlungen zwischen den USA und dem Iran, also lange vor der Wahl von Hassan Rohani zum neuen Präsidenten im Juni 2013. Dass die beiden Staaten einen Neuanfang wünschen, steht fest. Probleme könnten aber beiden Regierungen die jeweilige Opposition bereiten, denn zu viele Gruppen, vor allem im Iran, legitimieren sich aus dieser Konfrontation heraus.

Im Iran beobachtete ich eine sehr subtile Form der konsequenten Opposition gegen den religiös durchtränkten Machtapparat mit all seiner Doppelmoral, wie es solchen Systemen in allen Religionen eigen ist. Mit der Revolution von 1979, die als nationale iranische begann, dann aber zu einer islamischen wurde, setzten sich äußere Abgrenzungsmerkmale zum bis dato dominanten westlichen Lebensstil durch. Der Rollkragenpullover ersetzte die Krawatte und der Dreitagesbart wurde zur offiziellen Barttracht in Erinnerung an die ständige Trauer, in der sich die Schiiten aufgrund der Märtyrertode all ihrer Imame und Heiligen befinden. Wer nun anders denkt, geht im Dreiteiler mit Krawatte und glatt rasiert durch die Straßen, promeniert womöglich noch seinen Schäferhund an der Leine in den eleganteren Vierteln des nördlichen Teherans. Auch solche bemerkenswerte stille Oppositionelle durfte ich kennenlernen. Sie leben den Alltag im Iran, sind Arbeitgeber, kämpfen sich durch bürokratische Hürden und sind in meinen Augen um einiges glaubwürdiger als jene Opposition, die als meist wohl besoldete Diaspora sicher im Ausland lebt, egal ob sie nun ewig gestrige Monarchisten oder Republikaner sind. Auch den vom Westen bejubelten Oppositionsführern Mir Hossein Mousavi und Mehmed Kerroubi, die 2009 die Demonstrationen gegen das Regime anführten, kann ich wenig abgewinnen. Mousavi unterschrieb als Premier in den Anfangsjahren der Islamischen Revolution Tausende Todesurteile, er ist genauso ein Teil des Regimes, das sich aber zusehends abnutzt und einen Ausweg sucht, denn weite Teile der Bevölkerung sind schon lange von der Isolation ihres Landes ernüchtert. Der eine sucht in Drogen, die hier billig aus Afghanistan ins Land kommen, Zuflucht, der andere geht in die innere Immigration und liest.

Selbstironie kann auch helfen. Ein solches Beispiel erlebte ich an der Diplomatischen Akademie in Teheran, wo ich 2006 einen Vortrag hielt. Einer der dortigen Abteilungsleiter lud mich danach noch zu einem Gedankenaustausch ein. Als er merkte, dass ich mein Kopftuch ständig vorziehen musste, da es nach hinten rutschte, meinte er trocken: „Legen Sie dieses Tuch doch einfach ab." Am meisten amüsierte mich seine ironische und treffende Schilderung über das Verhältnis zu den USA: „Früher oder später könnten Bush und Ahmadinedschad noch aufeinandertreffen und sie werden sich gut verstehen, denn beiden haben ja auch schon Gott getroffen." Auch die anderen im Raum anwesenden Iraner mussten schmunzeln. Es bedarf wohl vieler solcher Momente, um all den nahöstlichen Surrealismus ein wenig zu begreifen, der sich dann letztlich wieder auf die Energiepolitik und das Weltgeschehen auswirkt.

Das arabische Wort für Politik, „siyasa", kommt eigentlich von der Pferdedressur. Denn alles, was mit dem Pferd zu tun hatte, prägte auch die Politik, dies galt vor allem für Eroberungen. Die Perser schufen das erste Buch zur freien Dressur des Pferdes, welches die Griechen nach Europa brachten. Entscheidend sind Geduld, der Respekt für den Charakter des Tieres und das wechselseitige Vertrauen. So lautet das Ideal des Ausbildners und auch des politischen Zöglings. In den USA hingegen spielt traditionell das Rodeo eine große Rolle, wobei es darum geht, mit einem Kraftakt den Willen des Pferdes zu brechen. Nicht den anderen zu brechen, sondern zu respektieren, sollte an sich der Leitfaden allen politischen Handelns sein. Hier könnte man vom Orient, der in diesem utopischen Zustand nie lange Bestand hatte, ein wenig lernen. Was sich aber gegenwärtig abzeichnet, ist doch der wachsende Wunsch, miteinander ins Geschäft zu kommen. Die Energiereserven des Nahen Osten sollten an sich diesen neuen Handel ermöglichen. Doch waren die letzten hundert Jahre eher Anlass, um Kriege zu führen, Grenzen neu zu zeichnen und so manche Pipeline dreht sich indes nach Osten.

Zwischen Turkmenistan und dem Iran

Die wachsende Rolle Chinas ist nicht nur im Golf, sondern auch in Zentralasien spürbar. Rund sieben Mal reiste ich in den letzten Jahren für Tagungen und Lehrveranstaltungen in das abgeschottete Turkmenistan, wo sich immer wieder Konzerne um Förderlizenzen bemühen. Während man viele europäische und US-amerikanische Firmenvertreter auf Konferenzen traf, werkten die chinesischen Firmen diskret im Hintergrund und schafften Fakten. Ich hatte bei meinen Aufenthalten in Aşgabat oft den Eindruck, dass die Chinesen Pipelines und Terminals bauen, während die Europäer Seminare veranstalten. So bauten die Chinesen 2009 binnen elf Monaten die turkmenisch-chinesische Erdgasleitung und lösten die zentralasiatische Republik mit der kleinsten Bevölkerung und mit den reichen Erdgasreserven, die als die weltweit viertgrößten eingestuft werden, aus der russischen Umklammerung.

Auch Österreicher versuchten in Turkmenistan einige Jahre ihr Glück, um Einspeisungsverträge für die Nabucco-Erdgaspipeline, die 2013 aufgegeben wurde, zu erhalten. Ein Besuch in der Wiener Staatsoper lieferte den Namen für das ehrgeizige Konsortium. Die Unterzeichner der Vorverträge unter der Führung der OMV sahen 2002 die Oper Nabucco, die Giuseppe Verdi einst gegen die österreichische Fremdherrschaft in Italien komponiert hatte. Die Teilnehmer erwärmten sich für den Titel in Anlehnung an den italienischen Freiheitsdrang, um die mögliche Unabhängigkeit von russischen Erdgaslieferungen zu demonstrieren. Die Idee der Mitglieder des Konsortiums aus Mitteleuropa und der Türkei war, Erdgas aus dem Kaspischen Raum über die Türkei nach Europa zu bringen. Die wachsende russische Dominanz in der europäischen Erdgasversorgung sollte mit dieser Diversifizierung gebrochen werden. Auftrieb und politische Unterstützung aus Brüssel erhielt Nabucco nach den Erdgaskrisen im Jänner 2006 und 2009, als russisch-ukrainische Zwiste zur Unterbrechung der Gaslieferungen führten.

Meiner Ansicht nach hätte das Projekt auch Wiener Blut heißen können. Denn die Unwägbarkeiten waren von Anbeginn zahlreich. Die Wiener, damit ist nicht nur der Mineralölkonzern OMV, sondern die Regierung, Wirtschaftskammer etc. gleichermaßen gemeint, übertünchten aber all diese Unsicherheitsfaktoren mit enormem Marketing. Kritische Stimmen wurden zurückgewiesen. Die Daten für Baubeginn und Fertigstellung verschoben sich aber konsequent nach hinten. Auf Nebenschauplätzen war man aktiv, doch die zentralen Fragen zu den Einspeisungsverträgen blieben offen. Hauptproblem blieb zudem der Transport des Erdgases von Turkmenistan nach Westen. Die Errichtung einer transkaspischen Pipeline scheiterte bislang an völkerrechtlichen Zwisten zum Status des Gewässers, ob Meer oder See, beziehungsweise an den Grenzziehungen zwischen den Anrainerstaaten des Kaspischen Meeres. Denn für die alten Mächte der Region handelt es sich um ein russisch-iranisches Gewässer. Turkmenistan und Aserbaidschan erzielten mehrfach bilateral Einigung über den möglichen Grenzverlauf, doch legten Moskau und Teheran stets ihr Veto ein.

Bei einem meiner längeren Aufenthalte in Turkmenistan, das mich mehr an ein „Absurdistan" erinnerte, denn der unumschränkte Herrscher dirigiert alles, reiste ich an die Grenze zu Afghanistan. Spürt man im Iran und in Pakistan das Überschwappen der vielen afghanischen Probleme auf diese Staaten, inklusive des Drogenhandels und der Flüchtlinge, so ist diese Grenze in der grauen hügeligen Landschaft leer und ruhig. Die turkmenischen Stämme sorgen zu beiden Seiten für Ruhe, sie haben ihre Abkommen mit der Regierung in Aşgabat. Was den großen Militärmächten dieser Welt, ob den Sowjets in den 1980er-Jahren oder der NATO in den letzten 14 Jahren, nicht gelang, das schaffen die Stämme untereinander, wenn die Interessen entsprechend konvergieren. So kann ich dem gewagten Projekt einer Erdgas-Pipeline, die sich von Turkmenistan über Afghanistan nach Pakistan und Indien erstrecken soll, einiges abgewinnen. Denn gemeinsame Geschäfte können mehr zur Pflege der Nachbarschaft beitragen als all die militärischen Interventionen, welche mehr Chaos als Stabilität stiften. Von Turkmenistan ist es nicht weit in den Iran, der diesen Teil von Zentralasien auch lange beherrschte. Die Verbindungen über die Stämme reichen auch ins alte Persien, wo die turkmenischen Pferde die territoriale Expansion einst ermöglichten.

Gemeinsam reich werden

Von einer neuen „Petroleum Frontier" ist dank der jüngsten Erdgasfunde im östlichen Mittelmeer, dem sogenannten Levant Basin, die Rede. Spricht man mit Unternehmern im Nahen Osten, unabhängig von ihrer Religion und Herkunft, hat man den Eindruck, dass die orientalische Händlermentalität weiterhin ihre Blüten treibt und an sich alles möglich sein sollte. Israelische Fabrikanten arbeiten mit ihren palästinensischen Kollegen, Libanesen würde gerne mehr Geld mit wem auch immer verdienen, und auch am Golf könnten die nicht arabischen Iraner, die traditionell auf ihre semitischen Nachbarn, die Araber, herunterschauen, besser ins Geschäft kommen. Hier geht es vor allem um Erdgas und Lebensmittel aus dem Iran für die arabische Seite des Persischen Golfs. Ist man in Doha oder Dubai unterwegs, kann man an allen Ecken beobachten, wie junge Iraner Geschäfte vermitteln. In den Zeiten des Embargos wurden auch hier die berüchtigten Goldkoffer aus der Türkei zur Bezahlung von iranischem Erdgas übergeben. Die Korruption schneidet selbstverständlich in dieser Schattenwirtschaft ständig mit. Es sollte auch anders möglich sein, wenn es die politischen Verhältnisse endlich zuließen.

In Gedanken erstellte ich schon zu Anfang meines jugendlichen Nahostinteresses 1983 Gästelisten für mögliche Friedenskonferenzen. Angesichts der relativ simplen Machtverteilung des Kalten Krieges und überschaubaren Anzahl von Autokraten hätte meine fiktive Runde von acht Personen an einem runden Tisch Platz gefunden. In Gedanken spielte ich Vermittler und Protokollchef, wen ich wo platzierte und welche Verhandlungsangebote wer legen könnte. Um die Motive der fiktiven Konferenzgäste besser zu erfassen, beschäftigte ich mich mit den Biografien der wesentlichen Akteure und überlegte, wie und wo man diese Schar starrsinniger alter Männer diskret versammeln könnte. Ein Arafat, Chef der PLO und lange Schreckgespenst der Weltpolitik, wusste trotz einiger Abtrünniger noch die Mehrheit der Palästinenser hinter sich, während sich heute die Lager zwischen Islamisten und Säkularen heftig bekriegen. Wenn die israelische Armee PLO-Kämpfer vor Hamas-Kämpfern retten muss, wie dies im palästinensischen Bürgerkrieg 2007 in Gaza der Fall war, dann zeigt dies all die Absurdität auf. Israelische Premierminister mussten vor dreißig Jahren noch nicht Dutzende Koalitionspartner, vor allem extreme Rabbiner, unter einen politischen Hut bekommen, sondern verfügten über klare Mehrheiten im Parlament. Die Langzeitherrscher von Ägypten oder Syrien kontrollierten mit eiserner Faust, Opposition existierte nicht. Und die Interessen zwischen den USA und der Sowjetunion waren im östlichen Mittelmeer klar abgesteckt, die Religion bestimmte noch nicht die Politik. Allein der Libanon mit seinen vielen Milizen war bereits ein chaotischer Dschungel, wie es mittlerweile der gesamte Nahe Osten ist. In unserer zersplitterten Welt drängeln sich viele Spieler ohne Macht in den Korridoren. Heute müsste man für die Menge an Delegierten ein Stadion mieten, und so ein Nahostgipfel würde bereits am Protokoll der Sitzordnung scheitern.

Es müsste wahrscheinlich endlich den Unternehmern, deren Talent es ist, ein Risiko einzugehen, mehr Gewicht gegeben werden. Die Politik ist an ihrem eigenen Mittelmaß und ihrer Ängstlichkeit gescheitert. Auch die vielen wohlgemeinten Dialoge zwischen den Religionen und Zivilisationen führen nicht weit, denn irgendwann muss eine Entscheidung über Grenzen und Abrüstung getroffen werden. Hier wären Staatsmänner gefragt, die bereit sind, etwas auf ihre Kappe zu nehmen, ohne dass sie hierfür wieder gewählt würden. Den ersten Schritt könnten aber in dem blutigen Dilemma, in welchem sich der Nahe Osten befindet, die Wirtschaftreibenden setzen. Manches zeichnet sich in diese Richtung bereits ab. Dass die großen strategischen Energiereserven des Nahen Ostens, die sich mehr als Fluch denn Segen erweisen, für mehr Kooperation als

Konfrontation eingesetzt werden könnten, mag naiv anmuten. Doch mit den neuen Erdgasfunden im östlichen Mittelmeer, die viele als zusätzlichen Konfliktstoff fürchten, könnte auch ein Anlauf in eine andere Richtung unternommen werden. Die israelischen Bohrungen sollen auch der palästinensischen Stromversorgung zugutekommen. Libanesische Ingenieure könnten sich vorstellen, mit ihren Nachbarn zusammenzuarbeiten. Gemeinsam reich werden anstatt sich im Namen einer Religion zu vernichten, wäre ein Versuch wert.

Epilog: Zurück ins Dorf und unterwegs in den Nahen Osten

Als ich die Arbeit an diesem Buch begann, weilte ich für eine Woche in Beirut, dazwischen schrieb ich auf Flughäfen zwischen Abu Dhabi und Berlin, im Zug immer wieder unterwegs durch die Lande. Den wesentlichen Teil aber verfasste ich in der Beschaulichkeit meines kleinen Zuhauses inmitten einer Tierschar, dankbar für alle Ruhe und Muße.

Letztlich kommen wir aber auch nur dann an, wenn wir zuvor abgereist sind. Eine Serie von Abschieden und Ankünften bindet mich an den Nahen Osten, den wir zunehmend mit Krieg, gesellschaftlichem Rückschritt und viel menschlichem Elend verbinden. Es ist aber auch jener Teil der Erde, wo die Zivilisationen einander begegneten und Neues schufen. Wir sind alle Erben dessen, was rund um das Mare Nostrum, wie die Römer das Mittelmeer nannten, entstand. Doch aus der Brücke wurde in den letzten Jahrzehnten eine Barriere und darunter erstreckt sich ein gewaltiger Friedhof der Namenslosen. Gegenwärtig erleben wir wie schon in den Jahrhunderten zuvor eine Wende im Verhältnis zwischen Orient und Okzident. Die Kluft wächst, die Neugierde für einander schwindet. Die Menschen entfremden sich im Namen ihrer Religionen, auf welche sie sich lieber berufen als auf ein gemeinsames Band des guten Lebens. Im Arabischen nennt man die Menschheit manchmal poetisch auch „Bani Adam", was Stamm von Adam heißt. Und Adam ist das hebräische Wort für Mensch, worauf sich „Adama", die Erde, und „Dam", das Blut, reimen. Damit dichteten kreative Geister die Schöpfungsgeschichte der Bibel, vieles schrieben sie von anderen Mythen ab, wie jenes von Gilgamesch aus dem heutigen Irak. Und innerhalb dieses Stammes fechten wir seit Menschengedenken unsere Fehden aus. Ob nun die Götter zuschauen und sich über uns Erdlinge angewidert wundern oder ob ein Gott zeitweise mit Stellvertretern eingreift, sei dahingestellt. Die Bilanz ist nicht rühmlich.

Zu viele Kriege trug der Westen im Laufe der Geschichte auf Suche nach Rohstoffen und Einflusssphären in den Osten. Zu wenig Würde und Freiraum ermöglichte der Osten den Bürgern. Das große Unbehagen des Westens vor den Menschenmassen des Ostens ist eine Konstante der Geschichte, die sich seit den Perserkriegen über alle Epochen hinzieht. Und der Orient sorgt sich zu Recht um die nächste westliche Intervention im Namen von Humanität und Regimewechsel. Heißt es im Englischen „Middle East", ist es in den meisten europäischen Sprachen der „Nahe Osten", weil er uns in der Geografie und über die Menschen hüben wie drüben viel näher ist, als dies aus einer Londoner Perspektive der Fall ist. Wir werden uns dem Dilemma dieser vielschichtigen Verbundenheit kaum entziehen können. Für die Briten waren das östliche Mittelmeer und der von ihnen dank der Finanzierung durch das Haus Rothschild erworbenen Aktien des Suezkanals bis in die 1950er-Jahre bloß eine Art Transitraum auf dem Weg in ihre Kronkolonie Indien, die ihr Rohstofflager, ihre umhegte Perle und teils auch der Kern des englischen Selbstverständnisses war. Aus US-Perspektive ist dieser Teil des Orients zwischen Nordafrika und Asien noch sehr viel weiter weg. Den USA wächst der asiatisch-pazifische Orient verstärkt zu. Für das kontinentale Europa erscheint die Schicksalsgemeinschaft zwischen Orient und Okzident hingegen zur gemeinsamen Überlebensfrage zu werden.

Die meisten Kriege in der Menschheitsgeschichte gingen erst dann zu Ende, als ein Zustand völliger Erschöpfung eintrat. Noch sind die Statistiken des Grauens aus dem Orient nicht vergleichbar mit jenen, die das blutige 20. Jahrhundert oder das ebenso grausame 17. Jahrhundert über Europa brachten. Damals war der halbe Kontinent ausgelöscht, bevor man einen Neuanfang unternahm. Trotz aller kriegerischen Zerstörung brachten uns die Umwälzungen manchmal ein Stückchen weiter. Um der Vernunft willen sind Menschen nur selten an den Verhandlungstisch gekehrt, vielmehr aus Erschöpfung und Aussichtslosigkeit. Oft fragte ich mich, ob es nicht möglich wäre, das Wissen um unsere Existenz vom Ende aufzurollen. Würden wir anders leben? Ich weiß es nicht. Das Leben will einfach gelebt werden. Und Leben bedeutet Scheitern, um sich dann im Rahmen des Möglichen wieder aufzurichten. Manchmal dauert es lange, bis man fähig ist, wieder wollen zu wollen.

Als ich im Vorjahr in Kairo und in Beirut war, hatte ich den Eindruck, dass viele kurz vor einem kollektiven Nervenzusammenbruch stehen, denn sie können nicht mehr. Im Irak und in Syrien sind Millionen traumatisiert. Es ist nun im Nahen Osten so vieles in Bewegung geraten, was zum weiteren Zerbrechen oder aber zu einem Zusammenfügen führen kann. Und viele Staaten sind in ihrer Existenz infrage gestellt. Manche sprechen von Neuordnung, doch zuvor herrscht noch gewaltige Unordnung. Es fehlen Regierungen oder Institutionen, welche über die Autorität verfügen, von außen ordnend einzugreifen. Das war 1920 im Ölabkommen von San Remo, 1947 mit der Teilung Palästinas in der UN-Vollversammlung oder den vielen nachfolgenden Waffenstillstandsvereinbarungen der Fall. Anstatt von außen muss die Gestaltung endlich von innen kommen. Hierfür bedarf es überzeugender Führungspersönlichkeiten innerhalb der betroffenen Völker, um Gebietsansprüche und Regierungsformen gemeinsam zu lösen. Wie immer sich die Überlebenden zusammenfinden, es möge endlich den Menschen in dieser Weltregion vergönnt sein, ihr Schicksal zu bestimmen. Am geopolitischen Schachbrett wurden auch in Europa fortwährend Völker verschoben.

Lange grübelte ich über den Ursprung des arabischen Wortes für Österreich: An-Nimsa. Denn fast alle europäischen Ländernamen wurden mit ihrer lateinischen Version ins Arabische übersetzt, sodass man sie rasch erfassen kann. Frankreich ist „Faransa", Deutschland wird als „Almanyia" übersetzt. Bloß worauf lässt sich der Name „An-Nimsa" zurückführen, der auch einem Karl May bekannt war, als er einen seiner Romanhelden mit der slawisch-arabischen Mischung

221

Kara Ben-Nemsi, den „Schwarzen, Sohn des Österreichers" auftreten lässt? Nun in fast allen slawischen Sprachen ist der Nemcki, Nemtzov oder Nemeth der Deutschsprechende beziehungsweise der Nichtsprechende, denn aus slawischer Sicht waren sie diejenigen, die sich nicht ausdrücken konnten. Nun war offenbar den Osmanen, in deren Heeren auch viele Araber dienten, bei ihrer Ankunft in Mitteleuropa klar, dass hier zum einen die „Almaniyun", also die Deutschen existierten, zum anderen gab es die „Nimsawiyun", also die Österreicher, wobei ich mir folgende selbst gestrickte Hypothese erlaube: Letztere waren in den Augen der Orientalen deutsch sprechende Slawen. Mir gefiel diese Wahrnehmung von uns Österreichern, zumal sie einiges erklärt, weswegen von Wien aus 1914 und dann durch einen Österreicher 1939 nochmals Weltkriege begonnen wurden. Wir wussten lange nicht, ob wir nun Deutsche sind oder nicht, und in diesem Streit über unsere Identität traten wir so manches Blutbad los. Die arabische Bezeichnung ist vielleicht ein nützlicher Hinweis, auch wenn er vielen nicht gefallen mag und höchstwahrscheinlich auch sprachgeschichtlich so nicht stimmt. Doch mir bot sie immer wieder Inspiration, warum in Mitteleuropa vieles so ist, wie es ist, verschwommen wie ein Aquarell.

Zu Hause sein und Geborgenheit finden, danach sehnt sich jedes Lebewesen. Bei aller Lust, hinaus in die Welt aufzubrechen, weiß ich um das Glück von Wurzeln. Habe sie eine Weile gesucht und durfte sie schlagen. Aus tiefer Überzeugung leiste ich mir das freie Schaffen. Es ist ein Leben in Würde, weder muss ich mich geistig verbiegen noch auf die Pension warten, um dann all das zu tun, was ich immer schon tun wollte. Mit materiellen Unwägbarkeiten lernte ich umzugehen, doch die Freiheit des Kopfes ist unbezahlbar. So genieße ich den Luxus der Einfachheit im Alltag. Bin dazwischen in Chefetagen zu Gast oder werde im kleinen Kreis um meine Meinung gebeten. In eigenem Namen aufzutreten und nicht als bloßer Funktionsträger in Erscheinung zu treten, erachte ich als die wesentliche Errungenschaft in meinem Leben und Beruf. Denn so darf ich den Orient in allen seinen Facetten erklären, was auch zur Orientierung nützlich ist, denn uns allen ist der Nahe Osten einfach sehr nahe.

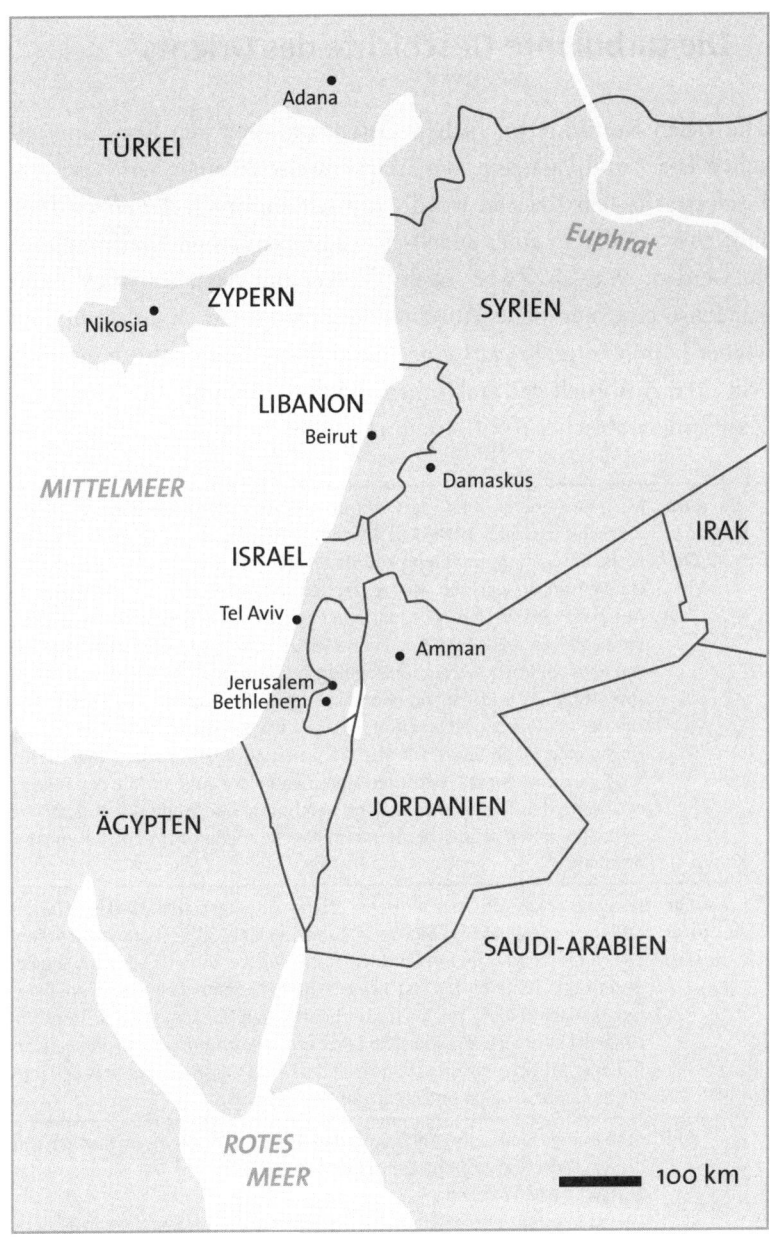

Meine wesentlichen Stationen im Nahen Osten

Die turbulente Geschichte des Orients

Die vielen Konflikte im Nahen Osten umfassen den Konflikt zwischen Israel und Palästina, der streckenweise zu einer Serie von arabisch-israelischen Kriegen wurde, um seit Ausbruch der ersten Intifada 1987 wieder zu einer israelisch-palästinensischen Konfrontation zu werden. Was als Zwist zweier Völker um dasselbe Stück Land zunächst eine nationale Auseinandersetzung war, wurde seit den 1980er-Jahren vermehrt auf einer national-religiösen Ebene geführt. Mit dem Ausbruch der arabischen Revolten Anfang 2011 wuchs die Zahl innerarabischer Konflikte dramatisch.

Ca. 1000 bis 400 v. Chr.	Mehrere Generationen von Dichtern verfassen das erste Buch Mose, die Bereschit (auf Hebräisch: Der Anfang) beziehungsweise Genesis. Die biblische Schöpfungserzählung knüpft an ähnliche Mythen in Israels antiker Umwelt an, so v. a. von Mesopotamien (Gilgamesch Epos) und Ägypten. Abraham verlässt Ur in Mesopotamien und zieht in das verheißene Kanaan. Ihn begleiten seine Frau Sara, seine Familie sowie sein Neffe Lot mit dessen Familie. Nach einem dürrebedingten Aufenthalt in Ägypten trennen sich Abraham und Lot, um Konflikte über Weidegründe zu vermeiden. Um der Kinderlosigkeit zu entgehen, beschließen Abraham und Sara, dass Hagar, eine Magd Saras, für Nachkommen Abrahams sorgen soll. Dieses Kind, genannt Ismael, wird der Stammvater der Araber. Mit der Geburt Isaaks werden Hagar und ihr Kind verstoßen, überleben durch göttliche Hilfe. Juden und Araber berufen sich gleichermaßen auf den Stammvater Abraham.
4 v. Chr bis 30/31 n. Chr.	Jesus von Nazareth, ein jüdischer Wanderprediger, tritt ab dem Jahr 28 öffentlich in Galiläa und Judäa auf. Rund drei Jahre später wird er auf Befehl des römischen Präfekten Pontius Pilatus wegen öffentlicher Aufwiegelei gekreuzigt. Jesus hinterlässt keine Schriften. Seine Anhänger verkündeten ihn nach seinem Tod als Jesus Christus, den Messias. Das Christentum, zunächst eine verfolgte jüdische Sekte im Untergrund, wird ab dem 4. Jahrhundert, als sich im Römischen Reich der Monotheismus verstärkt behauptet, zur Staatsreligion und steigt zur Weltreligion auf.
622	Mohammed und seine Anhänger wandern von Mekka nach Medina, mit dieser „Hidschra" beginnt die islamische Zeitrechnung. Der Islam und das arabische Reich expandieren. Zerfall in schiitische und sunnitische Strömung im Nachfolgekampf nach dem Tod des Propheten 632. Ein großer Sprung darf nun erfolgen.

1870 Butrus al-Bustani, libanesischer Schriftsteller, gibt die erste arabische Enzyklopädie heraus. Die Renaissance der arabischen Sprache stärkt einen neuen arabischen Nationalismus, der sich als säkulare Alternative zum Osmanischen Reich versteht.

1896 „Der Judenstaat" von Theodor Herzl, Korrespondent der Neuen Freien Presse in Wien, erscheint. Die jüdische Nationalbewegung des Zionismus wird mit dem Ziel, in Palästina einen jüdischen Staat zu errichten, begründet.

1915 Beginn der Arabischen Revolte unter Führung der Haschemiten. Großbritannien verspricht den Arabern einen unabhängigen Staat in Form eines Vereinigten Arabischen Königreichs.

1916 Großbritannien und Frankreich teilen auf Basis der Geheimkorrespondenz Sykes-Picot die Konkursmasse des Osmanischen Reiches bereits auf dem Reißbrett unter sich auf. Diese Karte von Interessensphären bleibt jedoch Entwurf und findet keine Anwendung.

1917 Balfour-Erklärung, erste diplomatische Referenz für die Errichtung einer nationalen Heimstätte in Palästina. Lord Balfour war britischer Außenminister und versprach ein Engagement seiner Regierung, wobei die Rechte der ansässigen nicht jüdischen Bevölkerung zu respektieren wären.

1920 Das Erdölabkommen von San Remo (Italien) bildet die Grundlage für Pipeline-Trassen aus Nordmesopotamien nach Haifa (Palästina). In der Folge werden die Grenzen zwischen den neuen arabischen Nationalstaaten unter europäischer Kuratel gezogen. Die britischen Mandate wurden der Irak und Palästina. Frankreich übernahm Syrien und den Libanon.

1932 Das wahabitische Königreich Saudi-Arabien wird von Ibn Saud gegründet, der eine Nachfolge aller seiner Söhne festschreibt.

1943 Der Libanon wird unabhängig. Ein Abkommen außerhalb der Verfassung regelt den konfessionellen Proporz im öffentlichen Leben. 18 Konfessionen sind anerkannt. Die letzte Volkszählung wurde 1932 durchgeführt. Das Staatsoberhaupt ist traditionell ein maronitischer Christ, der Premier ein sunnitischer Muslim.

1945 Arabisch-jüdische Auseinandersetzung steigert sich in Palästina fast bis zum Bürgerkrieg. Gründung der Arabischen Liga.

1946 Syrien und Transjordanien werden unabhängig.

1947 UN-Sonderausschuss UNSCOP legt einen Mehrheitsvorschlag zur Teilung Palästinas und einen Minderheitsvorschlag gegen die Teilung Palästinas vor. Am 29. November wird in der UN-Vollversammlung die Teilung Palästinas beschlossen.

1948 Massaker von Deir Yassin durch die jüdische Untergrundorganisationen IZL und LHI (Lehi) im April mit etwa 200 Toten. Dieses Massaker setzt eine landesweite Fluchtbewegung von Palästina in Gang. Von 1947–1948 Flucht und Vertreibung von etwa 750.000 Palästinensern. David Ben-Gurion proklamiert den Staat Israel am 15. Mai. Der erste israelisch-arabische Krieg beginnt am 15. Mai mit dem Einmarsch von jordanischen, syrischen und ägyptischen Truppen, um die Teilung Palästinas zu verhindern. Im Krieg werden von der israelischen Armee 400 von insgesamt 475 arabischen Dörfern zerstört. UN-Resolution 194 im Dezember: Rückkehrrecht der palästinensischen Flüchtlinge oder Kompensation (Entschädigung).

1949	Waffenstillstand zwischen Israel und den arabischen Nachbarstaaten. Gründung des UN-Hilfswerks für palästinensische Flüchtlinge, UNRWA.
1950	Ben-Gurion erklärt Jerusalem zur Hauptstadt Israels entgegen den Beschlüssen der UN. Jordanien annektiert Ost-Jerusalem und das Westjordanland.
1953	König Hussein besteigt den Thron von Jordanien. Die ersten Flugzeugentführungen beginnen im Nahen Osten.
1956	Der Sinai-Krieg von Großbritannien, Frankreich und Israel gegen Ägypten. Präsident Nasser setzt seine Politik, u.a. Verstaatlichung der britischen und französischen Suez-Aktien, durch und wird zum wichtigsten arabischen Politiker.
1964	Der erste Palästinensische Nationalrat tagt in Ost-Jerusalem. Gründung der PLO unter Ahmad Shuqairi als Präsident (1964–1967).
1965	Fatah beginnt den bewaffneten Kampf gegen Israel.
1967	Sechstagekrieg. In einem sogenannten Präventivschlag zwecks Selbstverteidigung greift Israel die Nachbarn Ägypten, Syrien und Jordanien an und besetzt die Sinaihalbinsel, das Westjordanland und die Golanhöhen (im Norden Israels, Gebiet von Syrien). Ost-Jerusalem wird besetzt. Arabische Gipfelkonferenz von Khartum im August/September beschließt: Nein zum Frieden, Nein zur Anerkennung Israels, Nein zu Verhandlungen. Im November verabschiedet die UN-Sicherheitsrat die Resolution 242: Israel muss sich aus (den) besetzten Gebieten zurückziehen. Gründung der PFLP unter George Habasch. Von dieser Organisation werden sich in der Folge noch weitere Splittergruppen abspalten, so die PFLP-GC unter Ahmed Jibril.
1968	Die PLO-Gruppe Fatah wird zur Massenbewegung mit dem Motto des bewaffneten Kampfs, Jassir Arafat wird ihr Sprecher. *Unsere Familie zieht nach Jordanien.*
1969	Arafat wird PLO-Präsident.
1968– 1970	Ägyptisch-israelischer Abnutzungskrieg an der Front am Suezkanal. Die israelische Armee spürt die Folgen einer zu weiten territorialen Ausdehnung (overstretch). Aufbau der jordanischen Airline Alia.
1970	Der Schwarze September: bürgerkriegsähnliche Kämpfe zwischen der jordanischen Armee und dem palästinensischen Widerstand in Amman. Den Auftakt bildeten spektakuläre Flugzeugentführungen durch die PFLP. In Syrien kommt der Luftwaffenoffizier Hafez al-Assad an die Macht. Er entstammt der ethnischen Minderheit der Alawiten, die rund 15 Prozent der Bevölkerung stellen. Die sunnitische Mehrheitsbevölkerung sieht in den säkular orientierten Alawiten Häretiker.
1971	Erneute Kämpfe in Jordanien zwischen Armee und Widerstand bei Jerash und Ajlun. Der palästinensische Widerstand wird aus Jordanien vertrieben und setzt sich verstärkt im Libanon fest, wo bereits Hunderttausende palästinensische Flüchtlinge leben. Vom Südlibanon startet die PLO regelmäßige Angriffe auf Israel.

1972   Geiselnahme von israelischen Sportlern durch den palästinensischen „Schwarzen September" bei den Olympischen Spielen in München.

1973   Im Oktoberkrieg greifen Ägypten und Syrien Israel an. Ein neuer Verhandlungsprozess zur Lösung des Nahostkonflikts beginnt als Folge des Kriegs. US-Außenminister Henry Kissinger vermittelt intensiv. Ein Exportstopp arabischer Staaten der Erdölorganisation OPEC führt zu einer Preisspirale: Der Preis vervierfacht sich binnen weniger Wochen.

1974   Arabische Gipfelkonferenz von Rabat anerkennt die PLO als einzig legitime Vertretung der Palästinenser. Jassir Arafat hält seine historische Rede vor der UN-Vollversammlung in New York: „Ölzweig und Kalaschnikov".

1975   Offizieller Beginn des Bürgerkriegs im Libanon nach jahrelangen Scharmützeln im Südlibanon. Die PLO wurde zum „Staat im Staate", wechselnde Allianzen machen den Krieg bald zum Stellvertreterkampf regionaler Mächte und internationaler Terrorgruppen.

1977   Rede des ägyptischen Präsidenten Anwar al-Sadat vor der Knesset (Parlament) in Jerusalem.

1978   Die israelische Armee besetzt den Südlibanon (Operation Litani), um den palästinensischen Widerstand zu zerschlagen.
Israel und Ägypten unterzeichnen das Camp-David-Abkommen. Sadat und Begin erhalten den Friedensnobelpreis. Ägypten wird zum wesentlichen Verbündeten der USA.

1979   Erste Einladung Arafats durch einen westlichen Regierungschef: Besuch Arafats beim österreichischen Bundeskanzler Bruno Kreisky in Wien. Ägypten und Israel schließen einen Friedensvertrag. Israel zieht aus den 1967 besetzten ägyptischen Gebieten (Sinaihalbinsel) ab.

1979   Im Iran wird mit der Rückkehr des schiitischen Geistlichen Khomeini aus seinem Pariser Exil die Iranische Revolution gegen das Schah-Regime zur Islamischen Revolution. Die Islamische Republik wird gegründet, die iranische Erdölproduktion bricht ein, eine neue Preisspirale erschüttert die Weltwirtschaft. Im November besetzen iranische Revolutionäre die US-Botschaft für 444 Tage.

1980   Jüdische Siedler verüben Anschläge gegen palästinensische Bürgermeister in Nablus, Ramallah und al-Bireh. Die Knesset verabschiedet das Jerusalemgesetz: „Jerusalem, vereint und in seiner Gesamtheit, ist die Hauptstadt Israels."

1981   Israel bombardiert den im Bau befindlichen irakischen Atomreaktor Osirak. In den besetzten Gebieten wird die israelische Militärverwaltung durch eine Zivilverwaltung abgelöst. Israel annektiert die syrischen Golanhöhen formal-juristisch.

1982   Einmarsch der israelischen Armee in den Libanon (Operation „Frieden für Galiläa"). Die PLO wird aus dem Libanon vertrieben. Massaker von Sabra und Schatila durch christliche libanesische Milizen vor den Augen der israelischen Armee. Größte Friedensdemonstration in der Geschichte Israels gegen den Libanonkrieg. Die PLO zieht sich nach Tunesien zurück.

Interesse für den Libanon bestimmt den weiteren Lebensweg.

1983 Uri Avnery, Matti Peled und Ya'akov Arnon vom „Israelischen Rat für israelisch-palästinensischen Frieden" treffen Arafat in Tunis, obwohl Treffen von Israelis mit PLO-Mitgliedern damals strafbar sind. Im Libanon wird die schiitische Bewegung der Hizbollah, die Partei Gottes, mit iranischer Unterstützung gegründet. Es beginnen die ersten systematischen Selbstmordanschläge der modernen Geschichte gegen Israel. Eine internationale Friedenstruppe wird aufgestellt.

1984– *In den Sommermonaten Volontärin im Hospiz St. Louis in Jerusalem und 1985 Arabisch-*
1985 *studien in Tunis.*

1987 Im Dezember Beginn der ersten Intifada (1987–1993). Unmittelbarer Anlass ist ein Autounfall im Gazastreifen, bei dem vier Palästinenser getötet werden.

1987–1988: Stipendium an der Hebräischen Universität von Jerusalem.

1988 Jordanien verzichtet im Juli auf seine Souveränitätsansprüche über das Westjordanland und Ost-Jerusalem. Im November proklamiert der Palästinensische Nationalrat in Algier den unabhängigen Staat Palästina.

Im August Abschuss eines iranischen Airbus über dem Persischen Golf durch die US-Flotte; im Dezember Anschlag auf Pan-Am-Flug 103 über Lockerbie. Libyen wird beschuldigt, doch streitet trotz Entschädigungszahlung jede Verbindung ab. Spuren führen auch nach Damaskus und Teheran.

Praktikum in der Länderbank in Amman, Studienaufenthalt in Syrien.

1989 *Stipendium in Georgetown (Center of Contemporary Arab Studies),*
Washington D.C.

1990– *Diplomatin in der Nahostabteilung des Außenministeriums, Vorträge in Beirut.*
1992

1991 Zweiter Golfkrieg der von den USA angeführten Koalition gegen den Irak, nachdem der Irak im August 1990 Kuwait besetzt. Die Madrider Friedenskonferenz beginnt im Oktober unter Teilnahme einer jordanisch-palästinensischen Delegation ohne die PLO. Islamisten gewinnen die Parlamentswahlen in Algerien, werden aber von der regierenden Partei FLN und der Armee an der Machtübernahme gehindert. Ein langjähriger Bürgerkrieg erschüttert das Land.

Mission Eröffnung der Österreichischen Botschaft in Beirut.

1992 Israel deportiert nach einer Serie von palästinensischen Anschlägen über 400 Hamas-Mitglieder und -Anhänger in den Libanon. Diese Männer werden von der Hizbollah aufgenommen und in der Methode des Selbstmordattentats ausgebildet.

1993 Die Washingtoner Verhandlung zwischen Israel und der PLO, aufgenommen nach Abschluss der Madrider Konferenz zwischen Israel und der palästinensischen Delegation, endet nach zehn Verhandlungsrunden ergebnislos. Unterzeichnung der Osloer Prinzipienerklärung am 13. September in Washington mit dem historischen Handschlag zwischen Arafat und Rabin.

1994	Beginn einer Serie von palästinensischen Selbstmordattentaten. Arafat kehrt nach 27-jährigem Exil in den Gazastreifen zurück. Die Palästinensische Autorität wird schrittweise aufgebaut. Unterzeichnung des Pariser Protokolls (Wirtschaftsabkommen zwischen PLO und Israel) im April. Unterzeichnung des Kairoer Abkommens über den israelischen Rückzug aus Jericho und Gaza im Mai. Israel und Jordanien schließen im Oktober einen Friedensvertrag, den zweiten Friedensvertrag zwischen Israel und einem arabischen Staat.
1995	Unterzeichnung des zweiten Osloer Abkommens im September in Washington. Im November wird Ytzhak Rabin durch einen rechtsradikalen Israeli in Tel Aviv bei einer Friedenskundgebung ermordet.
1996	Der Likud-Politiker Benjamin Netanyahu stellt die neue israelische Regierung.
1998	Abschluss des Wye-River-Abkommens, um den überfälligen israelischen Rückzug aus Teilen des Westjordanlandes durchzuführen.
1999	König Hussein von Jordanien stirbt, sein Sohn aus zweiter Ehe mit einer Britin besteigt den Thron als König Abdallah. Der algerische Bürgerkrieg wird offiziell für beendet erklärt. *Rückkehr in den Libanon als freie Journalistin.*
2000	Camp David II: gescheiterte Friedensgespräche im Juli zwischen Arafat, Barak und Clinton. Ende September, nach der Provokation Ariel Scharons durch seinen „Besuch" auf dem Tempelberg und der blutigen Niederschlagung palästinensischer Demonstranten durch die israelische Armee, beginnt die zweite Intifada. Die israelische Armee ermordet gezielt Dutzende von palästinensischen Aktivisten. Hamas beginnt mit einer neuen Serie von brutalen Selbstmordattentaten. Die israelische Armee zieht sich unter dem Druck der öffentlichen Meinung und der vielen Opfer infolge von Selbstmordanschlägen der Hizbollah aus dem Libanon zurück. Die Hizbollah gewinnt an Reputation in der gesamten islamischen Welt. Hafez al-Assad stirbt nach dreißig Jahren an der Macht, sein Sohn Baschar folgt ihm gleichsam in einer republikanischen Erbnachfolge an die Regierungsspitze in Syrien. *Ab 2000 Unterricht an mehreren Universitäten im Libanon.*
2001	Die Terroranschläge vom 11. September in den USA werden zum Casus Belli für eine Reihe nachfolgender US-Interventionen in Afghanistan und im Irak. Doch 15 der 19 Attentäter hatten saudische Pässe.
2002	Ende März beginnt der zweite Krieg Scharons gegen die Palästinenser mit der Wiederbesetzung der meisten palästinensischen Städte und Dörfer im Westjordanland durch die israelische Armee. Während Scharon vorgibt, eine terroristische Infrastruktur zerstören zu wollen, wird in Wirklichkeit die staatliche und zivile Infrastruktur der Palästinensischen Autorität zerschlagen. Verhaftung von Tausenden von Palästinensern.

2003	Am 20. März starten die USA und ihre Verbündeten die Luftangriffe auf den Irak, marschieren in Bagdad ein, lösen die irakische Armee auf und erklären am 1. Mai den Irakkrieg für beendet. Der Krieg wird aber zu einem neuen Vietnam für die US-Truppen, die nach dem Abzug aller Verbündeten am 31.12.2011 ebenfalls abziehen.
	Irakkrieg – Beginn der Kommentatorentätigkeit für den ORF.
2004	Tod Arafats in Paris; Verschlechterung der Sicherheitssituation im Irak, Entführungen von Irakern und Ausländern finden systematisch statt. Das Embargo gegen Libyen wird aufgehoben. Internationale Erdölkonzerne beginnen wieder geschäftlich tätig zu werden.
	Vorträge in Algerien, verstärkte Forschungsarbeit zur Energiepolitik.
Ab 2006	*Mehrere Publikationen zur OPEC.*
2008	Eine Serie von UN-Sicherheitsratsresolutionen schafft ein hartes Sanktionsregime gegen den Iran.
2011	Von Tunesien ausgehend beginnen arabische Revolutionen, die als „Arabischer Frühling" bekannt werden. Ägyptens Langzeitherrscher Hosni Mubarak wird von den USA fallen gelassen. Islamisten gewinnen in den nachfolgenden Wahlen. In Syrien beginnt ein grausamer Stellungskrieg zwischen Regierung und Oppositionsgruppen, die von regionalen Mächten unterstützt werden.
	Arabische Revolutionen – Recherchen für das Buch „Testosteron Macht Politik" in Ägypten, Jordanien, Libanon.
2006– 2012	*Mehrere Aufenthalte im Iran, Ägypten und den Golfstaaten für Vorträge und Recherchen rund um Erdöl und Erdgas.*
2013	Die Muslimbrüder werden von der Armee und einem zivilen Bündnis am 3. Juli gestürzt. Die USA verlieren zunehmend an Einfluss in der Region. Ein angesagter Angriff auf Syrien wird wieder abgesagt. Die USA und der Iran verhandeln ab März geheim über eine Wiederannäherung und Lösung des Nuklearproblems. Im Juni löst Hassan Rohani seinen Vorgänger Mahmud Ahmadinedschad im Präsidentenamt ab.
2014	Die innerarabischen Konflikte nehmen an Intensität zu. Von Libanisierung, Irakisierung, Somalisierung vieler Staaten ist die Rede. Ein Zerfall Libyens könnte ebenso eintreten wie eine Implosion des Iraks und anderer Staaten, die von Rohstoffinteressen regelmäßig erschüttert werden. Der Druck auf Israel, einen Ausgleich mit den Palästinensern zu finden, wächst zunehmend. Energie-Interessen bestimmen die Geopolitik im Nahen Osten und in der Neugestaltung vieler Allianzen bedeutsam mit.

Literatur: u.a. Helga Baumgarten: Arafat. Zwischen Kampf und Diplomatie. Berlin: Ullstein 2002

Erklärung zur Karte im Nachsatz

Ägypten: Mit dem Sturz Hosni Mubaraks im Februar 2011 fällt das Land in ein wirtschaftliches und politisches Chaos. Die islamistischen Muslimbrüder gewinnen die Wahlen, doch können sie die vielen Probleme nicht lösen. Die Proteste dauern an. Im Juli 2013 schreitet die Armee ein. Es kommt zu einer Militärdiktatur mit Rückhalt im Volk. Die Muslimbrüder, rund 25 Prozent der Bevölkerung, werden als Terrororganisation verboten. Die tägliche Gewalt wächst vielerorts.

Irak: Der Irak verfügt über die weltweit zweitgrößten Erdölreserven. Dieser Rohstoffreichtum war einer der vielen Kriegsgründe für den Einmarsch der USA und ihrer Verbündeten im März 2003. Die USA zogen als letzte Besatzungsmacht Ende 2011 ab, der Irakkrieg strahlt auf die gesamte Region aus.

Iran / Saudi-Arabien: Die Beziehungen zwischen dem nicht arabischen Iran, wo die Schiiten die Mehrheit der Muslime bilden, und dem radikal sunnitischen Saudi-Arabien sind schwierig. Mit der Islamischen Revolution 1979 wuchsen die Spannungen.

Israel: Der jüdische Staat ist neben der ungelösten Palästinafrage, dem Rückzug aus den 1967 besetzten Gebieten, mit zahlreichen Konflikten in der Region konfrontiert. Die libanesische Hizbollah wurde seit 1983 zu einem wesentlichen militärischen Gegner und erzwang im Mai 2000 den Abzug aus dem Südlibanon.

Libanon: Neben 400.000 palästinensischen Flüchtlingen nahm das Land seit 2011 eine Million vertriebene Syrer auf. Der schiitisch-sunnitische Konflikt belastet die fragile Machtverteilung zwischen den 18 Konfessionen. Die Warlords der 1980er-Jahre bestimmen weiterhin die Politik.

Libyen: Seit dem Sturz des Gaddafi-Regimes infolge der NATO-Intervention von 2011 versinkt das Land im Chaos. Die Erdölproduktion ging stark zurück, Stämme streiten um Einfluss, Milizionäre terrorisieren die Bevölkerung. Das Land droht zu zerfallen.

Persischer Golf: Bezeichnenderweise wird dieses Gewässer im Arabischen „Arabischer Golf" genannt, während in allen anderen Sprachen vom Persischen Golf die Rede ist. Um Einflusszonen zwischen Iranern und Arabern wird seit Jahrhunderten gestritten, nunmehr flackern alte innerarabische Rivalitäten wieder auf, so vor allem zwischen Katar und Saudi-Arabien. Angesichts der wichtigen Erdöltransportrouten kann jeder lokale Streit zum regionalen Krieg führen.

Syrien: Das Regime unter Baschar al-Assad hält sich trotz des landesweiten Kriegs mit den vielen grausamen Schauplätzen an der Macht. Ein Patt – ähnlich wie im Irak oder im Libanon – zeichnet sich ab. Das große Flüchtlingsdrama belastet indes auch die Nachbarstaaten, besonders den Libanon und Jordanien.

Türkei: Die islamistische AKP-Regierung setzt zusehends rechtsstaatliche Grundlagen außer Kraft, geht repressiv gegen jegliche Opposition vor und stützt sich dennoch auf eine breite Basis in der Bevölkerung, die für einen politischen Islam und gegen eine Trennung von Politik und Religion ist, wie sie der Kemalismus zuvor praktizierte. Weitere Konflikte können die Wirtschaft stark belasten.

Danksagung

Der römische Schriftsteller Seneca begleitet mich ein Leben lang. Zur Matura ließ uns eine engagierte Philosophielehrerin kleine Schriftrollen auswählen. Auf meiner stand: „Lieber will ich durch Wahrheit anstoßen, als durch Schmeichelei gefallen." Dieses Zitat von Seneca wurde zu meiner Losung. Mit Seneca darf ich auch sagen: „Ich bin dankbar, nicht weil es vorteilhaft ist, sondern weil es Freude macht." So schreibe ich die Zeilen beschwingt von ebendieser Freude.

Menschen, denen ich dank meiner Passion für den Nahen Osten begegnete, wurden zum Vorbild, wie das Leben zu nehmen ist, nämlich mit Gelassenheit und viel Wärme im Herzen, um das Hier und Jetzt in seiner Einmaligkeit zu erleben. Diese Erfahrung machte mich vielleicht zu einer halben Orientalin, wie manche meinen. Auf einige dieser bemerkenswerten Menschen komme ich in dem Buch zu sprechen, weitere darf ich an dieser Stelle anführen, denn ohne sie wäre vieles nicht möglich. Nathalie Terzibachian-Melki ist meine älteste Freundin. Als Zweijährige wurden wir einander erstmals gegenübergesetzt, da unsere Familien einander kannten. Und dies war vor fast 48 Jahren, die Freundschaft dauert an. Nathalie ist der logistische Anker in Beirut, denn sie organisiert meist Auto, Telefon, Termine und Besuche bei gemeinsamen Freunden. Die erste Fahrt bei jeder Reise in den Libanon führt in den Garten von Abdallah Zakhia in Amchit im Norden des Landes. Abdallah suche ich seit bald 25 Jahren um seinen Rat auf. Der ehemalige streitbare Anwalt, der die Küste vor Spekulanten teils bewahrte, hat sich ein Leben zwischen Büchern, Vorträgen und seinem paradiesischen Garten eingerichtet. Mit seinen achtzig Jahren hat er gewisse Einsichten gewonnen, denen ich gerne lausche. Der Geist von Voltaire findet sich in seinem Domizil, wo Libanesen, Franzosen, Syrer und auch eine Österreicherin fern der religiösen Gräben des Libanons debattieren. Im Iran darf ich mich bei meinem umsichtigen Fahrer Mohammed Hussein Shahin und bei den Gastgebern Firouz Firouz und Nouriman für alle Hilfe bedanken. In Kairo geht mein aufrichtiger Dank an den Gesandten René Paul Amry, der mit sehr wertvollen Kontakten einen Aufenthalt im Mai 2013 ermöglichte und bereicherte. Mostafa Mohamed Abdel Ghani, der tüchtige Beduine aus al-Fayoum, machte während einer spannenden Tour durch die Wüste westlich von Kairo das Foto, welches wir für das Cover auswählten. In Algier konnte ich viel entdecken, da Botschafter Thomas-Michael Baier mich vor einigen Jahren großzügig aufnahm. Die Nahostkennerin Tyma Kraitt und Lorenz Nigst von der Arabistik der Universität Wien warfen ihr kritisches Auge auf den Text und halfen mit ihrem Rat.

Besonderen Dank darf ich ferner dem OPEC-Generalsekretariat in Wien, Generalsekretär Abdalla el-Badri und seinen Mitarbeitern aussprechen, wo ich seit vielen Jahren aufschlussreiche Gespräche zu Erdöl- und Erdgasthemen führen darf und die Bibliothek benütze. Die Verwendung von Bildmaterial für dieses Buch ermöglichte deren Pressestelle. Das Österreichische Bundesheer, insbesondere die Landesverteidigungsakademie in Wien und die Maria-Theresianische Militärakademie in Wiener Neustadt, wo ich regelmäßig unterrichte und publiziere, interessieren sich für meine Arbeit und Einschätzung. Mein Dank geht auch an die Heeresbild- und Filmstelle, insbesondere an Herbert Unger, für die Überlassung von Fotos. Den Redaktionen des ORF, die mich je nach Anlassfall für eine Analyse zu nahöstlichen und energiepolitischen Themen einladen, danke ich für die konstante Wertschätzung und stets angenehme Zusammenarbeit. Jene Firmen und Institutionen, die mich als Vortragende einladen, haben durch ihr Interesse an der „unabhängigen Stimme" einen wirtschaftlichen Anteil am freien Schaffen. Alle kritische Auseinandersetzung weiß ich daher zu würdigen.

Ohne hilfreiche Menschen geht vieles im Leben nicht. Ich darf mich daher herzlich bei folgenden bedanken: Franz Hirschler, der auf meinem Mini-Bauernhof mit viel Umsicht die Tiere betreut, wenn ich auf Reisen bin; Antonia Prokorn, Christoph Misterka, Walter Gehr, Thomas Hois, Gexi Tostmann, Oberst Norbert Lacher, Désirée Schweitzer, Ute Goess, Sisi Croy, Familie Najjar in Wien und Ramallah, Monika Müller-Fembeck, Viktor al-Kik, Antoine Abi-Ghanem, Ilse und Robert Gartner, Martin Pammer, Joe Karam, Rudolf Agstner, Christine von Fürstenberg, Simone Abi-Jaoudeh, der langjährigen Assistentin von Amin Gemayel, Roswitha Schwind-Reisinger und Axel Schwind.

Dem Braumüller Verlag darf ich für die umsichtige Betreuung in der Entstehung dieses Buches meinen Dank aussprechen. Manches war beim Verfassen dieses sehr persönlichen Buches leichter und anderes herausfordernder. Besonderer Dank gebührt der Lektorin Anita Luttenberger. Sie widmete mit großer Umsicht dem Manuskript viel Zeit und Sorgfalt, sodass daraus ein Buch entstand. Ohne ihr Adlerauge wäre das nicht möglich gewesen. Weiters kümmerte sich Martin Zechner mit viel Engagement um Korrekturen und die Gestaltung des Buches. Für allen Zuspruch und sorgsames Lektorat darf ich den beiden aufrichtig danken. Alexandra Schepelmann hat mit ihrer vortrefflichen grafischen Gestaltung einen großen Anteil am Zustandekommen des vorliegenden Buchs. Den Verlegern Konstanze und Bernhard Borovansky möchte ich für ihr Vertrauen in meine Arbeit und die sympathische Zusammenarbeit ein großes Merci aussprechen. Ingrid Führer, Julia Stering und Mauretta Hiller sind ebenso wichtige Helfer im Hintergrund, die das Braumüller-Team ausmachen.

Und dann gibt es hier noch eine Schar von Tieren, die ich gerne als die vierbeinigen Musen bezeichne. Sie leisten mir stets treue Gesellschaft und in Zeiten der selbst erwählten Einsamkeit, um intensiv an einem Buch zu arbeiten, sind sie besonders wertvolle Zeitgenossen. Das Leben hat sie zusammengewürfelt, denn allesamt sind sie Findlinge. Für diese kleine Welt der Geborgenheit bin ich dankbar, denn ich kenne Zeiten, die anders sind.

SCHWARZES MEER

Istanbul

Ankara

TÜRKEI

ZYPERN

MITTELMEER

Beiru

LIBANON

ISRAEL
Jerusalem

Kairo

LIBYEN

ÄGYPTEN

Arabischer Frühling   Bewaffneter Konflikt   Bürgerproteste